RESILECIA ESPIRITUAL

85 Lecciones para Preadolescentes
y Adolescentes que Navegan por Tiempos Difíciles

RESILIENCIA ESPIRITUAL

85 Lecciones para Preadolescentes
y Adolescentes que Navegan por Tiempos Difíciles

Por Eliud A. Montoya

NOMBRE DEL ALUMNO:

_____

PALABRA PURA
palabra-pura.com
2024

> Dedico este libro a Eva María y David Eliud, mis hijos

Resiliencia espiritual: 85 lecciones para preadolescentes y adolescentes que navegan por tiempos difíciles

Copyright © 2024 por Eliud A. Montoya

ISBN: 978-1-951372-52-1

Paperback/pasta blanda

Reina-Valera 1960 (RVR1960) Versión Reina-Valera 1960 © Sociedades Bíblicas en América Latina, 1960. Renovado © Sociedades Bíblicas Unidas, 1988.

La Biblia de las Américas (LBLA) Copyright © 1986, 1995, 1997 by The Lockman Foundation;

Dios Habla Hoy (DHH) Dios habla hoy ®, © Sociedades Bíblicas Unidas, 1966, 1970, 1979, 1983, 1996.

Nueva Versión Internacional (NVI) Santa Biblia, NUEVA VERSIÓN INTERNACIONAL® NVI® © 1999, 2015 por Biblica, Inc.®, Inc.® Usado con permiso de Biblica, Inc.® Reservados todos los derechos en todo el mundo.

Palabra de Dios para Todos (PDT) © 2005, 2008, 2012, 2015 Centro Mundial de Traducción de La Biblia © 2005, 2008, 2012, 2015 Bible League International.

A reserva de algunas citas breves en libros, artículos y críticas literarias (mencionando la fuente), ninguna parte de este libro puede ser reproducida en ninguna forma por medios mecánicos o electrónicos, incluyendo almacenaje de información y sistemas de reproducción sin permiso previo por escrito del editor.

Apreciamos mucho HONRAR los derechos de autor de este documento y no retransmitir o hacer copias de este en ninguna forma (excepto para el uso estrictamente personal). Gracias por su respetuosa cooperación.

Revisión ortográfica: Rev. Samuel Guajardo
Diseño del libro: Editorial Palabra Pura
www.palabra-pura.com

RELIGIÓN/ Educación Cristiana/ Niños y Jóvenes
Impreso en los Estados Unidos de América
Printed in the United States of America

CONTENIDO

Prefacio **XI**

PARTE I. CONOCER A DIOS MEDIANTE SU HIJO 1

1. El Creador de todo **1**

2. Dios quiere ser tu amigo **3**

3. Dios es amor **5**

4. La gran tragedia **7**

5. La gran solución para la gran tragedia **9**

6. Cómo convertirse en un hijo de Dios **11**

PARTE II. DOCTRINA 15

7. Si Jesús mora en tu corazón, hablarás de Él **15**

8. Ver el rostro de Jesús cada día **17**

9. Jesús resucitó al tercer día **19**

10. La Biblia es la verdad **21**

11. Jesús sigue sanando a los enfermos **23**

12. Jesús bautiza en el Espíritu Santo **25**

13. Juan bautiza a Jesús en el Jordán **27**

14. Cristo viene pronto **29**

15. Cenar con Jesús **31**

PARTE III. LA LEY MORAL DE DIOS 33

16. Adorar solamente a Dios **33**

17. Imágenes religiosas **35**

18. El nombre de Dios es sagrado **37**

19. el día de descanso **39**

20. Honra a tu padre y a tu madre **41**

21. No matarás **43**

PARTE III. LA LEY MORAL DE DIOS (continuación)

22. El aborto **45**

23. No dañes tu cuerpo **47**

24. La fidelidad en el matrimonio **49**

25. Debes respetar la propiedad ajena **51**

26. Decir siempre la verdad **53**

27. Sé feliz con lo que tienes ahora **55**

PARTE IV. EL CARÁCTER CRISTIANO **57**

28. No juzgues para que no seas juzgado **57**

29. Somos la sal de la tierra y la luz del mundo **59**

30. No ver a nadie sin ropa **61**

31. El ayuno **63**

32. La verdadera riqueza **65**

33. Ayuda al pobre **67**

34. No te enojes **69**

35. Los misioneros **71**

36. Ser agradecidos **73**

37. Temor a Dios **75**

38. Mantén tu fe y confianza en Jesús **77**

39. Cuida tus pensamientos **79**

40. La Gran Comisión **81**

41. Principales tipos de oración **83**

42. Usa la IA responsablemente **85**

PARTE V. BASES DE LIDERAZGO **87**

43. La discriminación racial **87**

44. El gran valor del trabajo **89**

45. Dar para Dios **91**

46. Ahorrar dinero **93**

47. Gastar dinero **95**

PARTE V. BASES DE LIDERAZGO (continuación)

48. Busca servir, no ser servido **97**

49. Mantén tus promesas **99**

50. Obedece a tus autoridades **101**

51. La disciplina **103**

52. Tus talentos **105**

53. Aprende a planear **107**

54. Aprende a decir ¡NO! **109**

55. Sé un buen líder **111**

56. Videojuegos **113**

PARTE VI. RELACIONES CON OTROS **115**

57. El diseño de la familia **115**

58. Respeto por los ancianos **117**

59. Los bebés son una bendición **119**

60. Adopción **121**

61. Nuestros amigos **123**

62. Compasión por los demás **125**

63. Los abuelitos **127**

64. El poder de tu lengua **129**

65. Los frutos del cristiano **131**

66. No te compares con otros **135**

67. Perdona siempre **137**

68. Si te equivocas, pide perdón de inmediato **139**

69. Acepta a las personas como son **141**

70. Uso de las redes sociales **143**

PARTE VII. TU IDENTIDAD **145**

71. Tu sexo es tu sexo **145**

72. Cuídate de los manipuladores **147**

73. El sufrimiento es algo normal **149**

74. Sé generoso **151**

75. Sé humilde **153**

76. Mantente alejado de la tentación **155**

77. Las decisiones importantes **157**

78. No vivas por emociones **159**

79. El significado de «buena vida» **161**

80. Siempre Dios es bueno **163**

81. Controla tus sentimientos **165**

82. Sé un verdadero hombre **167**

83. Sé una verdadera mujer **169**

84. Los niveles de intimidad **173**

85. No aceptes las ideas falsas **177**

Prefacio

He titulado a este libro *Resiliencia espiritual: 85 lecciones para preadolescentes y adolescentes que navegan por tiempos difíciles.* ¿Por qué? Porque existen una multitud de ataques fieros y terribles para cristianos como tú, ataques diabólicos que intentarán apartarte de la fe en Cristo. Pero tú debes ser inteligente y sabio, y mostrar resiliencia, es decir, deberás resistir todas las tempestades y permanecer firme en el Señor Jesús.

Lo he escrito, en primer lugar, para mis propios hijos, quienes en este precioso momento atraviesan por esa edad, pero también para otros cientos de miles de muchachos y muchachas que están en esa etapa también.

Este libro está diseñado para la enseñanza de chicos y chicas de tu edad, y te enseñará los caminos más seguros para vivir una vida poderosa. Es un viaje, y en este viaje debes cooperar voluntariamente; sometiéndote a la dirección del Espíritu Santo, confiando en que Dios es más sabio que todos los seres humanos del mundo, incluyendo a los que idearon la super tecnología que hoy existe. Así es que, con este libro, seremos compañeros de viaje. ¿Nos acompañarás?

Siete partes

El libro está dividido en siete partes, y cada una de ellas es vital. La primera te muestra el camino para encontrarte con Cristo Jesús. Te muestra cómo es que todos los seres humanos necesitamos un Salvador, y este Salvador se llama Cristo Jesús. Pero no solo Él te salva, sino que requiere de ti que le hagas también su Señor, esto quiere decir que, si realmente deseas pasar la eternidad con Él, necesitas obedecer lo que Él dice. En la Biblia nosotros tenemos lo que Dios dice, y lo que el Señor espera de nosotros.

La segunda parte habla de la doctrina cristiana. Esta sección contiene los elementos más importantes de la doctrina cristiana que te ayudarán a tener una estructura de fe. Tu mente fue diseñada para tener unas estructuras en todas las áreas de la vida, así también tu fe necesita tener una estructura: Dios, en su Palabra, nos ha dado estas doctrinas, y cada una de ellas es indispensable para construir un fundamento firme para tu fe.

En seguida veremos la parte III titulada «La ley moral de Dios». Esta sección es muy importante, pues consiste en la explicación de lo que Dios ha querido que sea bueno y que sea malo. La vida moral no depende del pensamiento de cada uno, ni de como cada quien la entiende, sino que Dios nos ha dicho ya lo que es bueno y lo que es malo. Si tú o cualquier persona no entiende bien esta sección, entonces tenderá a la perversión. La perversión consiste en que a lo bueno se le llame malo y a lo bueno malo. Por eso, esta sección es muy fundamental.

En la parte IV veremos el carácter cristiano. En otras palabras, cuál es el comportamiento y la forma de pensar de un cristiano. Los cristianos pensamos de una manera particular y formamos un carácter, a lo que llamamos *carácter cristiano*. Es muy importante que tú fundamentes tu comportamiento y tus palabras en las Escrituras; y en esta parte veremos algunos de los temas más esenciales.

La parte V consiste en las bases del liderazgo. Todos los cristianos somos líderes de una manera u otra, y en esta sección aprenderás a ser uno de ellos. Quien no es líder en la iglesia, ni tampoco lo es el mundo secular, es líder sin que él o ella se dé cuenta. Todos nos observan, y nuestro comportamiento tendrá impacto en al menos una persona en la vida, pero quizá en muchas más. Debes aprender muy bien esta parte también.

En la parte VI se ven temas relacionados con las relaciones sociales, es decir, con otras personas. Estas personas empiezan con tu propia familia; si no sabes convivir con los miembros de tu propia familia difícilmente podrás construir relaciones duraderas. Esta parte es esencial para tu felicidad y éxito personal, y para el bien (mediante tu persona) de aquellos que te encuentres en la vida.

Por último, en la parte VII, aprenderás sobre tu identidad. Aunque todos somos diferentes en varios sentidos, también hay cosas en las que tenemos identidades comunes o que compartimos muchas personas. Esta parte es muy importante para que seas capaz de satisfacer áreas muy importantes en tu vida, y que esta tenga un sentido bien claro. Una persona que carece de identidad, o que no comprende bien su identidad, será una presa fácil del diablo y terminará por caerá en sus redes.

Cómo usar este libro

Cada lección de este libro tiene una estructura repetitiva, y está diseñada para el aprendizaje. Se ha elegido un versículo bíblico clave que deberás memorizar. Este versículo contiene la verdad más importante del tema que se estará tratando. Recuerda que antes que basarnos en cualquier libro —sea secular o el que sea—, la base de nuestra fe y conducta es la Biblia, por eso es que las Escrituras deben memorizarse para que estén dentro de tu corazón. Después de eso el primer párrafo es un párrafo que introduce de forma general el tema que se estará tratando, por ello debes de poner mucha atención a este párrafo.

El instructor (tu papá, mamá, maestra o maestro) que te esté dando la clase siempre estará en la mejor disponibilidad para ayudarte con todo aquello que no entiendas, por ello, no dudes en preguntarle cualquier cosa. Junto contigo leerán el material, pero él o ella explicará y aclarará aquello que desee enfatizar.

En seguida notarás que hay unas cuantas preguntas. Estas son preguntas que te ayudarán a desarrollar tu *pensamiento crítico*. El pensamiento crítico es muy importante para llegar a la verdad en cualquier asunto. Todas las personas bien educadas han sido entrenadas en este tipo de pensamiento y este libro te ayudará mucho en ello. Haz tu mejor esfuerzo por contestarlas, no es necesario una evaluación de tus respuestas, y usualmente, las respuestas serán variables dependiendo de cada muchacho (a), así es que no te preocupes en lo absoluto; tan solo relájate y contesta con libertad.

Hay después dos apartados. El primero se llama «Historia bíblica» y el segundo «Ilustración». En el primero hago una explicación preliminar de conceptos y las ideas que es necesario dejar bien establecidas y luego comento el pasaje bíblico que contiene una historia sobre el tema. Es necesario, por supuesto, que no te conformes solo con la explicación breve que hago de esta historia, si no que deberás leerla por ti mismo (a) en la Biblia. Lo ideal será leer esta historia en clase. Después, en el apartado de «Ilustración», incluyo una historia (muchas veces del mundo secular) que está relacionada con el tema, por cierto, casi siempre esta historia está basada en la vida real.

Lo que sigue es una serie de preguntas que deberás contestar lo mejor que puedas. Las respuestas a estas preguntas están ahí, en los apartados que has leído con tu instructor (a) o tú mismo. Trata de contestarlas de memoria, sin tener que volver a repasar lo leído. Sin embargo, si es necesario, repasa la información, lo importante es que, por ningún motivo, dejes de contestar estas preguntas.

Después verás una lista de oraciones o frases que deberás memorizar. Estos son los conceptos claves de la lección, las ideas que deben anclarse en tu mente y corazón para lograr completar el aprendizaje. Por último, hay también una lista de otros versículos bíblicos que están relacionados con el tema, y que será muy bueno que los busques y te des tiempo para irlos memorizando también.

Hay algunas lecciones que son atípicas, es decir, son diferentes a las demás. Estas lecciones te ayudarán a despejar tu mente de la rutina, por un lado, y por otro, son temas que requieren de información adicional. Te darás cuenta que estas lecciones son muy interesantes, y requieren de mayor explicación y discusión.

Este libro es un viaje que recorreremos juntos. Un viaje de posiblemente dos años. Tú vas creciendo y necesitas tener este conocimiento para enfrentarte a los retos y tormentas de la vida que tratarán de desviarte de la fe en Jesucristo. Por ello he titulado a este libro *Resiliencia espiritual*.

Eliud A. Montoya
Oklahoma, verano de 2024

Parte I. Conocer a Dios mediante su Hijo

1

El creador de todo

Memorizar

Génesis 1:1 «En el principio creó Dios los cielos y la tierra».

Todo lo que existe en la tierra tiene que tener un Creador. Cuando ves un edificio, de seguro no piensas que se hizo solo. Cuando ves una bicicleta, seguro puedes imaginar que hubo alguien que pensó en cómo hacerla, o sea *la diseñó,* hizo las piezas, y finalmente las ensambló. De la misma manera, todo lo que existe en la naturaleza (incluyendo todos los animales y a ti mismo), todo fue creado por Dios. Dios creó todo eso hace muchos, muchos años. Nadie sabe desde cuando todo está creado, pero lo que sí podemos saber es que Dios lo creó.

❓ Preguntas introductorias

> 1. ¿Por qué piensas que Dios quiso crear al ser humano?
> 2. ¿Cómo es que el ser humano es diferente a todo en la creación? (diferente a los animales, por ejemplo).
> 3. ¿Piensas tú que Dios ama su creación? ¿Por qué crees que la ama?

Historia bíblica (Génesis 1:1-30; 2:7, 18, 21-24)

No sabemos cómo exactamente ni cómo Dios creó el universo. Dios creó los planetas, y cosas que jamás hemos conocido, y que quizá nunca conoceremos. Un día, Dios quiso hacer nuestro planeta, el planeta Tierra. La Biblia dice que el planeta Tierra estaba oscuro y que estaba desordenado. Entonces dijo Dios: «Sea la luz; y fue la luz». Él creó un tiempo para que hubiese luz, y a ese período lo llamó *día*, también, al período en donde no hay luz sino tinieblas, lo llamó noche. Eso fue lo que Dios creó en el primer día.

Luego, en el segundo día, Dios creó el cielo y todo lo que hay en él; aunque todavía no había creado las aves. En el día tercero Dios separó las aguas de la tierra seca (los mares y los continentes), también creó toda la vegetación. En el cuarto día Dios creó el sol, la luna y las estrellas. En el quinto día Dios creó todos los seres vivientes que hay en los mares y también a todas las aves. En el sexto día Dios creó a los animales; pero también en el sexto día Dios creó al ser más especial de todos: al hombre. ¿Por qué el hombre es más especial que lo demás que Dios creó? Porque Dios quiso que fuera como Él, que tuviera pensamiento, emociones, y que pudiera tomar decisiones; también, así como Dios es espíritu, el hombre tiene un espíritu. ¿En qué día creó Dios al hombre? ¡Sí, correcto, en el sexto día! ¿Quieres saber cómo Dios creó al hombre? Él tomó polvo de la tierra y luego sopló sobre él. ¿Sabes cómo creó a la mujer? Dios creó que Adán se durmiera y tomó una costilla de él, y de la costilla creó a la mujer.

Ilustración

Isaac Newton (el famoso inventor) tenía un amigo ateo (un ateo es una persona que no cree que Dios existe). El amigo de Isaac creía que el universo se había creado solo, «se hizo solo», decía él. Un día Isaac hizo un trabajo para la escuela; hizo un modelo del sistema solar, todos los planetas eran del tamaño perfecto, y las distancias entre ellos también; todo estaba puesto en su sitio. ¡Era un trabajo muy extraordinario! Cuando Isaac llevó el trabajo que había hecho a la escuela y lo vio su amigo, él exclamó: «¡Isaac, ese modelo del sistema solar es magnífico! ¿Quién lo hizo?» Entonces Isaac respondió a su amigo: «Nadie lo hizo, se hizo solo».

❓ Preguntas sobre la clase

1. ¿Qué creó Dios en el primer día?
2. ¿Cómo creó Dios al hombre?
3. ¿Cómo creó Dios a la mujer?
4. ¿Por qué el hombre y la mujer son una creación especial?
5. ¿Qué era lo que decía el amigo de Isaac?
6. ¿Qué fue lo que le contestó Isaac cuando su amigo le preguntó quién había hecho el modelo del sistema solar?

Frases para memorizar

1. La creación de Dios es muy complicada y el ser humano entiende muy poco de ella.
2. Dios es el único ser que no ha sido creado, Él es el Creador.
3. Dios creó todo lo que existe en seis días.
4. Dios creó primero al hombre y luego creó a la mujer.
5. El ser humano es muy diferente a los animales, porque se parece a Dios.

Otros pasajes de la Biblia sobre el tema para lectura y memorización

Sal. 139: 13-14; Rom. 1:20; Col. 1:16; Jer. 32:17; Sal. 121:1-2; Is. 40:28.

2

Dios quiere ser tu amigo

Memorizar

Éxodo 33:11 «Y hablaba el Señor con Moisés cara a cara, como quien habla con un amigo».

Dios creó todo lo que existe, pero creó al hombre especial, pues lo creó parecido a Él en varios aspectos, ¿en qué se parece el hombre a Dios? Pues bien, Dios, desde el principio, quiso tener comunión con el hombre y con la mujer que había creado. Todos los días, Dios visitaba a Adán y Eva para platicar con ellos. Nuestro Dios es un Dios personal, que desea no solo estar con nosotros, sino *en* nosotros.

❓ Preguntas introductorias

1. ¿Cómo te sientes cuando tienes un amigo importante?
2. ¿Sabías tú que Dios —siendo el Ser más poderoso e importante del universo— es bueno con todos y desea ser amigo de todos?
3. ¿Qué es para ti ser el mejor amigo? ¿Te gusta tener amigos? ¿Quieres que Dios sea tu amigo y tú ser amigo de Dios?

Historia bíblica (Génesis 18:1-17)

En el libro de Génesis nosotros empezamos a entender cómo es Dios y de qué manera trata al hombre y a la mujer. Al principio, Dios hablaba con Adán y Eva; luego la Biblia nos dice que hubo un hombre que caminó con Dios, su nombre fue Enoc. Luego vemos otra vez a Dios hablando con un hombre llamado Noé. Tal parece que las historias de Génesis tratan de las personas que estuvieron cerca de Dios y hablaban seguido con Él. Si una persona continúa leyendo la Biblia, se dará cuenta de que a Dios le gusta hablar con el ser humano, y entre más, mejor.

En el libro de Génesis podemos leer la historia de un hombre muy especial llamado Abraham. Abraham es especial porque en la Biblia Él es llamado el amigo de Dios. Es llamado así, porque Dios le contaba a Abraham sus planes. Un día Dios fue a visitar a Abraham en la tarde, y Abraham vio que venía con unos ángeles. Debes saber que Dios es espíritu y que no se puede ver, pero algunas veces Él ha aparecido en forma visible en las historias del Antiguo Testamento (el Antiguo Testamento es la primera parte de la Biblia). Pues bien, esa vez, Dios visitó a Abraham, le dijo que su esposa y él iban a tener un hijo al siguiente año, y también le dijo que tenía planes de destruir a unas ciudades en donde había gente muy mala, estas ciudades se llamaban Sodoma y Gomorra. En esa ocasión Abraham trató de convencer a Dios de que no lo hiciera. ¿Lo pudo convencer? ¡No! Porque no había ninguna persona buena en ese lugar excepto el sobrino de Lot, y Dios envió a sus ángeles para rescatarlo. Una de las grandes enseñanzas de esta historia es que Dios es un Dios personal, pues le contó a Abraham sus planes.

Ilustración

Hace muchos años había un rey muy poderoso que tenía muchos sirvientes. Este rey vivía con su esposa (la reina), y tenía un hijo. Aunque en el palacio había muchos sirvientes, a la mamá de este niño le gustaba visitar a su hijo antes de dormir, hacer una oración con él y cubrirlo con una sábana o cobija. Ella siempre le preguntaba: «hijo, ¿estás suficientemente abrigado? También, a su papá, el rey, le gustaba pasear con su hijo a caballo. Ellos iban juntos por las praderas y hablaban. Tanto el rey como la reina tenían muchos sirvientes que podían hacer esto, pero al príncipe no le gustaba que nadie más lo hiciera, él quería que papá y mamá estuvieran cerca de él y así poder hablar.

❓ Preguntas sobre la clase

1. ¿Puedes recordar algunas personas con las que Dios habló en el libro de Génesis?
2. ¿Cómo se llamaba un hombre que caminó con Dios?
3. ¿Por qué Abraham es una persona especial en la Biblia?
4. ¿Por qué crees que Dios quiso venir personalmente a hablar con Abraham y no simplemente envió a sus ángeles?
5. ¿Por qué el niño de la ilustración le gustaba que le sirviera su mamá?
6. ¿Por qué el niño de la ilustración le gustaba montar a caballo con su papá?

Frases para memorizar

1. Dios es un Dios personal y nos creó para tener comunión con Él.
2. Dios quiere ser mi amigo.
3. Él espera que yo quiera ser su amigo también, porque Él no obliga a nadie a que sea su amigo.
4. La forma en que yo puedo ser amigo de Dios es siendo amigo de su Hijo Jesús.

Otros pasajes de la Biblia sobre el tema para lectura y memorización

Jer. 31:3; Jn. 3:16; Gál. 2:20; Ef. 5:2, 25; Jn. 15:15; Tit. 3:4; 1 Jn. 3:1.

3

Dios es amor

Memorizar

1 Juan 4:8 «El que no ama, no ha conocido a Dios, porque Dios es amor».

Quiero hablarte un poco más de Dios. Dios, no solo es el Ser más poderoso que existe, sino que es también un Dios que ama a toda su creación, pero en especial, ama a los seres humanos. Él quiere ser amigo de todos los hombres y mujeres del mundo (incluyendo a los niños y niñas, y a los jovencitos y jovencitas como tú). No importa si tú lo amas a Él o no, Dios te ama. No importa si tú haces lo correcto o no, Él te ama. La demostración más grande del amor de Dios es que Él envió a su Hijo Jesucristo para que muriera en la cruz por ti y por todos, y esto lo hizo aún por los más malos de todo el mundo.

❓ Preguntas sobre la clase

1. ¿Qué harías si tú sabes que otro niño está hablando mal de ti ante otros?
2. ¿Puedes amar y tratar bien a los que te tratan mal?
3. ¿Cómo imaginas el amor de Dios? ¿Cómo te sientes cuándo alguien te ama? ¿Quieres abrir tu corazón para recibir el amor de Dios?

Historia bíblica (Génesis 18:1-17)

Es verdad que Dios ama a todos, aun a los más malos; pero no todos abren su corazón a Dios. La Biblia nos habla de que satanás (el archienemigo de Dios) engaña a los seres humanos para hacerles creer que Dios no los ama. Eso fue lo que este enemigo de nosotros y de Dios enseñó a Eva (la primera mujer) en el huerto del Edén y lamentablemente ella le creyó. Desde entonces, muchos más han sido engañados.

Jesús es el Hijo de Dios. Jesús vino al mundo para cumplir una misión, ¿sabes cuál fue esta misión? Él se hizo hombre siendo Dios (sin dejar de ser Dios) para morir como hombre en la Cruz, ¿tú conoces esta historia de amor? Pues bien, muchas veces Jesús nos mostró el amor de Dios para con todos, aun para con los más malos. Jesús tenía muchos seguidores, pero eligió a doce para que estuvieran con Él y fueran sus amigos. Uno de estos amigos de Jesús era Judas. Judas era un hombre muy bueno y era un buen amigo de Jesús, pero satanás lo engañó y le hizo creer que en realidad Jesús no lo amaba. Entonces él fue con los enemigos de Jesús y les dijo que si le daban dinero, él les entregaría a Jesús para ser crucificado.

La noche que fue arrestado Jesús, Él tuvo una cena con sus discípulos, sus doce amigos, y ¿sabes qué? Jesús sabía que Judas lo había traicionado. Pero Él no le mostró odio o desprecio, sino amor. Él le dejó que comiera de su plato, le lavó los pies y le llamó «amigo». El amor de Jesús es incondicional.

Ilustración

Una feliz familia de papá, mamá y un hijo vivía en Nueva York cuando muchos estaban emigrando a California (1844-1855) porque decían que allí había oro. El papá se animó a ir, y dejó temporalmente a su familia hasta que pudiera ganar suficiente dinero para traerla a vivir con él. La mamá esperó con paciencia. Hasta que un día, se llenó de gozo al saber que su esposo le había enviado el dinero para que ellos pudieran viajar. Entonces abordaron un barco que iba de Nueva York a San Francisco. Cuando viajaban en el barco, alguien comenzó a gritar: «¡Fuego, fuego!». El capitán entonces se dio cuenta de dos cosas: que era imposible apagar el fuego porque había avanzado mucho, y que el barco explotaría porque llevaba un cargamento de pólvora. Entonces recurrieron a los botes salvavidas; sin embargo, no había suficiente lugar. Después de subir la gente que pudo, solo quedaba espacio para una persona más, y la mamá y el hijo estaban todavía en el barco. Se tenía que tomar una decisión. Entonces la mamá besó a su hijo y le dijo: «Hijo, ve tú, y dile a tu papá que yo morí en tu lugar».

Preguntas sobre la clase

1. ¿A quiénes ama Dios, tan solo a los buenos?
2. ¿Cómo es que engaña satanás a la gente? ¿Qué les hace creer?
3. ¿Por qué la historia de la muerte de Jesús en la cruz es una historia de amor?
4. ¿Por qué traicionó Judas a Jesús? ¿Cómo Jesús demostró a Judas que lo amaba, aunque él lo había traicionado?
5. ¿Por qué la mamá de la historia decidió morir en lugar de su hijo?
6. ¿En qué se parece la historia de la ilustración a la historia de amor de Jesús?

Frases para memorizar

1. Dios ama a todos. Nos ama, aunque no le amemos a Él y lo ofendamos.
2. Dios nos ofrece su amor a través de Jesús, quien murió por todos y cada uno de nosotros.
3. Así como Dios ama a todos (aun a sus enemigos), sus hijos, los que abren su corazón para recibir su amor, también aman a sus enemigos.
4. La más grande demostración de amor del Padre fue enviar a su Hijos Jesús para morir en nuestro lugar.

Otros pasajes de la Biblia sobre el tema para lectura y memorización

Tit. 3:4; Jn. 3:16; 1 Jn. 4:8-10; 2 Ts. 2.10; Rom. 5:8; Rom 9:1-3; Mt. 5:44; 2 Cor. 5:14-15; 1 Ti. 2:15; Mc. 10:20-22; Mt. 26:50; Jn. 5:34; Lc. 23:34; Rom. 11:28; Jer. 31:3.

La gran tragedia

Memorizar

Romanos 3:23 «todos han pecado y están lejos de la presencia gloriosa de Dios» (DHH).

Aunque Dios quiere ser amigo del ser humano y nos ama, Él no puede tener comunión con el hombre, porque el hombre es malo y Él es bueno. Verás, Dios creó al ser humano bueno, pero el pecado lo hizo malo. Todo inició en el huerto del Edén. Dios quería que el ser humano fuera su amigo por siempre, pero algo trágico pasó en el huerto del Edén y por esta razón, Dios ya no pudo platicar con el ser humano como antes. El hombre solito eligió estar separado de Dios. El pecado siempre nos separa de Dios. ¿Sabes lo que significa *pecado*? Pecado significa hacer o no hacer lo que Dios dice que hagas o no hagas.

Preguntas introductorias

1. ¿Piensas que hay gente mala en el mundo? ¿Por qué?
2. Si Dios es bueno con todos, ¿por qué piensas que a Dios no le gusta el pecado?
3. ¿Por qué el pecado es algo malo para ti?

Historia bíblica (Génesis 3:1-17)

Dios creó al hombre y a la mujer perfectos, y su deseo fue que ellos vivieran para siempre con Él. Ellos vivían en un huerto muy hermoso llamado Edén. Ahí tenían de todo y eran muy felices. Pero ¿sabes qué?, la más grande felicidad del ser humano no era que estaban en ese hermoso lugar, sino que ellos obedecían a Dios. Si tú obedeces a Dios, esto te hará feliz.

Así fue que Dios les dijo que no comieran el fruto de un árbol que se llamada el árbol de la ciencia del bien y del mal; y les dijo también que si comían de ese árbol ellos morirían. Un día satanás, el enemigo de Dios, se apareció a Eva y le dijo que Dios les había mentido; que Dios no deseaba que ellos fueran tan importantes como Él y que por eso les prohibió comer del árbol. Entonces les dijo que ellos podían ser dioses. ¿Crees tú que una creación puede llegar a ser Dios? ¡No! Es imposible, nadie puede ser Dios porque solo Dios es el Creador. Pero ¿sabes qué? Adán y Eva cayeron en la trampa y ellos desobedecieron a Dios. Lo que sucedió fue exactamente lo que Dios dijo: ellos murieron, porque toda persona que no tiene amistad con Dios está muerta para Él. El pecado hace que una persona se separe de Dios, y cuando está separada de Dios, aunque respire, está muerta por dentro.

Ilustración

¿Te acuerdas quién es un ateo? ¡Exacto! Una persona que no cree en Dios. Pues bien, un pastor fue con un barbero a arreglarse la barba. Pero ese barbero era un ateo, y cuando hablaban, el ateo le dijo al pastor: «Si Dios existe, ¿por qué hay tantas personas malas en el mundo?». En ese momento, ambos vieron que pasaba por la calle un hombre con una grande y larga barba. Entonces el pastor le dijo al barbero ateo: «¡No existen los barberos!». «¿Por qué?» —dijo el barbero. «Porque mira, ahí está la prueba, ese hombre tiene una gran barba, por tanto, los barberos no existen». Entonces el barbero entendió que la razón por la que había gente mala en el mundo no era porque Dios no existiera, sino porque ellos no se acercaban a Dios, así como los hombres que tienen una gran barba no van con el barbero para que se las corte y arregle.

❓ Preguntas sobre la clase

1. ¿Cuál es la más grande felicidad de los hombres y las mujeres?
2. ¿Qué les dijo Dios que sucedería con Adán y Eva si ellos le desobedecían?
3. ¿Cuál fue la mentira que satanás dijo a Eva para convencerla de desobedecer a Dios?
4. ¿Qué es lo que produce el pecado? ¿Qué sucede si una persona se separa de Dios?
5. ¿Cuál fue la pregunta que hizo el barbero al pastor?
6. ¿Qué fue lo que entendió el barbero al final de la historia?

Frases para memorizar

1. El pecado me separa de Dios, y separarme de Dios significa estar muerto.
2. Toda persona que hace lo malo está separada de Dios.
3. Satanás siempre me dirá que pecar no es algo «tan malo», pero él es un mentiroso, porque el pecado produce muerte.
4. La solución para ser libres del pecado es pedir perdón a Dios de todo corazón y creer en su Hijo Jesucristo como Salvador y Señor.

Otros pasajes de la Biblia sobre el tema para lectura y memorización

Ez. 18:4; Rom. 6:23; Gál. 5:19-21; 1 Jn. 8-10; Is. 59:2; Jn. 8:34; Rom. 6:16; 5:12; Stg. 1:15.

5

La gran solución para la gran tragedia

Memorizar

Romanos 6:23 «Porque la paga del pecado es muerte, mas la dádiva de Dios es vida eterna en Cristo Jesús Señor nuestro».

Paga: lo que produce, la consecuencia; *Dádiva*: regalo.

La amistad con Dios está rota por causa del pecado del ser humano. Fue como si la tierra se abriera cuando el hombre y la mujer pecaron, y quedaran separados de Dios por un gran abismo. El hombre necesitaba a Dios, pero no podía acercarse a Él porque Él es santo. Dios continuaba amando al ser humano, pero ahora había un grave problema en su relación. ¿Cómo podría solucionarse esto? Había un precio que pagar y nadie sino solo Dios mismo podía pagarlo. El problema era este: Dios es el ofendido, pero también es el juez. Por causa de ser un Dios de amor, Dios nos perdona, pero por causa de ser juez, Él no podía dar por inocente al culpable.

❓ Preguntas introductorias

1. ¿Si una persona mata a otra debe ir a la cárcel? Sí o no ¿Por qué?
2. ¿Sabes quién es Jesús?
3. ¿Cómo podrías describir a Jesús?

Historia bíblica (Lucas 23:26-56)

Jesús es el unigénito Hijo de Dios. Esto quiere decir que Dios tiene un Hijo, pero ese Hijo es como Él, es decir, Jesús es Dios también. Jesús y Dios (el Padre) son Dios, pero ellos son un solo Dios. Esto nadie lo entiende porque ningún ser humano puede entender a Dios, pero Dios es así: Dios es uno, pero son tres personas, el Padre, el Hijo y el Espíritu Santo.

La única forma de que Dios pudiera restaurar su comunión con el hombre era que Él mismo pagara el precio por nuestros pecados. Verás, cuando la humanidad pecó ante Dios, Él necesitaba ser juzgado por sus delitos, y no había forma de que el ser humano pudiera ser inocente ante Dios, era culpable y necesitaba pagar por ello. Por ejemplo, si una persona comete no obedece la ley, por ejemplo, mata a otro, necesita pagar por lo que hizo. La condenación por el pecado es el infierno, un lugar debajo de la tierra en donde hay fuego. Dios entonces envió a su Hijo al mundo. Él nació de la virgen María y vivió entre nosotros. Luego él fue muerto en una cruz, Él fue crucificado. ¿Por qué fue crucificado? Para pagar la deuda que nosotros necesitábamos pagar y no podíamos, ninguna de nuestras buenas obras podría pagar nuestra deuda con Dios y estar con Él otra vez. Jesús murió por ti y por mí para que pudiéramos tener paz con Dios y estar con Él por la eternidad. ¿Por qué Jesús hizo eso? Porque nos amó mucho. Dios te ama y desea que seas su amigo.

Ilustración

Había un juez justo que siempre hacía lo correcto. Todos respetaban la autoridad de ese juez porque él hacía todo de acuerdo a las leyes. Un día su mamá cometió un delito y ella apareció delante de él para ser juzgada. Él amaba en gran manera a su mamá, pero no podía simplemente perdonarla porque eso sería un acto de corrupción, es decir, algo malo. Por eso, él se bajó de la silla de juez y dijo: «Yo voy a pagar por los delitos de mi mamá». Con esto, este juez estaba demostrando ser un buen juez, pero a la vez, estaba demostrando que amaba a su mamá en gran manera. Así Jesús, estando en el cielo, y siendo el juez de todos, vino a la tierra para morir en la cruz y pagar por los delitos (por el pecado) que nosotros habíamos cometido.

❓ Preguntas sobre la clase

1. ¿Quién es Jesús?
2. ¿Dios es uno, pero Él está revelado en tres personas ¿Quiénes son estas tres personas?
3. ¿Quién era la única persona que podía pagar por nuestros pecados?
4. ¿Cuál es la condena por el pecado? ¿Por quienes murió Jesús?
5. ¿Qué dijo el juez justo cuando su querida mamá era culpable ante él como juez?
6. ¿En qué se parece Jesús al juez de la historia?

Frases para memorizar

1. Jesucristo es el Hijo de Dios y el único que puede salvarnos de ir al infierno.
2. Dios es uno, pero está representado en Padre, Hijo y Espíritu Santo.
3. Jesús, siendo Dios, se hizo hombre y murió en la cruz en nuestro lugar.
4. Cristo pagó totalmente la paga por nuestros pecados y ahora nosotros, si pedimos perdón a Dios de todo corazón, y tenemos fe en Jesús, podemos ser amigos de Dios.
5. El perdón de Dios está disponible gratuitamente para todos.

Otros pasajes de la Biblia sobre el tema para lectura y memorización

Rom. 5:6-8; Hch. 4:12; Mt. 3:13-17; Ef. 2:8-10; Heb. 9:27; Rom. 5:12; Jn. 3:16; Hch. 3:19.

Cómo convertirte en un hijo de Dios

Memorizar

Juan 1:12 «Mas a todos los que lo recibieron, a los que creen en su nombre, les dio potestad de ser hechos hijos de Dios».

<u>Potestad:</u> el derecho o poder.

Dios no solo desea que seas su amigo y que recibas su amor, sino también quiere hacerte su hijo o su hija. ¡¿Te imaginas qué gran privilegio será ser un hijo o hija de Dios?! En esta lección te mostraré cómo puedes convertirte en un hijo o una hija de Dios. Estas instrucciones están en la Biblia, y si nosotros las seguimos, Dios hará su parte. Ser hijo o hija de Dios significa que Dios pone en tus manos un regalo muy grande, este regalo es la vida eterna.

❓ Preguntas introductorias

1. ¿Sabes qué es la vida eterna?
2. ¿Por qué es muy importante tener vida eterna?
3. ¿Sabes quién es el único que puede darte el regalo de la vida eterna?

Historia bíblica (Lucas 15:11-32)

Sí, respondiste bien, Dios, a través de su Hijo Jesús, es el único que puede darte vida eterna. Adán y Eva tenían vida eterna cuando estaban en el huerto del Edén, pero después que pecaron su pecado les separó de Dios y esta separación de Dios significa una muerte eterna. Adán y Eva representan a la humanidad, quienes, usando su derecho para elegir, eligieron estar separados de Dios. Ahora, puesto que Jesús pagó por el pecado de todos en la Cruz ¿recuerdas?, ahora cada uno de nosotros puede regresar a Dios.

Un hombre tenía dos hijos. Un día el menor de ellos le dijo: «Padre, dame la herencia que me corresponde». Entonces el padre se entristeció, pero le dio el dinero que le correspondía de su herencia. Este hijo se fue lejos y gastó tontamente todo el dinero, hasta el punto que ya no tenía un solo centavo. Así que, fue, y pidió trabajo cuidando cerdos, y teniendo hambre, quería comer de la comida que le daban a los cerdos. En ese momento, este joven empezó a pensar: «Si estuviera en la casa de mi padre hay mucha comida, y yo aquí me estoy muriendo de hambre». Entonces dijo también: «Iré a mi padre, le diré: "Padre, me arrepiento por lo que te hice, por favor, perdóname. Recíbeme y hazme al menos como uno de tus esclavos más humildes». Cuando este joven hizo esto, su padre lo recibió con alegría y dijo: «Este es mi hijo que se había perdido y ahora ha sido hallado».

Ilustración

Hablaremos de la historia de Jorge Müller. El padre de Jorge era cristiano y él pensó que enviar a Jorge a una escuela cristiana lo ayudaría a encontrarse con Dios. En lugar de eso, Jorge pasaba el tiempo con sus «amigos» jugando juegos de azar, maldiciendo y hablando de mujeres. El dinero que recibía de su padre, lo gastaba en sus vicios y después iba a la escuela y se hacía pasar por un muchacho pobre para que lo dejaran estudiar gratis. Pero un día, un amigo de Jorge lo invitó a una reunión de oración. Jorge tenía la intención de sembrar dudas en los corazones de los presentes, pero no lo pudo hacer. Volvió otra vez, y luego otra vez. Esta última vez, Dios tocó su corazón, cayó de rodillas y confesó ante el Señor sus pecados, y pidió a Jesús que entrara en su corazón. Jorge Müller después fue un gran misionero que fue director de un orfanatorio que alimentaba a miles de niños huérfanos. Eso que hizo Jorge Müller es lo que tú debes hacer para convertirte en un hijo de Dios.

Preguntas sobre la clase

1. ¿Por qué Adán y Eva ya no pudieron tener vida eterna?
2. ¿Qué fue lo que hizo el hijo que se fue de su padre con el dinero que él le dio?
3. ¿Qué fue lo que hizo que el hijo que se fue de su padre regresara?
4. ¿Qué fue lo que el hijo dijo a su padre? ¿Cuál fue la actitud con que se lo dijo? ¿Cómo lo recibió su padre?
5. ¿Quién era Jorge Müller antes de ser un cristiano?
6. ¿Qué fue lo que hizo Jorge Müller para cambiar de vida? ¿Qué fue de la vida de Jorge Müller después de pedirle perdón a Dios por sus pecados y pedirle a Jesús que entrara en su corazón?

Frases para memorizar

1. Jesucristo es el Hijo de Dios y el único que puede salvarnos de ir al infierno.
2. Dios es uno, pero está representado en Padre, Hijo y Espíritu Santo.
3. Jesús, siendo Dios, se hizo hombre y murió en la cruz en nuestro lugar.
4. Cristo pagó totalmente la deuda de nuestros pecados y ahora nosotros, si pedimos perdón a Dios de todo corazón, y tenemos fe en Jesús, podemos ser amigos de Dios.
5. El perdón de Dios está disponible gratuitamente para todos.

Actividad

Pide a tu maestro o maestra que te ayuden a convertirte en un hijo/hija de Dios. Tú debes orar, y en tu oración asegúrate de mencionar estas cosas:

1. Señor reconozco que soy un pecador, sé que he hecho lo malo ante ti, y me arrepiento de todo corazón.
2. Quiero ahora que me perdones de todo lo malo que he hecho.
3. Tu sacrificio en la cruz pagó por todos mis pecados y yo quiero que tu sangre preciosa me limpie de todo mal.
4. Abro mi corazón a tu amor para que Tú, que eres amor, entres en él y mores ahí. Llena mi corazón de tu amor, pues yo creo en Ti.

5. Hazme Señor, te lo pido, un/una hijo/hija de Dios ahora mismo, pues yo creo en Ti. Jesús, que Tú es mi Salvador y Señor.

La prueba de que realmente Jesús mora en tu corazón será que empiezas a decirles a todos que Jesús es tu Señor y Salvador; esa es la confesión que Él espera de ti

Recomendaciones para los que recién han nacido de nuevo

1. *Asiste a los servicios de tu iglesia tanto como puedas.* Es muy importante que escuches la palabra de Dios y tengas comunión con otros cristianos.
2. *Lee tu Biblia.* Procura una versión de la Biblia que puedas entender bien; pregunta a tus padres y al pastor por una Biblia que te recomiende.
3. *Habla de Jesús tanto como puedas.* Platica a tus amigos y familia que ahora Jesús está en tu corazón, que has decidido seguirlo y ¡esto es lo más maravilloso que ha sucedido en tu vida!
4. Recuerda que ahora Dios es tu Papá celestial, y es muy importante *hablar con Él a diario*, tanto como puedas. Hablar con Papá es la cosa más bella de la vida, y los cristianos verdaderos pasan tanto tiempo pueden hablando con su Papá celestial y se deleitan mucho hablando con Él.
5. Siempre habrá alguien que se burle de ti, pero *no les hagas caso*, eso es normal. Los que se burlan necesitan a Jesús. Ora por ellos, y háblales del amor de Dios.
6. Escucha música cristiana, y canta al Señor con todo tu corazón, al Señor le gusta que le cantemos.
7. Si haces alguna cosa que sabes que no se debe hacer, pide perdón a Dios de inmediato y sigue adelante. Debes pedir a Dios en oración que te ayude a vencer todo lo malo.
8. *Busca un consejero.* La persona que te está dando estas clases es posiblemente la más indicada para ayudarte a caminar en la vida cristiana, dile que deseas aprender a servir al Señor Jesús.

Otros pasajes de la Biblia sobre el tema para lectura y memorización

Rom. 10:9; Ap. 3:20; Hch. 16:31; Mc. 16:16; Rom. 14:11; Rom. 15:9; 1 Jn. 1:9.

Parte II. Doctrina

7

Si Jesús mora en tu corazón hablarás de Él

Memorizar

Lucas 12:8 «Os digo que todo aquel que me confesare delante de los hombres, también el Hijo del Hombre le confesará delante de los ángeles de Dios».

Lo primero que hace un bebé cuando nace es llorar, y cuando llora, los médicos dicen: «¡Está vivo!», esta es una especie de «confesión» y prueba de que ese bebé ha nacido vivo. De la misma manera, la prueba de que realmente Cristo ha entrado en tu corazón es que tú dirás a todos de lo que ha sucedido contigo. Tú confesarás a Cristo delante los demás niños o adolescentes: ¡tú podrás decirles que ahora Jesús mora en tu corazón! Esa es la confesión que Dios espera ver en ti. Si tú tienes miedo de hablar del Señor, y no eres capaz de hablar de Jesús a tus amigos y familia, entonces significa que todavía no has entregado tu vida completamente al Señor Jesús.

❓ Preguntas introductorias

1. ¿Qué es lo que dices a la gente cuando le hablas de Jesús?
2. ¿Por qué piensas que decir a todos que tú amas a Jesús es tan importante para Dios?
3. ¿Qué sucedía con todos los primeros cristianos que confesaban que Jesús era su Salvador y Señor? ¿Puedes imaginarlo? ¿Qué experiencias has tenido cuando has confesado a Jesús delante de tus amigos y familia? Cuéntanos tu experiencia.

Historia bíblica (Marcos 5:1-20)

Un día Jesús y sus discípulos navegaban por el mar de Galilea y al llegar a la orilla, a una región que se llamaba Gadara, sucedió algo extraordinario. Vino a Jesús un hombre bastante extraño. Este era un hombre que estaba muy sucio, sin ropa, y su piel estaba herida y llena cicatrices. La gente del lugar había tratado de atarlo, pero era tan fuerte, que aún las cadenas las podía romper. Él vivía en el cementerio y era una persona aterradora: estaba lleno de demonios, ¿sabes que es eso? ¿Sabías que una persona sin Cristo puede ser poseída por demonios?

Pues bien, cuando Jesús llegó, el hombre se arrodilló, y Jesús preguntó a los demonios cómo se llamaban, y ellos dijeron que su nombre era *Legión*. En los tiempos de Jesús se le llamaba «legión» a un grupo numeroso de soldados (a veces podrían ser más de 6 mil). En otras palabras, ese pobre hombre era poseído por miles de demonios. Pero Jesús, con una sola palabra, les echó fuera. Luego, el hombre quedó libre y pudo pensar bien. Se puso ropa y quería ir con Jesús. Pero Jesús le dijo: «Vete a tu casa, a los tuyos, y cuéntales cuán grandes cosas el Señor ha hecho contigo, y cómo ha tenido misericordia de ti».

Ilustración

Fanny Crosby fue una compositora de cantos cristianos. Ella quedó ciega cuando era una bebé, pero Dios le dio un talento extraordinario para componer himnos y cantos cristianos. A ella le fascinaba hablar de Jesús. Cuando uno le preguntó, cómo fue que escribió una hermosa canción llamada *Rescatar a los que perecen*, ella dijo que la escribió luego de estar hablando con unos muchachos de Cristo Jesús. «Uno de esos días» —continuó ella— «sentí la necesidad de decir: "Aquí hay un muchacho que desea encontrarse con su madre en el cielo, pero la única manera que eso sea posible será teniendo un encuentro con Jesús"». Cuando ella terminó de hablar, un jovencito se le acercó y le dijo: «Supongo que eso que dijo lo dijo por mí; no sé cómo lo supo, pero hace unos años mi mamá murió, y yo le prometí que me encontraría con ella en el cielo. Sin embargo, mi vida está lejos de Dios, y ahora estoy seguro de que jamás podré cumplir mi promesa si no me acerco a Jesús. ¿Podría ayudarme?». Ese día, Fanny Crosby ayudó a ese muchacho a encontrarse con el Señor Jesús. Él le pidió perdón a Dios por sus pecados y le confesó como su Salvador y Señor. Entonces el jovencito dijo alegremente: «Ahora sé que me reuniré con mi mamá en el cielo, porque me he encontrado con Dios».

❓ Preguntas sobre la clase

1. ¿Qué fue lo que sucedió cuando Jesús llegó a la región de Gadara?
2. ¿Cómo describes al hombre endemoniado? ¿Cómo era? ¿Cómo estaba cuando Jesús le encontró?
3. ¿Cómo fue que Jesús echó fuera a los demonios que ese hombre tenía?
4. ¿Qué fue lo que Jesús dijo al hombre, luego de que fue libre?
5. ¿Quién era Fanny Crosby?
6. ¿Qué era lo que le fascinaba hacer a Fanny Crosby?
7. ¿Por qué el jovencito con quien Fanny habló dijo que no podía encontrarse con su mamá en el cielo?

Frases para memorizar

1. Ahora Jesús es la persona más importante en mi vida y quiero que todos lo sepan.
2. Le contaré a todos mis amigos lo maravilloso que es Jesús y de la paz y la alegría que siento ahora al saber que mis pecados han sido perdonados y que tengo entrada en el cielo por medio de la sangre preciosa de Jesús.
3. Testificar de Jesús es una gran alegría y bendición.
4. Ayudar a otros a encontrarse con Jesús es la mejor manera de demostrarles amor.

Otros pasajes de la Biblia sobre el tema para lectura y memorización

1 P. 3:15; Mc. 16:15-16; Col. 4:6; Rom. 1:16; Mt. 5:16; Mt. 28:18-20; Hch. 1:8; Lc. 24:46-49; 2 Cor. 5:18-21; Rom. 10:14; Hch. 22:15; Hch. 4:20; Mt. 5:15; Hch. 10:42.

8

Ver el rostro de Jesús cada día

Memorizar

Salmos 116:2 «Porque ha inclinado a mí su oído; Por tanto, le invocaré en todos mis días».

Cuando te has convertido en un hijo o hija de Dios tienes ahora un gran privilegio: la oración. La oración es hablar con Dios a través de Jesús. Debido a que has creído en Cristo Jesús y le has aceptado como tu Salvador y Señor, ahora puedes hablar con el Padre de Jesús (que es también ahora tu Padre Celestial), y puedes hablar con Él con toda confianza. Todo cristiano tiene el privilegio (pero también la responsabilidad) de orar todos los días y constantemente. En Mateo 6:9-13 y Lucas 11:2-4 Jesús nos enseña a orar.

❓ Preguntas introductorias

1. ¿Qué es lo que piensas que Jesús desea que ores?
2. ¿Piensas que orar es como hablar con tu papá o mamá? Sí/no, ¿por qué?
3. ¿Por qué piensas que orar es algo tan importante para Dios?
4. Piensa en el mejor cristiano que tú conoces ¿piensas que él o ella ora mucho? ¿Crees que entre más ores serás mejor cristiano?

Historia bíblica (Lucas 18:1-8)

Lo que caracteriza a todos los más grandes cristianos de la historia es que ellos leían mucho su Biblia y oraban a Dios todos los días. Muchos de ellos pasaban muchas horas de rodillas orando. Dios quiere que invirtamos mucho tiempo delante de Él orando. ¿Te imaginas si únicamente necesitáramos decir una frase, y Dios contestara de inmediato? Así que, para que algo suceda, Él quiere que le insistamos y que hablemos mucho tiempo con Él en privado; de esta manera, Él vendrá, extenderá su mano de misericordia, y nos ayudará. Las oraciones en público de Jesús eran muy cortas, pero estaban respaldadas por muchas horas de oración en secreto.

En una ocasión Jesús contó la historia de una viuda que deseaba que un juez le hiciera justicia, ya que había una persona que siempre le estaba haciendo mal. El problema era que este juez era un juez malo e injusto, y cada vez que la viuda venía, no quería ayudarla en lo absoluto. Él prefería atender a los ricos y poderosos, pero a esta viuda (y normalmente las viudas en los tiempos de Jesús eran muy pobres), a ella, no la quería atender. Sin embargo, ella continuaba viniendo a él y le insistía. Tanta fue su insistencia, que este juez, por causa de lo molesta que era para él esta viuda, finalmente le ayudó. Jesús dijo que Dios no es injusto, sino bondadoso y compasivo, entonces preguntó: «*¿Y acaso Dios no hará justicia a sus escogidos, que claman a él día y noche? ¿Se tardará en responderles?*» Dios quiere que oremos constantemente e insistamos hasta recibir Su respuesta.

Ilustración

Roger Steer escribió en su libro *George Müeller: Delight in God* [Jorge Müeller: Deleite en Dios] el siguiente relato: Hubo una ocasión que Jorge Müller, un hombre muy conocido por su vida de oración, se dirigía a Quebec en barco. Al abordar, el sr. Müller le dijo al capitán: «Necesito llegar a Quebec el sábado por la tarde». El capitán, ante las palabras de Müller, con una pequeña sonrisa contestó: «Disculpe, pero eso será imposible, ¿ya vio la densa niebla que hay allá afuera?». «No» —contestó Jorge Müller—, «pero mis ojos no están puestos en la niebla, sino el Dios, quien controla todo en el universo. Durante 57 años nunca he roto un compromiso, y esta no será la excepción. Oremos». Entonces bajaron a la sala de mapas, y ahí, delante del capitán, Jorge Müller se arrodilló, oró una oración sencilla, se levantó y antes de que el capitán también orara, le dijo: «Como tú no crees, no es necesario que ores». Entonces le dijo al capitán que subiera y viera como la niebla ya no estaba. El capitán subió y así era, ¡la niebla se había ido! Fue así como Müller cumplió con su compromiso.

Cada vez que tú y yo oremos debemos tener fe; esa es la oración que Dios escuchará.

Preguntas sobre la clase

1. ¿Qué era lo que quería la viuda del juez injusto?
2. ¿Por qué la viuda necesitaba insistir? ¿por qué nosotros también necesitamos insistir a Dios?
3. ¿Cuál es el ingrediente más importante al orar a Dios?
4. ¿Por qué Jorge Müller quería llegar el sábado por la tarde a Quebec? ¿por qué no quería esperar a que se quitara la niebla?
5. ¿Qué sucede cuando tenemos el respaldo de mucho tiempo de oración?
6. ¿Qué fue lo que sucedió cuando Jorge Müller oró a Dios?
7. ¿Cuántos años tenía Jorge Müller sin romper un compromiso? ¿Crees que para un cristiano mantener una promesa es importante?

Frases para memorizar

1. Oraré todos los días de mi vida sin faltar ninguno. Dios espera que yo le hable constantemente.
2. Cada vez que yo ore oraré con fe, porque Dios siempre cumple su palabra, y la mantiene. Yo también debo mantener mi palabra.
3. Dios espera que insista en mi oración y que no me desanime en seguir orando.
4. Si logro tener una vida de oración poderosa, mis oraciones en público serán cortas y siempre moverán la mano de Dios.

Otros pasajes de la Biblia sobre el tema para lectura y memorización

1 Jn. 5:14-15; 1 Cro. 16:11; 2 Cro. 6:21, 7:14; Ef. 6:18; Jer. 29:12-13; Job 22:27; Stg. 5:13; Mr. 11:24; Mt. 5:44; Mt. 6:7; Mt. 26:41; Rom. 12:12; Sal. 4:1; Sal. 145:18; Mt. 7:11; Lc. 6:12; Lc. 18:1; Rom. 8:26; Fil. 4:6.

9

Jesús resucitó al tercer día

Memorizar

Hechos 3:14-15 «Mas vosotros negasteis al Santo y al Justo, y pedisteis que se os diese un homicida, y matasteis al Autor de la vida, a quien Dios ha resucitado de los muertos, de lo cual nosotros somos testigos».

En verdad Cristo murió en la cruz, y fue sepultado; pero Dios le resucitó al tercer día, como Jesús ya había dicho. La resurrección de nuestro Señor Jesús es el milagro más grande que se ha hecho jamás, y es nuestra más grande victoria también. Dijo el apóstol Pablo que, si Jesús no hubiera resucitado, nuestra fe no serviría de nada (1 Cor. 15:14, 17). De la misma manera, Él ha prometido que un día, cuando nosotros muramos, también resucitaremos para estar junto con Él por la eternidad.

Preguntas introductorias

1. ¿Qué hubiera sucedido si Cristo no hubiera resucitado? ¿Qué es lo que piensas? (lee luego otra vez 1 Cor. 15:14, 17.
2. ¿Por qué puedes estar seguro de que Jesús realmente resucitó?
3. Si Cristo ha resucitado, significa que Él conquistó _____. (la respuesta está en la historia).

Historia bíblica (Mateo 28:1-10; Juan 20:1-29)

La muerte es el enemigo número uno del hombre; y la Biblia también le llama el último enemigo (1 Cor. 15:26). Si Cristo no hubiera resucitado, nosotros no pudiéramos entrar al cielo, ¿por qué? Porque, aunque Cristo Jesús murió por nosotros, Dios el Padre necesitaba *aceptar* ese sacrificio, y la resurrección tiene ese significado. Es como si tu haz hecho ya una tarea, pero necesitas entregarla y que tu maestro o maestra la acepte, si no, no sirvió de nada haberla hecho, ¿cierto? Así el sacrificio de Jesús tenía que ser aceptado. También la resurrección significa que Él conquistó la muerte. También significa que somos capaces de estar unidos a Cristo y que podemos ser como Él.

Jesús no podía ser un mentiroso, y Él había dicho que resucitaría. Sin embargo, luego de que Jesús murió los discípulos estaban muy tristes pensando que todo había terminado. Pero el domingo, siendo ya el tercer día desde que el Señor había muerto, unas mujeres fueron al sepulcro a poner perfume sobre el cuerpo de Jesús. Ellas pensaban en quién les ayudaría a mover la piedra del sepulcro, pero cuando llegaron allí, encontraron que la gran piedra que estaba en la boca de la tumba de Jesús había sido removida. Ellas pensaron que alguien había robado el cuerpo de Cristo, pero un ángel les apareció y le dijo que Jesús, el que había sido crucificado, no estaba ahí porque había resucitado. Luego Jesús se apareció a ellas y les dijo que fueran a dar aviso a los apóstoles. Después de que ellas fueron a dar aviso a los apóstoles, Pedro y Juan fueron al sepulcro y lo encontraron vacío. Juan entró y tan solo encontraron ahí los lienzos y el sudario que estaba sobre la cabeza de Jesús.

Ilustración

Buda fue un hombre que hizo una religión que se llama *el budismo*. Este hombre vivió hace más de dos mil años. Muchos años después de la muerte de Buda, uno de los huesos de uno de sus dedos fue enviado como regalo a un emperador de China durante la dinastía de Tang, pero luego se perdió y estuvo perdido más de dos mil años. Finalmente, en 1981, este huesito fue encontrado, y este hecho alegró a todos los budistas del mundo.

Los cristianos no buscamos ningún hueso de nuestro Señor, porque no existe. Él se levantó de la tumba y vive por los siglos de los siglos.

❓ Preguntas sobre la clase

1. ¿Por qué Jesús necesitaba resucitar? (menciona tres cosas).
2. ¿Dónde fue puesto el cuerpo de Jesús cuando Él murió?
3. ¿Qué fue lo que encontraron las mujeres que fueron al sepulcro?
4. ¿Qué fue lo que el ángel dijo a las mujeres? Cuando Jesús mismo se apareció a ellas ¿Qué les dijo?
5. ¿Qué fue lo que encontraron Pedro y Juan cuando fueron al sepulcro? ¿Qué fue lo que vio Juan al entrar a la tumba vacía de Jesús?
6. ¿Cuál es la diferencia del cristianismo con todas las demás religiones?

Frases para memorizar

1. Jesús necesitaba resucitar para que nosotros pudiéramos entrar al cielo.
2. Jesús dijo que Él resucitaría, y Él cumplió lo que dijo. Así Él cumplirá todas sus promesas sin faltar ninguna.
3. Así como Jesús venció la muerte, nosotros también somos vencedores sobre la muerte porque un día resucitaremos también.
4. La resurrección de Jesús hizo que Jesús enviara a nosotros el Espíritu Santo para poder vivir una vida cerca de Dios tal como Jesús mismo.
5. La resurrección de Jesús cumplió las profecías del Antiguo Testamento que dicen que Él resucitaría.

Otros pasajes de la Biblia sobre el tema para lectura y memorización

Rom. 4:25; Hch. 2:24; 1 Cor. 15:55-57; 2 Cor. 4:14; Rom. 6:4, 8; Job 19: 25; Is, 53: 10-12; Rom. 1:4; Hch. 2:33; 1 P. 1:3-4; 1 Cor. 15:20-22; Hch. 17:30-31.

10
La Biblia es la verdad

Memorizar

Juan 5:39 «Escudriñad las Escrituras; porque a vosotros os parece que en ellas tenéis la vida eterna; y ellas son las que dan testimonio de mí».

Escudriñad: averiguar cuidadosamente acerca de algo; algo parecido a *estudiar*.

Ahora sabes que Dios es el Creador, que Él quiere ser tu amigo, y que Él te ama. También que el ser humano ha pecado y que Jesucristo es la solución a su gran problema; que Él murió, pero también resucitó. Ahora también has abierto tu corazón al amor de Dios, le has pedido perdón y has confiado en Jesucristo como tu único y suficiente Salvador y Señor. Ahora, seguro has notado que hemos estado abriendo constantemente la Biblia. La Biblia es la revelación de Dios al hombre; es la Palabra de Dios.

❓ Preguntas introductorias

1. ¿Sabes cuántos libros tiene la Biblia? ¿Cuántos libros tiene el Antiguo Testamento y el Nuevo Testamento?
2. ¿Por qué es tan importante para un cristiano leer su Biblia todos los días?
3. ¿Cómo puede una persona entender la Biblia?

Historia bíblica (Hechos 8:26-40)

Hubo en la iglesia de Jerusalén (esta iglesia fue la primera iglesia cristiana) un discípulo (un seguidor de Jesús) muy destacado que se llamaba Felipe. Este discípulo tuvo un ministerio muy hermoso: la evangelización de los perdidos. Él fue a Samaria (una región cercana a Jerusalén), predicaba a Cristo y muchos creían en el Señor y eran sanados de sus enfermedades.

Cuando Felipe estaba ahí, el Espíritu Santo (recuerda, Él es la tercera persona de la Santa Trinidad), llevó a Felipe a un lugar en donde se encontraba un africano leyendo la Biblia. Este africano (de Etiopía) era una persona muy importante en el gobierno de su país. Cuando Felipe lo vio, este hombre estaba sentado en su carro leyendo la Biblia, pero no podía entender lo que leía. Él estaba leyendo un pasaje de Isaías 53 en donde dice: «Como oveja a la muerte fue llevado; Y como cordero mudo delante del que lo trasquila, Así no abrió su boca. En su humillación no se le hizo justicia; Mas su generación, ¿quién la contará? Porque fue quitada de la tierra su vida». Entonces el Espíritu Santo le dijo a Felipe: «Acércate a ese carro». Cuando Felipe se acercó le preguntó: «¿Entiendes lo que lees?»; y el africano etíope le contestó: «¿Y cómo podré, si alguno no me enseñare?». Entonces Felipe le mostró que ese pasaje habla de Jesús, quien murió como un cordero. Él es el Cordero de Dios. La lectura de las Escrituras fue muy importante para que este hombre pudiera conocer a Cristo Jesús, y lo mismo es para todos nosotros.

Ilustración

En 1914 Ernesto Shackleton, junto con un equipo de exploradores se dirigieron a Antártida para realizar una gran hazaña nunca antes lograda: cruzar de lado a lado la Antártida a través del Polo Sur. Cuando iban llegado al continente Antártico (Antártida) su barco quedó atrapado en el hielo y no pudieron avanzar más. Solo tenían un pequeño bote salvavidas en donde cabían cinco personas. Fue entonces que tomaron la decisión de que cinco de ellos regresarían remando en ese pequeño bote a través de 1,280 km (800 millas) hasta la isla de Georgia, en donde podían encontrar ayuda, mientras los demás se quedarían en la isla Elefante. El viaje era el más peligroso y desafiante que pudiera haber, con mares traicioneros y tormentas de olas gigantes y las probabilidades de sobrevivir eran muy pocas. Pero ellos, usando una tan sólo una brújula y un sextante (instrumento de navegación) y remando durante 15 días, fueron capaces de llegar hasta la isla de Georgia y regresar en un barco para rescatar al resto del equipo. Todos finalmente se salvaron. Esta historia nos enseña, que en la vida cristiana habrá muchas tormentas, pero la Biblia es la brújula del cristiano.

❓ Preguntas sobre la clase

1. ¿Qué era lo que estaba haciendo el etíope cuando Felipe lo vio por primera vez?
2. ¿De quién hablaba el pasaje que el etíope estaba leyendo?
3. ¿Qué fue lo que hizo Felipe para ayudar al etíope?
4. ¿Por qué es muy importante para el cristiano leer la Biblia todos los días?
5. ¿Qué hubiera sucedido si los que regresaron por ayuda en la historia de la ilustración no hubieran tenido una brújula?
6. ¿En qué se parece la brújula de la historia a la Biblia y el cristiano?

Frases para memorizar

1. El tema principal de la Biblia es el amor de Dios a través de Cristo Jesús.
2. Tú y yo necesitamos leer la Biblia todos los días para mantener nuestra comunión con Jesús.
3. La Biblia es la sabiduría de Dios y necesitamos su consejo para vivir vidas de éxito, y ser poderosos en la tierra.
4. Para entender la Biblia necesitamos la ayuda del Espíritu Santo y de otros «Felipes» (otros cristianos) que nos ayuden.
5. La Biblia es la Palabra de Dios y es el único medio para obtener fe: «Así que la fe es por el oír, y el oír, por la palabra de Dios» (Rom. 10:17).

Otros pasajes de la Biblia sobre el tema para lectura y memorización

2 Ti. 3:16-17; Rom. 10:17; Mt. 24:35; Is. 40:8; Is. 55:11; Jer. 23:29; Dt. 8:3; Mt. 4:4; Jos. 1:8; Sal. 119:105; Sal. 19:7-11; Sal. 119:9; Jn. 17:17.

11
Jesús sigue sanando a los enfermos

Memorizar

Isaías 53:5 «Mas él herido fue por nuestras rebeliones, molido por nuestros pecados; el castigo de nuestra paz fue sobre él, y por su llaga fuimos nosotros curados».

Jesucristo es el mismo de ayer, de hoy y por los siglos. El mismo Jesús del que leemos en la Biblia es el mismo de hoy, y Él es nuestro sanador, no solo del alma sino también del cuerpo físico. Verás, este versículo que has memorizado nos dice que cuando Jesús murió en la cruz, no solo pagó por nuestros pecados sino también por nuestras enfermedades. Es muy importante que creas que Jesucristo también es el Sanador de tu cuerpo físico.

❓ Preguntas introductorias

1. ¿Por qué Jesús desea que sus hijos estén sanos?
2. ¿Qué piensas que significa que ya fuimos sanados o curados cuando Jesús murió? (recita el texto de inicio).
3. ¿Crees que Jesús quiere salvar a unos y a otros no? ¿Cuál es la razón por la que hay muchos que no son cristianos todavía?

Historia bíblica (Mateo 8:1-3)

Jesús desea que sus hijos sean sanos, por eso Él pago el precio no solo por sus pecados sino también por sus enfermedades. Jesús siempre quiere sanar a todos, pero, así como Él desea que todos entren al cielo, pero no todos lograrán entrar porque no todos creen en Él, lo mismo sucede con la sanidad del cuerpo. Jesús espera que tú y yo creamos que Él también es nuestro único y suficiente sanador; y que creamos que sus llagas ya nos han hecho sanos.

Los hijos de Dios somos como un ejército. Imagina qué pasaría si un ejército está formado por soldados enfermos, ¿crees que podrán ganar las batallas? ¡No! ¡Claro que no! Así también existe una conexión muy fuerte entre nuestra alma y el cuerpo físico, Dios desea que estemos sanos para que podamos servirle con todas nuestras fuerzas (lee Dt. 6:5; Mc. 12:30).

Toda persona que se acercó a Jesús para recibir sanidad fue sanada por Él; así hoy, toda persona que viene a Jesús y cree en Él, Jesús la sanará. No sabemos por qué algunos no son sanados (aunque dicen creer en Jesús para recibir sanidad), pero tú y yo necesitamos creer lo que dice la Biblia y no basarnos en las experiencias de la gente. Verás, un hombre tenía dudas de si Jesús quería o no sanarlo, era un leproso, ¿sabes lo que es un leproso? La lepra es una enfermedad en la piel. Pues bien, cuando él le preguntó a Jesús que si quería sanarlo, Jesús le respondió con fuerza: «¡Quiero; sé limpio!» Y al instante su lepra desapareció. Jesús siempre quiere sanarte, pero espera que tú y yo creamos realmente que Él es nuestro Sanador y nuestro Médico celestial.

Ilustración

Cuando yo era un niño (quizá de la misma edad que tú tienes), mi padre (quien era el pastor de una pequeña iglesia), un evangelista y yo fuimos a orar por una anciana. Dios usaba poderosamente a ese evangelista para sanar a los enfermos, y la anciana —quien tenía como 80 años de edad— tenía dos tipos de cáncer. Los médicos le habían dicho que era imposible que ella viviera y la habían mandado a su casa para que muriera allí.

El evangelista y nosotros oramos en esa ocasión por ella, y luego fuimos otra vez. Lo que sucedió después fue algo sorprendente: ella fue a la iglesia y mostró la evidencia de la sanidad que había recibido de Jesús. ¡Jesús la sanó completamente! Esta anciana vivió todavía varios años más y fue un testimonio vivo del poder de Dios. ¡Jesucristo es el mismo de ayer, de hoy y por todos los siglos!

Preguntas sobre la clase

1. Jesús pagó el precio, no solo por nuestros pecados, sino también por nuestras _____.
2. ¿Qué es lo que se necesita de nuestra parte para recibir la sanidad de Jesús?
3. ¿En qué necesitamos basar nuestra fe, en las experiencias de otros o en lo que dice la Biblia?
4. ¿Qué le dijo Jesús al leproso que le preguntó si Él quería sanarlo o no?
5. La anciana de la historia tenía dos tipos de cáncer. ¿Qué sucedió con ella?
6. ¿El Jesús que anduvo en esta tierra sanando los enfermos es otro diferente al de hoy? Sí o no, explica.

Frases para memorizar

1. Jesucristo murió por mis pecados y también por mis enfermedades.
2. La voluntad de Dios es siempre sanarme, pero yo necesito creer que Él es mi Médico divino.
3. No es pecado ir al médico terrenal y los médicos de aquí hacen lo que pueden por la gente para ayudarla; pero yo tengo el privilegio de que Jesús mismo sea mi Médico.
4. Es muy importante mantenerme sano, por eso debo de ser un buen administrador del cuerpo que Dios me ha dado para cuidar.
5. Cuando leo las historias de las sanidades de Jesús creo que Jesús todavía sigue siendo el mismo y continúa sanando a los enfermos, y lo hará hasta el fin del mundo.
6. La Biblia muestra muchos pasajes que hablan de la sanidad del cuerpo, y esto quiere decir que es muy importante para Dios que sus hijos estén sanos.

Otros pasajes de la Biblia sobre el tema para lectura y memorización

1 P. 2:24; Stg. 5:14-15; Heb. 11:6; 13:8; Sal. 103:1-5; Mt. 8:16-17; Hch. 10:38; Ex. 15:26; Mc. 16:17-18; Hch. 28:8; Rom. 10:17; Mc. 11:24; Lc. 10:9; Jer. 17:14; Éx. 23:25; Hch. 14:8.

12

Jesús bautiza en el Espíritu Santo

Memorizar

Mateo 3:11 «Yo a la verdad os bautizo en agua para arrepentimiento; pero el que viene tras mí, cuyo calzado yo no soy digno de llevar, es más poderoso que yo; él os bautizará en Espíritu Santo y fuego».

Ahora Jesucristo es tu Salvador y Señor y tú has decidido ser un cristiano. Sabías tú que Jesús ha preparado para ti regalos muy grandes que desea darte. En la lección anterior vimos que Él desea que estés sano y fuerte físicamente, pero también desea que seas bautizado en el Espíritu Santo. El bautismo en el Espíritu Santo es muy importante para que hables la palabra de Dios a otros con mucho ánimo y poder; es también muy importante para que sirvas a Cristo con éxito. En esta lección aprenderás lo que es eso del bautismo en el Espíritu Santo.

❓ Preguntas introductorias

1. ¿Sabes lo que es un bautismo?
2. El Espíritu Santo es también el Espíritu de amor ¿Qué es lo que Dios ama?
3. ¿Por qué piensas que Jesús quiere bautizarte con el Espíritu Santo?

Historia bíblica (Hechos 19:1-7)

Bautismo significa que tú estás sumergido de pies a cabeza en algo, por ejemplo, en el agua. Cuando Juan el Bautista bautizaba la gente ella confesaba sus pecados y le entregaba su corazón a Dios; pero luego vino Jesús, y dijo Juan que Él haría algo aún más grande: haría que los que creyeran en Él fueran sumergidos en el Espíritu Santo. Esto quiere decir que Dios quiere llenarte de su amor por los perdidos y de poder para predicarles la Palabra de Dios.

La manera en que tú puedes ser bautizado en el Espíritu Santo será simplemente que se lo pidas a Jesús con todo el corazón y que insistas e insistas hasta que Él te dé su gran regalo. También puedes pedirle a otro cristiano que ya ha sido bautizado que ore por ti. Tú sabrás que Él te ha bautizado porque comenzarás a hablar un nuevo lenguaje, el cual Dios te dará. Cuando tú lees el libro de los Hechos te darás cuenta de que este bautismo es algo que Dios da después de que una persona ha creído en Jesús. Esto fue lo que sucedió con unos cristianos que estaban en una ciudad llamada Éfeso. Cuando el apóstol Pablo les visitó, la primera pregunta que les hizo fue esta: «¿Recibieron ustedes el Espíritu Santo cuando creyeron en Jesús?». Pero ellos no sabían que Jesús tenía este regalo para ellos; pero cuando lo supieron, Pablo oró por ellos y ellos recibieron el bautismo en el Espíritu Santo y empezaron a hablar el nuevo lenguaje que Dios les dio.

Ilustración

Hubo un poderoso hombre de Dios que se llamó Charles Finney. Charles Finney nos cuenta ahora su experiencia de su bautismo en el Espíritu Santo. Él dice: «Cuando cerré la puerta de mi oficina me pareció que me encontrara ahí cara a cara con el Señor Jesucristo. Me parecía que lo veía como hubiera visto a otro hombre. Él no dijo nada, pero me miró de tal manera que me hizo caer a sus pies. Caí a sus pies, y lloré en voz alta como un niño e hice confesiones como pude con mi voz ahogada. Me pareció que había bañado sus pies con mis lágrimas. Por seguro estuve ahí un buen tiempo. Regresé luego a la oficina principal, pero cuando me regresé y estaba a punto de tomar asiento, recibí el poderoso bautismo en el Espíritu Santo. En ese tiempo nadie conocía sobre ese tema, pero ese día el Espíritu Santo descendió sobre mí de una manera, que parecían venir sobre mí oleadas de amor líquido; parecía el mismo aliento de Dios en mí. Lloré en voz alta de alegría y amor».

Preguntas sobre la clase

1. ¿Qué significa ser bautizado en el Espíritu Santo?
2. ¿Qué sucede cuando tú eres bautizado en el Espíritu Santo?
3. ¿Qué se necesita para que tú seas bautizado en el Espíritu Santo?
4. ¿Cuál fue la primera pregunta que Pablo hizo a los cristianos de Éfeso?
5. ¿Qué es lo que te acuerdas que sucedió en la experiencia del bautismo en el Espíritu Santo de Charles Finney?
6. ¿Charles Finney menciona que él recibió olas de qué?

Frases para memorizar

1. Jesucristo desea bautizarme en el Espíritu Santo hoy mismo.
2. Para recibir el bautismo en el Espíritu Santo yo necesito desearlo con todo el corazón y pedirlo al Señor con insistencia.
3. Cuando yo recibo el bautismo en el Espíritu Santo, Dios me llena de su amor por los perdidos y tengo poder para predicarles la Palabra de Dios y servir a Jesús con más fuerza.
4. La señal de que he sido bautizado en el Espíritu Santo será que empezaré a hablar un nuevo lenguaje desconocido para mí, el cual Dios me dará.
5. Jesús bautizó con el Espíritu Santo a los discípulos y desea bautizarme a mí, porque Él prometió ese bautismo para todos los que creyeran en Él.

Otros pasajes de la Biblia sobre el tema para lectura y memorización

1 Cor. 12:13; Hch. 2:28; Hch. 1:8; Hch. 1:5; Mt. 3:11; Hch. 4:31; Lc. 3:16; Hch. 2:4; Jn. 1:33; Mc. 1:8; Lc. 24:49; Rom. 8:26; Jn. 7:37-39; Hch. 10:34-46. Hch. 10:47.

13

Juan bautiza a Jesús en el Jordán

Memorizar

Hechos 10:47 «Entonces respondió Pedro: ¿Puede acaso alguno impedir el agua, para que no sean bautizados estos que han recibido el Espíritu Santo también como nosotros?».

Además del bautismo en el Espíritu Santo, hay otro bautismo que los que han creído en Cristo reciben, este es el bautismo en agua. El bautismo en agua es un mandamiento del Señor Jesucristo que sirve como señal para alguien que ha decidido seguirle todos los días de su vida. En el bautismo, tú das un testimonio público de que crees que Jesús es tu Salvador y Señor y que deseas caminar con Él y seguirle para siempre.

❓ Preguntas introductorias

1. ¿Quieres seguir a Jesús obedeciéndole todos los días de tu vida?
2. ¿Estás dispuesto/a aun a morir si fuera necesario por amor a Jesús? ¿Cuándo piensas que seguir a Jesús podría costarte la vida?
3. ¿Sabes que Jesús mismo se bautizó? ¿Por qué crees que Jesucristo mismo se bautizó?

Historia bíblica (Mateo 3:13-17)

Cuando tú te bautizas en las aguas estás diciendo con esto que tú has decido no ofender a Dios en nada. Te declaras muerto para pecar. Estás dispuesto a obedecer y amar a Cristo para siempre. El bautismo es como el día de tu boda con Jesús; es un día muy importante en tu vida. Aquellos que no desean dar testimonio público de que aman a Jesús con todo corazón y creen totalmente en Él, no podrán entrar al cielo, por tanto, el bautismo en agua es algo muy importante para Jesús y para ti.

Tan importante es esto, que Jesús mismo se bautizó para dejarnos ejemplo a todos nosotros. Estando Juan el bautista bautizando en el río Jordán, se le acercó Jesús y le pidió que lo bautizara. Juan no quería bautizarlo, pues este bautismo es para aquellos que se han arrepentido de sus pecados y Jesús no tenía ningún pecado; sin embargo, Jesús le dijo que esto era necesario. Entonces Juan lo bautizó. Lo que sucedió después es que Jesús oró y los cielos se abrieron. Descendió sobre Él el Espíritu Santo (es decir, fue bautizado en el Espíritu Santo ahí), y se escuchó una voz desde el cielo (el Padre) quien dijo: «Este es mi Hijo amado, en quien me he complacido».

Ilustración

En la iglesia del tiempo en que vivieron los apóstoles y durante los siguientes dos siglos, el bautismo en agua era una declaración abierta de que el creyente en Jesús se identificaba completamente con ese grupo de personas despreciadas y odiadas llamado *cristianos*. Identificarse como cristiano significaba persecución y muchas veces la muerte misma. Significaba ser excluido de tu familia y rechazado por tus amigos. Mientras que una persona se reunía con los cristianos era tolerado, pero una vez que se bautizaba, estaba con ello declarando a todo el mundo: «Yo pertenezco a ese grupo despreciado llamado *cristianos*». Inmediatamente que sucedía eso, esa persona era perseguida, odiada y maltratada.

El bautismo significa ingresar formalmente al cuerpo de Cristo (a la iglesia también se le llama *cuerpo de Cristo*).

❓ Preguntas sobre la clase

1. ¿Por qué es necesario ser bautizado en agua?
2. ¿Qué tiene que ver el bautismo con el pecado?
3. ¿A qué se puede comparar el bautismo según la lección?
4. ¿Por qué Jesús mismo se bautizó?
5. ¿Qué sucedió cuando Jesús se bautizó?
6. ¿Qué pasaba con los primeros cristianos cuando se bautizaban?

Frases para memorizar

1. Cuando yo me bautizo estoy declarando que es mi decisión seguir a Jesús todos los días de mi vida.
2. Al bautizarme yo renuncio totalmente al pecado y decido vivir solo para obedecer a Cristo.
3. Con el bautismo yo ingreso formalmente al cuerpo de Cristo, que es la Iglesia.
4. Jesús mismo fue bautizado para dejarnos ejemplo y recibió la alabanza de Dios por ello, así yo recibiré esa alabanza de Dios por esa decisión.
5. Los que no quieren bautizarse (teniendo oportunidad para hacerlo) no pueden entrar al cielo porque no quieren comprometerse seriamente con Jesús.
6. Con el bautismo estoy diciendo también que estoy dispuesto a morir si fuera necesario por amor a Jesús, mi Señor y Salvador.

Otros pasajes de la Biblia sobre el tema para lectura y memorización

1 P. 3:21; Hch. 2:38; Hch. 22:16; Mc. 16:16; Jn. 3:5; Rom. 6:3-4; Mt. 28:18-20; Col 2:12; Rom. 6:3; Hch. 2:41; Hch. 10:47; Hch. 18:8; Ef. 4:5; Hch. 8:38; Mc. 1:4; Tit. 3:5.

14

Cristo viene pronto

Memorizar

Hechos 1:11 «Varones galileos, ¿por qué estáis mirando al cielo? Este mismo Jesús, que ha sido tomado de vosotros al cielo, así vendrá como le habéis visto ir al cielo».

Cuando Jesús murió y resucitó, Él subió a su Padre y se sentó a su mano derecha en el cielo. Pero antes de ir allá, cuando aún estaba en la tierra, Él prometió regresar. Luego, en el preciso momento cuando Jesús estaba subiendo, una nube lo tomó, apareció un ángel y dijo a los discípulos esas palabras que has memorizado de Hechos 1:11. Todos los cristianos creemos a lo que dijo Jesús, y cada día estamos esperando que Él regrese. Él prometió que regresará sin avisarnos antes, por tanto, debemos estar siempre preparados.

❓ Preguntas introductorias

1. ¿Por qué piensas que Jesús no dijo el día que iba a regresar?
2. ¿Qué es lo que más te emociona cuando piensas que Jesús regresará un día? ¿Crees tú que Jesús regresará muy pronto, por ejemplo, que puede ser hoy? Si/no ¿Por qué?
3. Imagina lo que sucederá en el mundo cuando Jesús regrese por nosotros ¿cómo imaginas que será?

Historia bíblica (Mateo 25:1-13)

En varias ocasiones Jesús dijo que luego de irse, Él regresaría por sus discípulos; por esto, los discípulos de Jesús, predicaban que Jesús iba a regresar, pues Él lo prometió. Pero siempre Jesús, cuando hablaba de esto, advertía también: «¡Ustedes tienen que estar preparados, porque no les avisaré cuando vendré!»

Para ilustrar esto, Jesús contó la historia de diez muchachas vírgenes que estaban esperando al esposo, el cual, en cualquier momento vendría y abriría la puerta para que ellas disfrutaran de las bodas. Ellas querían entrar a las bodas y estaban esperando afuera, hasta que el esposo viniera y les abriera la puerta. Pero era de noche, y estaba muy oscuro; además, el esposo se les había encargado mucho que no dejaran que sus lámparas se apagaran. De entre esas diez muchachas, cinco eran muy listas y habían llevado con ellas suficiente aceite para toda la noche; pero las otras cinco pensaron que no era necesario llevar tanto. Entonces el esposo se tardó más de lo que ellas pensaron, y les faltó el aceite. Quisieron pedir prestado a las otras cinco, pero ellas necesitaban tener su propio aceite; por tanto, fueron a comprar más. Pero mientras iban, llegó el esposo y solo las cinco que estaban preparadas entraron a las bodas. Luego Jesús terminó la historia diciendo a sus discípulos que necesitaban estar preparados. Todos los cristianos necesitamos vivir siempre cerca de Jesús y sin pecado: esto es lo que significa «estar preparados». El aceite es símbolo del Espíritu Santo, quien nos ayuda a vivir sin pecar.

Ilustración

El director de una escuela visitó uno de los salones de clases cuyos alumnos eran los más desordenados de la escuela. Él habló con los estudiantes y les hizo una promesa: «Voy a irme, pero regresaré, y al niño que encuentre sentadito, en orden, con su escritorio limpio y ordenado, a ese le daré un premio». Entonces uno de los niños preguntó: «Pero ¿cuándo regresará?». «Ah, eso no se los puedo decir» —contestó el director—. Entonces se fue.

Luego de que se fue, una niña dijo delante de todos: «Yo voy a ganar el premio». «¿Tú?» —se burlaron sus compañeros— «pero si tú eres la más desordenada el grupo». «Sí, pero voy a tener todo en orden en la mañana» —dijo ella—. «¿Y si el director viene al mediodía?» —preguntaron ellos—, «entonces mantendré limpio y todo en orden hasta el mediodía». «Pero, qué tal si viene al final de día, cuando ya nos estamos yendo a casa» —le preguntó otro—. «Mmm» —se quedó pensando la niña por un momento—. «¡Ya sé!» —respondió por fin— «voy a mantener todo limpio y en orden todo el día, y así ganaré el premio».

Preguntas sobre la clase

1. ¿Qué era lo que deseaban las muchachas de la historia bíblica?
2. ¿Cuál era la diferencia entre ellas?
3. ¿Qué significa «estar preparado (a)»?
4. ¿Qué simboliza el aceite en la historia bíblica?
5. ¿Qué era lo que tenía que hacer la niña de la ilustración para ganar el premio?
6. ¿Qué fue lo que decidió hacer la niña al final? ¿En qué se parece la historia de la ilustración y la vida cristiana?

Frases para memorizar

1. Es maravilloso pensar que Jesús un día regresará por mí.
2. Jesús prometió regresar y Él cumplirá su promesa.
3. Nadie sabe cuándo Jesús va a regresar, pues Él dijo que sería una sorpresa.
4. Es muy importante que yo esté preparado (a) para la venida de Jesús, porque no me quiero quedar cuando Él regrese.
5. «Estar preparado» significa vivir la vida cerca de Jesús, no hacer nada que lo ofenda, y hacer lo que Él quiere.
6. Cada día pediré ayuda al Espíritu Santo para mantenerme sin ofender a Jesús, y permanecer cerca de Él, haciendo lo que Dios quiere.

Otros pasajes de la Biblia sobre el tema para lectura y memorización

Mt. 24:36; 1 Ts. 4:16-17; Ap. 22:12-13; Jn. 14:3; Mt. 24:31-33; 1 Cor. 14:52; Hch. 1:11; Ap. 3:11; Ap. 22:7; Stg. 5:9; Rom. 13:11; 1 Cor. 16:22; Tit. 2:13.

15

Cenar con Jesús

Memorizar

1 Corintios 11:24 «Tomad, comed; esto es mi cuerpo que por vosotros es partido; haced esto en memoria de mí».

Era muy importante que Jesús derramara su sangre, porque su sangre preciosa nos limpia el corazón de todos los pecados (de los tuyos y los de todo el mundo). Además, su cuerpo, cuando Él murió en la cruz, fue muy maltratado: le dieron de latigazos, pusieron una corona de espinas en su frente, clavaron sus manos y pies en la madera de la cruz con unos clavos gruesos de acero. Y finalmente, traspasaron su cuerpo cerca de las costillas con una lanza (en el costado). Cristo quiso que, constantemente, los cristianos recordemos lo importante que fue su muerte.

❓ Preguntas introductorias

1. ¿Por qué crees que es tan importante recordar la muerte del Señor Jesús, tanto como sea posible?
2. ¿Piensas que esto es una orden de Jesús o solamente algo opcional?
3. Solamente los que se han bautizado ya pueden tomar la santa cena, ¿sabes por qué?

Historia bíblica (Mateo 25:1-13)

La santa cena es un acto para recordar y meditar en la muerte de Jesús, y esto trae para cada uno mucho bien, porque la muerte de Jesús nos une con Dios y nos mantiene unidos a la iglesia (los otros cristianos). La muerte de Jesús hizo que el pecado fuera borrado de nuestro corazón y así, al estar limpios ante Dios, podemos tener comunión con Él. Recuerda que Dios detesta el pecado y solamente si estamos limpios de este, podemos estar cerca de Él. Él cenará con nosotros si nos mantenemos santos. La santa cena tiene dos requisitos principales: el primero es ser bautizado, porque eso significa que has confesado públicamente ser seguidor de Jesús; y el segundo es pedir perdón y perdonar a todos los que tú has ofendido o te han ofendido. Dios quiere que perdones de todo corazón a los que te han ofendido, pues si no lo haces, Él tampoco te perdonará a ti; y también, que pidas perdón a los que tú has ofendido.

Jesús dijo a sus discípulos que prepararan un lugar para cenar juntos. Cuando estaban en ese lugar, Él partió el pan, lo dio a ellos y les dijo que eso simbolizaba su cuerpo, el cual sufriría mucho. Luego les dijo que tomaran también de la bebida hecha de uva, que simboliza su sangre preciosa, derramada por nosotros. Cenar juntos trae unidad, porque en Jesús todos somos hermanos. Dios quiere que tengamos a cada momento amor y estemos en paz con todos. Judas estaba ahí, y cenó también, pero luego, él terminó muy mal; así también, los que toman la santa cena sin cumplir los requisitos de Dios pueden también terminar muy mal.

Ilustración

Una antigua tradición de los judíos que viven en otros países es que después de haber comido en su fiesta tradicional de la pascua, levantan un vaso con bebida de uva y todos dicen: «La próxima vez en Jerusalén». Ellos dicen esto porque tienen la ilusión de un día regresar a su tierra, y celebrar esa fiesta tradicional en su propio país.

La celebración de la cena del Señor tiene el propósito de recordar la muerte de Jesús hasta que Él venga, es decir, hasta su regreso. Y nosotros, cuando celebramos la santa cena, tenemos la esperanza de un día celebrarla juntos en nuestra patria: en el cielo.

❓ Preguntas sobre la clase

1. ¿Por qué tomar la santa cena nos trae mucho bien? (según lo visto en esta lección)
2. ¿Podemos cenar con Jesús si practicamos pecados? Si/no ¿por qué?
3. ¿Cuáles son los dos requisitos para celebrar la santa cena según la lección?
4. ¿Por qué perdonar a otros es tan importante para Dios?
5. ¿Qué simboliza el pan y la bebida hecha de uva en la santa cena?
6. ¿Qué puede suceder si alguien toma la santa cena sin cumplir los requisitos de Dios?
7. ¿Cuál es la esperanza que tenemos al tomar la santa cena?

Frases para memorizar

1. Debo tener mucho respeto cuando tomo la santa cena, porque el pan simboliza el cuerpo de Cristo, y la bebida hecha de uva simboliza la sangre preciosa de Jesús.
2. Debo de tomar la santa cena tan frecuentemente como sea posible, porque eso me trae bendición.
3. El propósito principal de la santa cena es tener paz con mis hermanos y amarlos de todo corazón, recordando que la muerte de Jesús me trajo paz con Dios.
4. Tomar la santa cena no es algo opcional sino algo obligatorio para todos los cristianos.
5. Dios quiere bendecir mi alma y mi cuerpo, y al tomar la santa cena recuerdo que la muerte de Jesús me ha traído bendición para el alma y para el cuerpo.

Otros pasajes de la Biblia sobre el tema para lectura y memorización

1 Jn. 1:7; Heb. 10:25; 1 Cor. 11:23-27; Mt. 26:26-28; Jn. 6:53-58; Mr. 14:22-25; Gn. 14:18; Lc. 24:13-32; Hch. 2:42; Is. 53:5.

Parte III. La ley moral de Dios

16
Adorar solamente a Dios

Memorizar

John 4:24 «Dios es Espíritu; y los que le adoran, en espíritu y en verdad es necesario que adoren».

Dios ordena que le adores solamente a Él y no admite que adores a nadie ni a nada más. Él es celoso y muy estricto en esto. Si tú o yo adoramos algo fuera de Él a este se le llama *idolatría*, y adorar un ídolo significa poner algo o alguien como más importante que Dios. Algo que se adueña de tus pensamientos y esperes recibir de ello o de él/ella, lo que solo Dios puede dar (paz, seguridad, amor, gozo, etc.); y también aquello a lo que le des lo que solo Dios debe recibir (lo primero y lo mejor de nuestro tiempo, dinero y fuerzas).

❓ Preguntas introductorias

1. El pueblo de Israel tenía mucho problema con la idolatría, ¿puedes contarnos un poco de eso?
2. ¿Cuáles son algunas cosas que pueden ser un ídolo en tu vida?
3. ¿Crees tú que un deporte puede ser un ídolo? ¿La escuela puede ser un ídolo?

Historia bíblica (Lucas 12:15-21)

Un ídolo es todo aquello en lo que tú encuentras propósito y dirección fuera de Dios. Aquello a lo que tú vas para recibir felicidad, aquello que te hace pecar; lo que te aparta de la Biblia; de la oración; de ir a la casa de Dios; que te hace que no obedezcas a tus padres ni a Dios. También puede ser alguien a quien admiras mucho. Pero el ejemplo más común en nuestros días es el dios del dinero. Si tú haces cosas solamente para obtener dinero, entonces es muy posible que este sea tu dios y no el Dios de la Biblia.

Jesús dijo que a este dios se le llama *avaricia* (el amor al dinero), y contó la historia de un hombre rico. Este hombre rico había tenido grandes ganancias en un año y no sabía qué hacer con lo mucho que tenía. Siendo que él era un agricultor y había cosechado mucho y no tenía lugar para todo lo que había cosechado, él dijo para sí mismo: «Oh, ya sé lo que haré: derribaré mis graneros, y los haré más grandes; y entonces diré a mi corazón: Oh, gózate, come y bebe, tienes mucho dinero guardado para muchos años... Pero entonces Dios le dijo: «Necio, esta noche morirás, y lo que has guardado, ¿de quién será?». Y luego Jesús dijo también: «Así es el que hace para sí tesoro, y no es rico para con Dios».

Ilustración

Un cuento indio habla de cuatro niños que tenían cada uno un sueño que cumplir en la vida. Ellos se prometieron ir por la tierra y cumplir su sueño y entonces reunirse cuando fueran grandes. Pasó el tiempo y ellos se reunieron para hablar sobre lo que podían hacer ahora.

Uno dijo: «Si yo encuentro un hueso, soy capaz de poner carne en él». El segundo dijo: «Si un hueso tiene carne, yo soy capaz de poner nervios y piel»; el tercero dijo: «Si tú puedes mostrarme un hueso con carne, con nervios y piel, yo soy capaz de hacer todos los miembros del cuerpo»; y el último dijo: «Yo puedo darle vida». «Vamos a buscar el hueso, demostremos lo que cada uno puede hacer». Entonces fueron a la selva y encontraron el hueso de un león; y cada uno hizo lo que sabía hacer. Pero cuando el león tuvo vida, se lanzó contra ellos, los despedazó y los comió.

Este cuento nos ilustra que un sueño que tengamos puede convertirse en nuestro ídolo, y ese ídolo terminará por destruir nuestra vida, porque Dios no tolera que tengamos ningún Dios fuera de Él.

Preguntas sobre la clase

1. ¿Menciona al menos tres cosas que definen lo que es un ídolo?
2. ¿Cuál es el dios más común en el mundo de hoy?
3. ¿Cómo puedes saber que tu dios es el dinero?
4. ¿Qué dijo el hombre rico que había ganado mucho dinero en un año?
5. ¿Qué le dijo Dios al hombre rico después de lo que él había dicho?
6. ¿Qué nos enseña el cuento de la India que sirve de ilustración?
7. ¿Estás dispuesto (a) al seguir el propósito de Dios para tu vida y no lo que la gente del mundo diga?

Frases para memorizar

1. Un ídolo es todo aquello que ocupa mi pensamiento, me aparta de la oración, de la Biblia y de la obediencia a Dios y a mis padres.
2. Todo el dinero que gane pertenece al Señor y tan solo es un medio para hacer su voluntad.
3. Yo seré lo que Dios quiera que sea y no lo que la sociedad o la gente, o yo mismo quiera.
4. Puedo disfrutar y estar contento con las cosas que Dios me da, pero pongo mi amor solamente en Aquel que me ha dado esas cosas: Dios.
5. Pido perdón al Señor por cualquier ídolo en mi vida, y lo echo de mí en el nombre de Jesús. Porque solo los adoradores del Dios verdadero pueden entrar al cielo.
6. Dios no tolera la idolatría y pido ayuda al Espíritu Santo para que me proteja de ella, y oro en el nombre de Jesús.

Otros pasajes de la Biblia sobre el tema para lectura y memorización

Ex. 20:3-6; Jon. 2:8; Col. 3:5; 1 Jn. 5:21; Is. 44:9-20; Gal. 5:19-21; 1 Cor. 10:14; Sal. 16:4; Jer. 11:12; Gal. 4:8; Ap. 9:20; 1 Cor. 10:7; 1 Sam 15:23; Jer. 7:18; Rom. 1:23; 1 Cor. 6:9; Ap. 21:8; Ef. 5:5.

17

Imágenes religiosas

Memorizar

Éxodo 20:4 «No te harás imagen, ni ninguna semejanza de lo que esté arriba en el cielo, ni abajo en la tierra, ni en las aguas debajo de la tierra».

En el tiempo antiguo, cuando se escribió el Antiguo Testamento, hace muchos años, el pueblo de Israel estaba rodeado de naciones que adoraban ídolos. Estos ídolos eran imágenes hechas de piedra, de madera, de metal y otros materiales. Ellos creían que estos dioses que ellos mismos habían hecho tenían poder. Los israelitas eran tentados con estos ídolos y casi todo el tiempo los adoraron en lugar de a Dios, el Dios verdadero es invisible. Hoy en día todavía existen en el mundo muchos que adoran estas imágenes; así que, el ser humano tiene esta debilidad, y Dios prohíbe que nosotros usemos alguna representación de Dios (imagen) para «ayudarnos» a adorar a Dios.

❓ Preguntas introductorias

1. ¿Qué tipo de imágenes conoces? ¿Dónde las has visto?
2. ¿Crees tú que estas imágenes merecen algún tipo de respeto?
3. Algunos llaman simplemente «arte» a las imágenes religiosas, pero Dios prohibió crear este tipo de imágenes. ¿Sabes tú de alguien que diga que las imágenes de santos, de María o de Jesús son solamente «arte»? ¿Qué dicen ellos, por qué dicen que no son malas?

Historia bíblica (Éxodo 32:1-10)

Dios prohíbe que hagamos o nos inclinemos a cualquier figura que represente a Dios o a Jesús (el cual es Dios). De la misma manera, la imagen de cualquier otra persona o animal o ángel que represente un ser divino o sagrado (que se tenga que tratar con respeto).

En la Biblia tenemos el relato de la entrega de los diez mandamientos a Moisés en el monte Sinaí. Resultó, que cuando Moisés estaba en lo alto del monte y se tardó ahí 40 días hablando con Dios, el pueblo pensó que ya Moisés no regresaría y le pidió su hermano (Aarón), que les hiciera una imagen para adorarla. Entonces Aarón les pidió que le dieran el oro que ellos tenía y él les hizo un becerro con ese oro. Cuando el becerro de oro se puso en alto, el pueblo dijo: «Israel, estos son tus dioses, que te sacaron de la tierra de Egipto», entonces se inclinaron a él y lo adoraron. Cuando eso sucedía, Dios, quien sabe todo, le dijo a Moisés lo que estaba sucediendo, y este bajó y castigó duramente a los israelitas por haber hecho algo tan desagradable ante los ojos de Dios.

Ilustración

Hideyoshi fue un gobernante japonés del siglo XVI, este, construyó una gran estatua de Buda dentro de un templo en la ciudad de Kioto. Se necesitaron 50 mil hombres y cinco años de trabajo para la construcción; sin embargo, en 1596, inmediatamente que hubieron terminaron la enorme estatua, se produjo un terremoto que derrumbó el techo del templo e hizo pedazos la estatua. Furioso, Hideyoshi disparó una flecha a las ruinas, y dijo: «Me costaste bastante dinero, y ¿ni siquiera puedes cuidar tu propio templo?

La Palabra de Dios dice: «Los ídolos de ellos son plata y oro, Obra de manos de hombres. Tienen boca, mas no hablan; Tienen ojos, mas no ven; Orejas tienen, mas no oyen; Tienen narices, mas no huelen; manos tienen, mas no palpan; Tienen pies, mas no andan; No hablan con su garganta» (Sal. 115:4-7).

Preguntas sobre la clase

1. ¿Por qué Dios prohíbe que hagamos imágenes? ¿Es permitido por Dios representar al Padre, a Jesús o al Espíritu Santo con objetos (estatuas, íconos, esculturas, etc.)?
2. ¿Qué fue lo que sucedió con el pueblo de Dios cuando Moisés estuvo 40 días en el monte Sinaí hablando con Dios?
3. ¿Qué fue lo que dijo el pueblo de Israel cuando se puso en alto el becerro de oro que Aarón había hecho?
4. ¿Qué hizo Moisés cuando supo lo que el pueblo había hecho?
5. ¿Qué fue lo que dijo el gobernante japonés de la ilustración?
6. ¿Menciona al menos tres cosas que los ídolos (imágenes) no pueden hacer?

Frases para memorizar

1. Dios prohíbe representarlo a Él con cualquier imagen visible, porque Él es invisible.
2. Jesús es la única imagen de Dios, pero nadie sabe como Él era cuando estaba en la tierra ni sabe cómo es ahora.
3. Las imágenes no tienen ningún poder y no debemos tratarlas con respeto, pues no son sino objetos de madera, papel, metal, etc.
4. Inclinarnos ante una imagen es un grave pecado ante Dios.
5. Debemos evitar aquellas imágenes a las que el mundo llama «arte».
6. No necesitamos ninguna representación de Dios ni de Jesús para «ayudarnos» a adorar al único Dios verdadero.

Otros pasajes de la Biblia sobre el tema para lectura y memorización

Ex. 20:4; Col. 1.15; Dt. 4:23-24; Éx. 34:14; Dt. 4:16-18; Lev. 26:1; Sal. 97:7; Is. 44:14-16; Is. 42:8; Ap. 19:19; Is. 44:8-11; Hab. 2:18; Jer. 10:14-15; 1 Cor. 8:4; Hch. 14:10-15.

18 El nombre de Dios es sagrado

Memorizar

Deuteronomio 5:11 «No uses el nombre del Señor tu Dios en vano. Yo, el Señor, no tendré por inocente a quien se atreva a usar mi nombre en vano».

Dios ordena que todos tengan un gran respeto y amor por su Nombre. Usar el nombre de Dios para propósitos que no le honren es un pecado delante de Él. Por ejemplo, decir que a Dios le gusta hacer cosas que los humanos hacen, tratando de compararlo con nosotros (por ejemplo, decir que a Dios le gusta cierto equipo de futbol); o hacer chistes o bromas usando el nombre de Dios, o para hacer promesas (las cuales no pensamos cumplir) o para jurar (los cristianos tienen prohibido jurar). Aun si se dice «Dios te bendiga», pero no se dice con toda sinceridad (p. ej. tan solo para hacer negocios), todo es parte de lo que significa *tomar el nombre de Dios en vano*.

❓ Preguntas introductorias

1. ¿Has escuchado a otros niños usar el nombre de Dios en algunas expresiones?
2. Si Dios es tu amigo ¿puedes hablarle exactamente como hablas a tus amigos (por ejemplo, si usas un apodo para hablarle a tu amigo)? Si/no ¿por qué?
3. ¿Qué significa para ti mencionar el nombre de Dios con respeto y reverencia?

Historia bíblica (Deuteronomio 1:20-27)

Cuando los israelitas salieron de Egipto, ellos anduvieron por el desierto solo por dos años y Dios les dio entonces la oportunidad de entrar a la tierra prometida. Cuando estaban en la frontera de ella, Dios les dijo que entraran y se apropiaran de ella; pero los israelitas, en lugar de simplemente obedecer a Dios y tomar la tierra, ellos pidieron a Moisés que enviara espías a la tierra primero.

Moisés envió 12 espías a reconocer la tierra prometida, y los espías volvieron. Al regresar, diez de ellos tenían un mal reporte y solo dos (Josué y Caleb), hablaron bien de la tierra y pusieron su fe totalmente en Dios para tomarla. Ellos estaban emocionados pensando que Dios era muy generoso y bueno al darles esa tierra tan rica y fértil. Pero los otros diez (y luego todo el pueblo) hablaron mal, no solo de la tierra (que era tierra de gigantes), sino de Dios mismo, y dijeron: «Dios nos aborrece, por eso nos sacó de Egipto, para matarnos en manos de nuestros enemigos». Esto que ellos dijeron fue un pecado tan grave a los ojos de Dios, que Él hizo que anduvieran por 40 años alrededor del desierto hasta que murieran todos ellos.

Ilustración

¿Sabías que en toda la historia de la humanidad y hasta aproximadamente el año 1100 d. C. toda la gente tenía solamente un nombre (no apellido)? Y en los tiempos bíblicos, el nombre siempre tenía un significado. Dios da mucha importancia al nombre, porque el nombre tiene relación con cada persona, con su carácter. Por ejemplo, el nombre de Bernabé significa *hijo de consolación.*

También, siempre se decía de una persona, el hijo de...; por ejemplo, en la Biblia, se dice: «David hijo de Isaí; Isaac hijo de Abraham; Jacobo hijo de Zebedeo; Simón hijo de Jonás, etc.». El nombre de alguno tenía relación con su padre. El hijo y la hija reflejaban su identidad con la de su padre. Así, Jesús es llamado Hijo de Dios. Esto significa que su persona es idéntica a su Padre. Nosotros somos hijos de Dios por causa de Jesús; pero solo Jesús es el unigénito Hijo de Dios. Por tanto, nosotros reflejamos la identidad de Jesús.

En toda la Biblia podemos ver que el nombre de Dios es algo muy importante. El nombre de Dios es santo y sagrado. Así también el nombre de Jesús y del Espíritu Santo. En el nombre de Jesús los demonios y las enfermedades huyen.

Preguntas sobre la clase

1. ¿Cuáles son algunos ejemplos de lo que significa tomar el nombre de Dios en vano?
2. ¿De qué manera mencionaron Josué y Caleb el nombre de Dios?
3. ¿De qué manera mencionaron los otros diez espías y todo el pueblo el nombre de Dios?
4. ¿Cuál fue el resultado de aquello que dijeron los diez espías y todo el pueblo?
5. ¿Por qué es tan importante el nombre de alguien en la Biblia?
6. ¿Cuál es la manera correcta de mencionar el nombre de Dios?
7. ¿Qué sucede cuando mencionamos en nombre de Jesús contra la enfermedad y los demonios?

Frases para memorizar

1. Para Dios es muy importante lo que decimos, y tenemos que tener mucho cuidado cuando mencionamos su nombre.
2. El Nombre de Dios, de Jesús y del Espíritu Santo siempre se debe decir con respeto y reverencia.
3. Debo también hacer todo lo que esté de mi parte para que los demás no mencionen en nombre de Dios en vano.
4. A Dios le agrada cuando mencionamos su nombre para adorarlo y para tener fe en Él (como fue el caso de Josué y Caleb).
5. El nombre de Jesús de Nazaret es Todopoderoso y Dios nos ha dicho que lo usemos en contra de los demonios y la enfermedad.
6. El nombre más importante de Jesús es Hijo de Dios, y esto significa que Él es igual a Dios el Padre.

Otros pasajes de la Biblia sobre el tema para lectura y memorización

Éx. 20:7; Lv. 24:10-23; Sal. 29:2; Lv. 18:21; Jn. 17:6; Mt. 12.37; Prov. 18:21; Rom. 2.24; 1 Tim 6:1; 2 P. 2:2; Mt. 12:36-37; Dt. 5:11; Sal. 139:20; Ez. 39:7; Is. 48:1-2.

19
El día de descanso

Memorizar

Ezequiel 20:12 «Y les di también mis días de reposo, para que fuesen por señal entre mí y ellos, para que supiesen que yo soy Jehová que los santifico».

Cuando Dios hizo el mundo, la Biblia dice que descansó de su trabajo. No porque Dios estuviera cansado, sino para darnos un ejemplo. Él quería que el ser humano trabajara seis días y descansara uno, el séptimo día. No necesariamente el sábado que está en nuestro calendario, sino el séptimo día desde el primer día de trabajo, lo que para nosotros es el domingo. Dios quiere que ese día lo dediquemos exclusivamente para Él. Todos los días adoramos y honramos a Dios, pero el séptimo día es especial: un día que lo pasamos completo, ocupados en las cosas de Dios.

Preguntas introductorias

1. ¿Crees tú que los niños cristianos pueden o deberían jugar el domingo?
2. ¿Qué es lo que crees tú que se debe hacer el domingo si ese día es para dedicarlo al Señor?
3. ¿Por qué crees tú que Dios quiso que se hiciera así?

Historia bíblica (Deuteronomio 7:20-27)

Nehemías fue un gran hombre de Dios. En su libro cada uno de nosotros puede aprender muchas cosas. Una de esas cosas que podemos aprender del libro de Nehemías es a obedecer a Dios y descansar el séptimo día. Ahí dice que él observó como los israelitas hacían jugo de uva en ese día, y cargaban sus asnos con uvas, con higos y otras cargas. También observó que había extranjeros que venían a vender sus mercancías ese día, y los israelitas iban a comprarlas.

Entonces Nehemías ordenó que se cerraran las puertas de la ciudad en el séptimo día y después de trabajar seis, ordenó que ya nadie trabajara. Los comerciantes vinieron a vender como siempre lo hacían y encontraron las puertas cerradas; luego, la siguiente semana vinieron otra vez, y otra vez las puertas estaban cerradas. Hasta que comprendieron que ese día no tenían porqué venir, pues no encontrarían clientes para sus mercancías.

En los tiempos de Jesús los fariseos convirtieron esta bendición de Dios en una carga, pero el Señor Jesús les recordó que no era una carga sino algo creado para beneficio del ser humano. Jesús también dijo que en ese día debemos hacer el bien a los demás (Mt. 12:12).

Ilustración

Los israelitas eran esclavos y trabajaban todos los días. Su trabajo era muy duro y difícil, pues ellos tenían que hacer ladrillos y luego cargarlos. Sin un día de descanso, ellos vivían en sufrimiento. Sin embargo, Dios les dio un día para que descansaran. El día de reposo no es una carga para nosotros, sino un deleite. Cuando nosotros descansamos de los días ordinarios de trabajo o de escuela, vamos a adorar a Dios a la iglesia y dedicamos al Señor todo ese día, Dios bendice nuestro cuerpo; nuestra mente está más fresca, y el resto de la semana tenemos mayor fuerza para estudiar y trabajar.

Recuerdo que siempre, desde niño, jamás hice nada relacionado con la escuela el domingo. Pero un día, cuando estaba en la universidad, no había estudiado nada para un examen programado para el lunes, por tanto, decidí estudiar el domingo. Ese domingo me la pasé estudiando y estudié muy duro. Era un examen de matemáticas. El lunes hice el examen y unos días después me dieron el resultado. Mi sorpresa fue grande: había obtenido en ese examen la calificación más baja en toda mi vida de estudiante. Entonces clamé a Dios y le pedí perdón por no haber guardado su día, ni haberlo santificado. Dios tuvo misericordia de mí y el profesor canceló ese examen; luego, cuando lo volvimos hacer, yo obtuve una calificación de excelencia. Con esta experiencia comprendí que Dios quiere que descansemos el séptimo día y si lo hacemos Él nos ayudará los otros seis días. Los israelitas fueron muy bendecidos por tener un día de descanso y nosotros también.

❓ Preguntas sobre la clase

1. ¿Qué fue lo que Nehemías observó que hacían los israelitas en el séptimo día?
2. ¿Qué fue lo que Nehemías ordenó que se hiciera?
3. ¿Cuál fue el beneficio que obtuvieron los israelitas cuando Dios le ordenó que descansaran el séptimo día?
4. ¿Qué es lo que se debe hacer ese día que está consagrado a Dios?
5. ¿Qué sucederá en los días que trabajemos si obedecemos a Dios y le honramos el séptimo día?
6. ¿Qué sucedió conmigo cuando decidí estudiar el séptimo día en lugar de adorar a Dios?
7. ¿Qué fue lo que dijo Jesús a los fariseos, quienes habían convertido el séptimo día en una carga? (menciona cosas que Jesús dijo de ese tema).

Frases para memorizar

1. Dios nos dio la orden de descansar el séptimo día (después de seis de trabajo) para que nosotros pudiéramos tener una mejor vida.
2. Dios quiere que ese día lo pasemos haciendo cosas que le honren y que lo adoremos todo el día.
3. Todos los días adoramos a Dios, pero el séptimo día es especial para Él.
4. Si obedecemos a Dios descansando el séptimo día, Él bendecirá los otros seis que estudiemos o trabajemos.
5. Jesús también dijo que el día de reposo es para hacer el bien (sanar a los enfermos y predicar la palabra de Dios, por ejemplo).

Otros pasajes de la Biblia sobre el tema para lectura y memorización

Éx. 20:8-11; Mr. 2.27; Lv. 23:3; Gn. 2:3; Is. 58:13; Éx. 20:8; Mt. 5:17-19; Lc. 4:16; Dt. 5:12-15; Lc. 23:56.

20

Honra a tu padre y a tu madre

Memorizar

Efesios 6:2 «Honra a tu padre y a tu madre, que es el primer mandamiento con promesa».

Esto significa varias cosas: En primer lugar, significa que debemos estimar a nuestros padres y expresar esa estimación. En segundo lugar, debemos mostrar reverencia a ellos (lo contrario sería despreciarlos y burlarse de ellos). En tercer lugar, este mandamiento significa obedecerles: hacer lo que nos mandan y no hacer lo que nos prohíben hacer (y esta obediencia debe ser con alegría). En cuarto lugar, debemos someternos a su disciplina, escuchar y seguir sus instrucciones (y esto hacerlo con gentileza). En quinto lugar, debemos estar dispuestos a seguir su consejo (esto mayormente tratándose de los padres cristianos). En sexto lugar, cuando sean mayores, no aprovecharse para apropiarse de lo que es de ellos, sino hacer todo lo que sea posible porque su vejez sea confortable y feliz.

❓ Preguntas introductorias

1. ¿Qué es lo mejor que puedes decir de tu papá y de tu mamá?
2. ¿Cómo tus padres demuestran que te aman? ¿Qué es lo que tú has visto en ellos?
3. ¿Qué es lo que Dios promete para todos los que honran a sus padres?

Historia bíblica (Jueces 14:7-20)

Sansón es uno de los nombres más conocidos de la Biblia. Seguro tú lo conoces. ¡Sí, acertaste! ¡Es ese hombre con grandes músculos! Pues verás, este hombre recibió la gran bendición de ser un siervo de Dios y traer libertad a Israel. Dios además le dio una gran fuerza física, la cual debería usar para liberar a Israel de sus enemigos.

Sin embargo, Sansón tenía un gran defecto: no supo seguir el consejo de sus padres. Él deseaba casarse, y como él, un día tú también desearás casarte ¿cierto? O ¿no quieres algún día casarte? Ahora quizá digas que no, pero luego dirás que sí quieres casarte. Pero deberás casarte con la persona correcta, y es mejor que sigas el consejo de tus padres para que tomes una muy buena decisión. A Sansón sus padres le dijeron que fijara sus ojos en una chica de su propio pueblo, de Israel, en donde había chicas buenas que tenían temor de Dios. Sin embargo, Sansón no quiso obedecer a sus padres ni seguir su consejo, y por ello, tuvo que sufrir mucho. La historia de Sansón es una historia de sufrimiento y de muerte prematura, es decir, antes de tiempo. Él murió muy joven y tuvo poco fruto para Dios.

Ilustración

Una empresa de tráileres quería contratar a un chofer el cual habría de manejar un tráiler que pasaría por una zona montañosa. El jefe del proyecto puso un anuncio y empezó a entrevistar a los candidatos.

Cuando vino el primer candidato le preguntó: «Si tu fueras el chofer que contratemos, ¿qué tan lejos manejarías de la orilla del precipicio?». «Yo creo que a un par de metros de la orilla» —dijo el candidato—. Queriendo decir con ello que él era una persona muy capaz para el trabajo. Pero el entrevistador le dio las gracias y no lo contrató. Luego vino otro y le hizo la misma pregunta. El otro le contestó: «Yo manejaría a un metro de la orilla» (haciendo alarde de su destreza). Por fin llegó uno que respondió: «Yo trataría de manejar lo más lejos posible de la orilla». Entonces el jefe le dijo a este último: «El empleo es tuyo». Nuestros padres siempre tratan de alejarnos del peligro. Ellos tienen más experiencia que nosotros y debemos siempre seguir su consejo.

Preguntas sobre la clase

1. ¿Qué bendiciones recibió Sansón? ¿Cuáles son las bendiciones que recibió Sansón que tú también has recibido?
2. ¿Cuál fue el gran defecto que tuvo Sansón?
3. ¿Con quién quería casarse Sansón? ¿Por qué sus padres no querían?
4. ¿Cuál era la clase de chica que los padres de Sansón querían para él?
5. ¿Qué fue lo que sucedió con Sansón por no seguir el consejo de sus padres?
6. ¿Cuál era la pregunta que el jefe que estaba contratando al chofer (el de la ilustración) hacía a los candidatos?
7. ¿A cuál finalmente contrató? ¿Por qué lo contrató? ¿Qué nos enseña esta historia?

Frases para memorizar

1. Dios ordena mostrar aprecio, estimación y amor a nuestros padres.
2. Dios ordena mostrar reverencia y respeto para nuestros padres (es algo muy malo burlarse de ellos o despreciarlos).
3. Dios ordena obedecer lo que nuestros padres nos mandan hacer y evitar hacer lo que nos prohíben.
4. Dios ordena someternos a sus represiones y castigos, y seguir sus instrucciones y consejo.
5. Dios ordena cuidar de nuestros padres cuando estén ancianos y darles la vida más confortable que podamos.

Otros pasajes de la Biblia sobre el tema para lectura y memorización

Dt. 5:16; Éx. 20:12; Ef. 6:1-3; Prov. 29:15; Mr. 7:10; Éx. 21:17; Lv. 19:3; Prov. 19:18; Rut 1:16-17; Col. 3:20; Prov. 20:20; Prov. 30:17; Dt. 21:18-21; Prov. 1:8-9; Mal. 1:6; Rom. 8:15; Mt. 15:4; Mt. 19:19.

21

No matarás

Memorizar

Mateo 5:22 «cualquiera que se enoje contra su hermano, será culpable de juicio; y cualquiera que diga: Necio, a su hermano, será culpable ante el concilio; y cualquiera que le diga: Fatuo [tonto], quedará expuesto al infierno de fuego».

Para Dios es algo muy importante que nos amemos unos a otros. Tan importante es para Dios esto, que Él negará la entrada al cielo a cualquiera que no perdone a su hermano (a) cualquier ofensa. Jesús dijo que la explicación del mandamiento de Dios de no matar no se limita a quitar la vida de otros seres humanos, sino aun a enojarse con alguien o decirle necio (ignorante, que no sabe nada) y fatuo (tonto). Matar a una persona no solo es empuñar un cuchillo y matarlo de una vez, sino también incluye dañar su salud. En la prohibición de Dios de *No matarás* se incluye que no te mates a ti mismo (ni de una vez, ni lentamente).

❓ Preguntas introductorias

1. ¿Qué tan seguido te enojas con tu hermanito (a) o con tu amigo (a)?
2. ¿Alguna vez has estado enojado con alguien más de un día? ¿Cómo te sientes?
3. ¿Cuáles podrían ser ejemplos de matar lentamente a alguien?

Historia bíblica (2 Samuel 13:1-29)

El rey David tenía varios hijos e hijas. Uno de esos hijos se llamaba Amnón, y una de esas hijas de David se llamaba Tamar (quien era hija de *otra* mujer, no la misma mamá de Amnón). La Biblia cuenta la historia trágica de Amnón, que este quiso hacer lo indebido con su hermanita; y fue muy malo con ella, pues quiso verla sin ropa (y esto es algo muy malo). Cuando él hizo esto tan malo, Tamar se fue gritando por la calle, pues había sido gravemente ofendida por su medio hermano. Pero ella tenía otro hermano llamado Absalón, quien era hijo de la misma mamá que ella (mientras que Amnón no).

Cuando Absalón supo que su hermana había sido ofendida, él planeó vengarse y matar a Amnón, su medio hermano. Entonces organizó una fiesta en donde invitó a todos los hijos del rey (incluyendo a Amnón), y dio la orden a sus siervos de que mataran a su medio hermano Amnón cuando estuviera muy alegre en la fiesta, y ellos así lo hicieron.

Ilustración

Absalón mató a su propio hermano para vengarse. Muchos asesinatos que han tenido lugar en la tierra han sido el resultado de una venganza. Si tú eres ofendido por alguno, y no perdonas de inmediato, esa ofensa va creciendo en tu corazón hasta que puede llegar al punto que desees que esa persona muera (y esto es asesinato en tu corazón).

Antes de que Abraham Lincoln fuera presidente de EE.UU. él trabajaba como abogado. Un día, un hombre vino a él porque quería demandar a su vecino. Este hombre —el cual estaba muy ofendido con su prójimo— vio la oportunidad de vengarse de él ya que le debía $2.50 dólares. Y puesto que su vecino era tan pobre que no tenía ese dinero, quería meterlo en la cárcel.

Abraham Lincoln quiso convencer al sujeto de no demandar a su prójimo por tan pequeña cantidad, pero él no quiso. Entonces Lincoln tomó el caso, y le dijo que le cobraría $10.00 dólares. El hombre vengativo estuvo de acuerdo y le pagó al instante. Entonces Lincoln tomó el dinero, le dio la mitad al vecino pobre (el acusado) y este pagó lo que debía. Lo increíble fue que el hombre demandante, al ver la acción de Abraham Lincoln, comprendió lo grave de su locura. Cuando una persona se enoja con su hermano, dijo Jesús, es culpable de asesinato (porque en su corazón, si tuviera la oportunidad, y no tuviera consecuencias de ello, le quitaría de esta tierra).

❓ Preguntas sobre la clase

1. ¿Por qué lo que hizo Amnón con su hermanita fue algo muy malo?
2. ¿Por qué Absalón quiso matar a su hermano?
3. ¿Qué es lo que debes hacer de inmediato cuando alguien te ofende?
4. ¿Por qué Jesús dice que no debes enojarte ni decirle necio ni tonto a otra persona?
5. ¿Matar a una persona es solo quitar su vida de una vez? ¿También incluye perjudicar su salud?
6. ¿Por qué el hombre de la ilustración quería meter en la cárcel a su vecino?
7. ¿Qué fue lo que hizo Abraham Lincoln?

Frases para memorizar

1. Dios ordena estar en paz siempre con los demás. Enojarse contra tu hermano es para Dios tanto como quitarle la vida.
2. Cuando alguien te ofende debes de perdonarle de inmediato, así como Dios te perdona de inmediato, y como desearías que alguien te perdonara a ti.
3. Debemos hacer todo lo que esté de nuestra parte para que una persona esté sana y fuerte, esta es demostración del amor de Dios en nosotros.
4. Debo también tener cuidado de mi propia salud, pues el mandamiento de *no matarás* incluye mi propia vida.

Otros pasajes de la Biblia sobre el tema para lectura y memorización

Éx. 20:13; Dt. 5:17; Mt. 5:21; Rom. 13:9; Stg. 2:11; Mr. 10:19; Lc. 18:20; Gn. 9:6; 1 Jn. 3:15; Gn. 9:5-6; Gn. 6:11, 13.

22

El aborto

Memorizar

Éxodo 23:7 «De palabra de mentira te alejarás, y no matarás al inocente y justo; porque yo no justificaré al impío».

Impío: una persona mala.

La vida de un ser humano es muy importante para Dios. Jesús dijo que la vida de un solo ser humano vale más que la vida de muchos animales (p. ej. Mt. 10:29-31). Tan valiosa es la vida del ser humano, que Dios el Padre envió a su Hijo Jesús para salvarlo. ¿Cuándo comienza la vida humana? La vida del ser humano se empieza en la pancita de su mamá, y ahí está tan pequeñito, que nadie lo puede ver; es tan pequeñito que tan solo se puede ver con la ayuda de un microscopio.

Dios protege la vida humana, y prohíbe destruirla. Si alguien destruye la vida humana que está en el vientre de una mamá, a eso la Biblia le llama asesinato. El aborto es algo muy malo delante de Dios, porque es matar a un ser humano.

❓ Preguntas introductorias

1. ¿Qué es lo que piensas que pasó contigo cuando tú estabas en la pancita de tu mamá?
2. ¿Piensas que es bueno o justo quitar la vida a alguien que es inocente? Si/no ¿por qué?
3. ¿Qué piensas que significa la palabra *aborto*?

Historia bíblica (Jeremías 1:4-10)

Hubo un profeta en la Biblia que se llamó Jeremías. Este fue un gran profeta de Dios el cual Dios usó para llevar su bendita Palabra a su pueblo. Las profecías del profeta Jeremías están escritas en el libro que lleva su nombre y son palabras de Dios de gran bendición para todos nosotros.

La Biblia dice que el profeta Jeremías fue llamado por Dios cuando estaba en la pancita de su mamá, cuando él se estaba formando ahí. Dios lo vio, y aunque Jeremías todavía no podía entender la voz de Dios, el Señor dijo que él sería su profeta, y que llevaría su Palabra a muchas personas. Más tarde, el profeta Jeremías nació y cuando todavía era un muchacho, Dios le habló otra vez y le dijo lo que Él le había dicho cuando estaba en la pancita de su mamá. Cuando Dios le dijo lo que quería de él, Jeremías respondió: «¡Ah! ¡Ah, Señor! He aquí, no sé hablar, porque soy niño». Pero Dios le dijo que, aunque fuera un niño, Él sería un Su profeta. Dios llamó a Jeremías cuando estaba en la pancita de su mamá.

Ilustración

Un profesor de una famosa escuela de medicina tuvo para sus estudiantes una pregunta muy interesante. «Tenemos el siguiente caso:» —dijo él— «Una pareja de padres están enfermos, ambos con enfermedades que se trasmiten de padres a hijos y son enfermedades incurables. Ellos habían tenido ya cuatro hijos. El primero nació ciego; el segundo había muerto cuando nació; el tercero nació sordo; y el cuarto tiene tuberculosis. Ahora la mamá está otra vez embarazada, ¿qué recomendarían ustedes?».

Los estudiantes se reunieron en grupos para hablar sobre el asunto, y luego de varios minutos de discusión, trajeron la respuesta al profesor: «Profesor, estuvimos discutiendo el asunto, y la mayoría de nosotros, dadas las circunstancias, aconsejaríamos a los padres que abortaran al bebé».

«Muy bien» —dijo el profesor con cierto tono de disgusto— «acaban de matar a Beethoven».

IDEA: Será bueno que se presente un audio o un video con la sinfonía 5 de Beethoven].

❓ Preguntas sobre la clase

1. ¿Cuándo fue la primera vez que Dios habló y llamó a Jeremías?
2. ¿Qué le dijo Dios a Jeremías cuando era un muchacho?
3. ¿Qué le contestó Jeremías a Dios?
4. ¿Cuándo empieza la vida de una persona?
5. ¿Qué es más importante, la vida de un ser humano o de un animal? ¿Por qué?
6. ¿Por qué los estudiantes de medicina de esa escuela famosa recomendarían que la mamá de la ilustración abortara?
7. ¿Quién fue Beethoven?

Frases para memorizar

1. Para Dios la vida de cada ser humano es sumamente valiosa y así lo debe ser para todos nosotros.
2. El aborto es un asesinato ante los ojos de Dios y Él lo prohíbe: No matarás, ha dicho.
3. La vida humana comienza desde que el bebé está tan pequeño que no se puede ver sino con la ayuda de un microscopio.
4. Si alguien es juzgado culpable de un gran delito, en algunos lugares los delincuentes que son muy malos son condenados a muerte. Pero, nunca será justo quitar la vida de un ser inocente, y uno que todavía no ha nacido es el ser más inocente que existe.

Otros pasajes de la Biblia sobre el tema para lectura y memorización

Éx. 23:7; Éx. 20:13; Sal. 139.13-16; Jer. 1:5; Sal. 127:3-5; Prov. 6:16-19; Rom. 1:28-32; Prov. 24:11-12; Mt. 18:14; Is. 5:20; Ecl. 11:5; Sal. 127:3-5; Stg. 5:6.

23

No dañes tu cuerpo

Memorizar

1 Corintios 6:19 «¿O ignoráis que vuestro cuerpo es templo del Espíritu Santo, el cual está en vosotros, el cual tenéis de Dios, y que no sois vuestros?».

¿Sabías que alguien puede ir matándose poco a poco y esto también es muy desagradable ante los ojos de Dios? Cuando el Señor te salvó, y has nacido de nuevo en Jesús, tu cuerpo es propiedad de Dios y templo del Espíritu Santo. Por tanto, Dios quiere que su cuerpo sea santo, es decir, que esté limpio de toda enfermedad y esté en buena salud, por ello, Dios nos manda a cuidar de nuestro cuerpo. También, una persona puede ser engañada por satanás y pensar en quitarse la vida, Dios prohíbe esto, y una persona que lo hace irá al infierno, porque está desobedeciendo el mandamiento de Dios de no matar la vida humana.

❓ Preguntas introductorias

1. ¿Sabes tú de alguna persona que fuma, consume drogas o come demasiado?
2. Una mentira que satanás siempre dice es esta: «No te va a pasar nada». ¿Qué le dirías tú a él si te dijera esto al ofrecerte alguna droga o cigarrillo?
3. ¿Sabías que comer mucho cada día es otra forma de ir matándote a ti mismo?

Historia bíblica (Hechos 16:16-34)

Pablo fue un poderoso predicador de Cristo en el Nuevo Testamento. Él fue con Silas a predicar la Palabra de Dios a un lugar que se llamaba Filipos. Ahí él se reunía con otros hermanos para orar; y cada vez que iban, en el camino, se encontraban con una muchacha que tenía un espíritu malo que le decía: «Estos hombres son siervos del Dios Altísimo, quienes anuncian el camino de salvación». Y esto hacía todos los días. Hasta que un día, Pablo fue movido por Dios y echó fuera al demonio en el nombre de Jesús.

Esta muchacha era usada por sus amos para ganar dinero (pues el espíritu malo en ella le decía a la gente de cosas que nadie sabía, y la gente le daban dinero). Así que, cuando tales hombres supieron que ya la muchacha estaba libre, se enojaron mucho, castigaron a Pablo y a Silas y los echaron en la cárcel. Pero en la cárcel, los siervos de Dios oraron y cantaron al Señor y el Señor los liberó, pues hubo un gran terremoto que abrió milagrosamente las puertas de la cárcel, y todos los presos quedaron libres. Entonces el carcelero, al ver que las puertas se habían abierto, pensó que lo iban a matar, por tanto, sacó su espada y se iba a matar él mismo. Pero Pablo gritó fuerte diciendo: «No te hagas ningún mal, pues todos estamos aquí».

Ilustración

Randall Truman era un hombre que tenía una hermosa casa al pie de una montaña. La vista era hermosa y Randall parecía vivir muy feliz en aquel lugar. Pero de pronto, en 1980, esa montaña —la cual era una montaña volcánica llamada St. Helen, en el estado de Washington—, empezó a humear. El panorama entonces era claro: el volcán iba a hacer erupción, y su hermosa casa estaba precisamente por donde la lava ardiendo iba a pasar.

La familia de Randall le avisó del peligro, pero él no tenía intenciones de irse de ahí. Vinieron a verlo también agentes del gobierno, pero él se rehusó a escucharlos. Finalmente, el volcán hizo erupción y la casa de Randall quedó debajo de la lava ardiendo y él murió.

Esto nos ilustra que cuando alguien daña su cuerpo está en riesgo de una muerte segura. Hay advertencias, pero si él o ella no sale de eso (por ejemplo, de las drogas, o del vicio de la comida en exceso), entonces, tarde que temprano, morirá. Randall pensaba que su casa era el mejor lugar para vivir, pero más bien, era el lugar de su muerte. A los cristianos Dios nos ordena cuidar de nuestro cuerpo y de tratarlo con respeto porque es el templo del Espíritu Santo.

Preguntas sobre la clase

1. ¿Cuáles son algunas formas en las que una persona puede dañar su cuerpo?
2. ¿Por qué Pablo y Silas fueron puestos en la cárcel?
3. ¿Qué fue lo que Dios hizo para liberar a sus siervos? ¿Por qué el carcelero se quería matar?
4. ¿Qué fue lo que Pablo gritó al carcelero?
5. ¿Qué fue lo que su familia y los agentes del gobierno le advirtieron al Sr. Truman?
6. ¿Qué nos enseña la ilustración de esta lección?

Frases para memorizar

1. Dios nos ordena a cuidar de nuestro cuerpo porque este es templo del Espíritu Santo.
2. Las personas que fuman, consumen drogas o abusan de la comida están demostrando no tener cuidado de su propio cuerpo y se están dirigiendo a una muerte segura si no salen de eso.
3. Solo Cristo puede liberar a una persona de las adicciones, pero yo debo estar lejos de eso, porque aún a mí, que he sido lavado con la sangre de Jesús, el diablo me podría atrapar si me dejo. ¡No me dejaré engañar por el diablo!
4. El sabio ve venir el mal y se aparta. Si veo una situación peligrosa me apartaré de ella porque Dios ha ordenado que cuide bien de su templo, que es mi cuerpo.

Otros pasajes de la Biblia sobre el tema para lectura y memorización

2 Tim 1:7; 1 Cor. 6:19-20; 1 P. 5:7; Jn. 10:10; 1 Cor. 10:13; Lc. 1:37; Prov. 13:25; Prov. 25:16; Gal. 5:22-24; 1 Cor. 9:25-27; 2 P. 1:5-7.

24

La fidelidad en el matrimonio

Memorizar

Hebreos 13:4 «Honroso sea en todos el matrimonio, y el lecho sin mancilla; pero a los fornicarios y a los adúlteros los juzgará Dios».

Lecho sin mancilla: significa que cuando tú te casas, te podrás dormir junto con tu esposo o tu esposa, pero antes de casarte no puedes acostarte con alguien que no sea tu esposo o tu esposa.

Fornicario: alguien que se acuesta con una mujer o con un hombre antes de casarse.

Dios creó a Adán primero, y después a Eva. Este fue el primer matrimonio sobre la tierra. Dios no creó a dos mujeres para Adán, a fin de que este pudiera estar casado con las dos al mismo tiempo; o bien, que, si no le gustaba la primera, luego podría dejarla y casarse con la otra, no. Dios creó un solo hombre para una sola mujer; y una sola mujer para un solo hombre. Un día muy posiblemente tú te casarás, y cuando eso suceda, Dios quiere que tú des tu amor solamente a esa mujer (si eres un hombre) o solamente a ese hombre (si eres una mujer). Si una persona que está casada piensa en otra que no es su esposa o esposo y desea en su corazón dormir con ella/él, entonces comete un pecado muy grande ante Dios, ese pecado se llama adulterio. Este pecado es horrible, porque destruye las familias.

❓ Preguntas introductorias

1. ¿Qué significa ser fiel? ¿Cómo la gente demuestra que no es fiel?
2. ¿Cómo demuestras tú ser una persona fiel?
3. ¿En qué se parece este tema con el tema de la idolatría?

Historia bíblica (1 Samuel 2:12-26; 3:1-18)

La ley del Antiguo Testamento dice que, si un hombre o una mujer dormía con alguien que no fuese su esposo o su esposa, debía morir. Así de grave es ese pecado ante los ojos de Dios.

Hubo hace muchos años antes de que Jesús naciera, un sacerdote de la nación judía que se llamaba Elí. Elí tenía dos hijos (Ofni y Finees) ¿Cómo se llamaban ellos? Elí no educó bien a sus hijos, y ellos hicieron lo malo ante los ojos de Dios. Ellos, estando casados, dormían con otras mujeres que no eran sus esposas, de las mismas mujeres que servían en el lugar en donde se hacía el culto a Dios. Lo que hacían los hijos de Elí era algo muy malo ¿cómo se llamaban ellos?

Dios les dio oportunidad para arrepentirse, pero ellos siguieron haciendo lo malo; por tanto, el Señor envió un profeta para decir a Elí lo que haría con sus hijos: ellos serían muertos. Más tarde, Dios usó al pequeño Samuel para recordar a Elí lo que Él haría con sus hijos.

Ilustración

La Biblia dedica muchos versículos para advertir del pecado de la infidelidad (adulterio). También, en el libro de Proverbios, Dios dedica casi tres capítulos enteros para hablar en contra de este pecado (capítulos 5-7). Una frase dentro de estos capítulos dice: «Mas el que comete adulterio es falto de entendimiento; Corrompe su alma el que tal hace» (Prov. 6:32). Esto quiere decir, que el que es infiel es una persona tonta, porque corrompe su alma (hace que su alma se eche a perder), ¿alguna vez has percibido el olor de algo echado a perder? Por ejemplo, un perro muerto, ¿huele feo?

En 1971, un periódico de Grecia publicó la noticia de un hombre que fue encarcelado por haberse casado dos veces en 48 horas. Resultó que él se casó y fue de luna de miel con su esposa a cierta ciudad. Sin embargo, en el viaje, se descompuso el auto y su esposa regresó a su lugar de residencia en autobús, mientras él se quedó reparando el auto. Cuando eso sucedió, él fue a un bar y ahí se encontró a otra mujer, y se casó con ella. ¡Se casó con ella, y continuó su luna de miel, pero con una segunda mujer!

Preguntas sobre la clase

1. ¿Qué dice la ley del Antiguo Testamento de alguien que duerme con alguien que no es su esposo (a)?
2. ¿Qué era lo que hacían Ofni y Finees?
3. ¿Qué le dijo Dios a Elí en relación a sus hijos?
4. Dios usó a un niño para recordar a Elí de lo que haría con sus hijos ¿cómo se llamó ese niño?
5. ¿Qué dice una frase de Proverbios (vista en clase), del (de la) que es infiel?
6. ¿Por qué encarcelaron a un hombre en Grecia, según la ilustración?
7. ¿Por qué es tan horrible para Dios el pecado de adulterio? Porque destruye las _____.

Frases para memorizar

1. Dios quiere que tú te cases con una chica o chico cristiano (a) y seas fiel a esa persona todo el resto de tu vida.
2. Dios castigará a las personas no lo obedecen y hacen lo malo, como en el caso de Ofni y Finees.
3. Para Dios el pecado de adulterio es algo muy malo porque destruye a las familias.
4. El que comete este pecado hace que su corazón huela feo (como el olor de un perro muerto).
5. El que no quiere caer en este pecado debe cuidar lo que ve y lo que piensa, pues Jesús dijo que basta con desear dormir con alguien que no es tu esposo (a) para cometer ese pecado en el corazón.

Otros pasajes de la Biblia sobre el tema para lectura y memorización

Mat. 5:27-28; Mal. 2:14; Ef. 5:33; Heb. 13:4; Éx. 20.14; 1 Cor. 6:18; Lv. 20:10; Dt. 22:22; 1 Cor. 6:9-10; Gal. 5:19; Mt. 15:19.

25
Debes respetar la propiedad ajena

Memorizar

1 Corintios 6:10 «ni los ladrones, ni los avaros, ni los borrachos, ni los maldicientes, ni los estafadores, heredarán el reino de Dios».

Hay muchas personas que creen que robar está bien. Ellos dicen que, si roban a alguien que tiene mucho, está bien. Otros dicen que no tuvieron la intención de hacerlo, pero no regresan lo que accidentalmente tomaron. Otros piensan que está bien porque todos o la mayoría también lo hacen. Otros piensan que está bien porque tienen necesidad de hacerlo (por ejemplo, porque tienen hambre). Otros piensan que está bien tomar lo que es de su amigo (porque es amigo) o peor aún, lo de sus padres. Otros piensan que, si hay mucho de algo, robar solo un poquito no está mal. Otros, dicen que, si alguien los robó, ellos tienen derecho de hacer lo mismo con él o ella. La Biblia prohíbe tomar aquello que no es nuestro.

Preguntas introductorias

1. ¿Has conocido a algún muchacho (a) que toma lo que no es suyo?
2. ¿Qué piensas que sucederá si tomas lo que no es tuyo?
3. Si alguien toma lo que no es tuyo ¿qué es lo que tú haces?

Historia bíblica (2 Samuel 15:12-18:1-18)

¿Has escuchado la historia de Zaqueo? Quizá ya la has escuchado, pero te la contaré otra vez. Zaqueo era un recaudador de impuestos. Los impuestos es el dinero que cobra el gobierno de los que habitan en el país; pues bien, Zaqueo tenía el trabajo de ayudar al gobierno romano (en los tiempos de Jesús) a cobrar los impuestos. Zaqueo había escuchado de Jesús y tenía mucho interés en verlo. Pero tenía un problema, él era chaparrito y la multitud que seguía a Jesús le impedía acercarse a Él.

Entonces Zaqueo tuvo una idea, «*me subiré a un árbol para ver a Jesús*», se dijo. Cuando Zaqueo se subió al árbol (un árbol sicómoro), él pudo ver a Jesús, pero Jesús lo vio también a él, y le dijo: «Date prisa, Zaqueo, bájate de ahí, porque hoy es necesario que me hospede en tu casa». Así que Zaqueo bajó de aquel árbol y pronto fue y abrió las puertas de su casa a Jesús y a sus discípulos. Cuando Jesús estaba en casa de Zaqueo, este se puso en pie y dijo: «A todos los que he robado, hoy les devolveré su dinero multiplicado por cuatro».

Ilustración

Los ladrones orientales tienen fama de entrar por la parte trasera de una propiedad para robar y de ser ladrones muy hábiles. Se cuenta que, en una ocasión, hace muchos años, cuando la India estaba gobernada por los británicos, un soldado británico estaba puesto como guardián de su tienda (pues en esta tienda vivían varios soldados y lo habían dejado a él para que cuidara de sus posesiones). Pues bien, estando él cuidado el frente, no se dio cuenta de que un ladrón se metió por la parte trasera, hizo un hoyo, se metió a la tienda y estaba sacando todo de ahí. El soldado no se había dado cuenta del ladrón, y se metió a la tienda para dormir, porque ya era noche y tenía mucho sueño. El ladrón estaba adentro, pero, puesto que estaba oscuro, el soldado no logró verlo. Cuando el soldado entró, el ladrón se quedó paralizado para no hacer ruido. Al quedar paralizado, su brazo quedó extendido y su dedo como apuntando algo; entonces, en la oscuridad, el soldado quiso poner su casco en algún lado, y pensó que ese dedo era un clavo en donde podría colgar su casco. El ladrón se quedó así —paralizado—, hasta que el soldado se quedó dormido, entonces él pudo salir con el botín, incluyendo el casco. En la mañana se supo todo lo que había pasado.

Preguntas sobre la clase

1. ¿Cuál era el problema que tenía Zaqueo para ver a Jesús? ¿Cómo lo solucionó?
2. ¿Qué le dijo Jesús al verlo?
3. ¿Qué fue lo que dijo Zaqueo cuando Jesús y sus discípulos entraron en su casa? ¿Piensas que un ladrón puede pedir perdón y ser perdonado por el Señor?
4. ¿Cuáles son algunas excusas que la gente suele poner para robar?
5. ¿Cómo fue que el ladrón logró robar la tienda que el soldado británico estaba cuidando?
6. ¿Qué crees tú que nos enseña la historia de Zaqueo?
7. ¿Los ladrones de todos modos entran al cielo? Si/no ¿por qué?

Frases para memorizar

1. No importa las excusas o razones por las que una persona tome lo que no es suyo, robar sigue siendo un pecado delante de Dios.
2. El que ha robado algo debe devolver lo que no es suyo y pedir perdón.
4. Los ladrones no entrarán al cielo, por tanto, es muy importante pedir perdón a Dios y pedir perdón al que has ofendido y hacer algún trato con él para devolver todo o parte de lo que has tomado de él.
5. Dios perdona a todos los que se arrepienten delante de Él y dejan de hacer lo malo.

Otros pasajes de la Biblia sobre el tema para lectura y memorización

Ef. 4:28; Éx. 20:15; Mr. 10:19; Rom. 13:8-10; Rom. 13:9; Stg. 5:4; Heb. 13:5; Lv. 19:11; Mt. 19:18; Prov. 22:22; Hab. 2:6; Lc. 3:14; Tit. 2:10; 1 Ts. 4:6; Prov. 28;24; 1 Cor. 6:10.

26

Decir siempre la verdad

Memorizar

Efesios 4:25 «desechando la mentira, hablad verdad cada uno con su prójimo».

Dios ordena a todos los seguidores de Jesús que digamos siempre la verdad. En ocasiones la verdad parece estar en nuestra contra, pero esto solo es en apariencia, porque la verdad siempre estará a nuestro favor. Estar a favor de la verdad es estar a favor de Cristo mismo, porque Él es la verdad (Jn. 14:6).

> **Preguntas introductorias**
>
> 1. ¿Cuáles son los beneficios de decir siempre la verdad?
> 2. ¿Qué es lo que pasa con alguien que miente?
> 3. ¿Qué podrías hacer para que otra persona diga la verdad?

Historia bíblica (Hechos 5:1-11)

Luego de que Jesús resucitó y ascendió al cielo, Él envió al Espíritu Santo y estableció su Iglesia. La primera iglesia —la de Jerusalén— estaba llena del Espíritu Santo, y Dios hacía grandes cosas. Los enfermos eran sanados y ocurrían muchos milagros. También los que eran salvos recibían el don del Espíritu Santo, hablaban en lenguas, se reunían muy seguido para tomar la santa cena, recibían enseñanza y oraban juntos. Algunos de ellos tenían propiedades y, como querían hacer bien a los necesitados, las vendían y traían el dinero a los apóstoles para que ellos lo repartieran entre los pobres, las viudas y los huérfanos.

Hubo una pareja de esposos, él se llamaba Ananías y ella Safira. Ellos vendieron una propiedad, pero en lugar de traer todo el dinero, dieron solo una parte y mintieron. Ellos pensaban que nadie lo sabría, pero Dios le dijo a Pedro sobre ese asunto y él les dijo: «No has mentido a los hombres, sino a Dios». Y este pecado fue tan grave que ambos murieron ese día.

Ilustración

Hubo un hombre llamado Bob Harris que se hizo famoso como el hombre-clima. Estudió geografía y física en tres colegios, pero no logró terminar en ninguno. Su sueño era conseguir un trabajo en la televisión presentando el clima; así es que fue a una televisora de prestigio en EE.UU., y dijo que él era doctor en ciencias de la Universidad de Columbia, en NY, pero eso era mentira. Le dieron el trabajo en esa estación de televisión, y luego en otra, y en otras más. De manera que, a los 40 años, Bob estaba ganando mucho dinero y cumpliendo su sueño.

De pronto algo pasó. Una persona escribió una carta anónima dirigida a las oficinas de la televisora, y esta investigó al hombre que se presentaba como el Dr. Bob. Ellos descubrieron que lo que había dicho respecto a sus estudios era falso, y esto se supo por todo el país. Bob Harris perdió su empleo, y todas las personas que antes le habían abierto las puertas de pronto le dieron la espalda. Afortunadamente, Bob pidió perdón y hubo una televisora que le dio empleo.

Bob Harris había tomado un atajo, y cometió un error que tendría que lamentar el resto de su vida.

❓ Preguntas sobre la clase

1. ¿Qué debes de hacer cuando parece que la verdad está en tu contra?
2. ¿Qué era lo que estaba sucediendo en la primera iglesia de Jerusalén?
3. ¿Qué era lo que se hacía con el dinero que algunos entregaban a los apóstoles cuando vendían sus propiedades?
4. ¿Qué fue lo que hicieron Ananías y Safira?
5. ¿Qué fue lo que sucedió con Ananías y Safira por haber hecho lo que hicieron?
6. ¿Cuál fue el grave error que cometió Bob Harris?
7. ¿Cuáles son algunos de los problemas que tienen que enfrentar los que dicen mentiras? ¿Piensas que siempre los mentirosos son descubiertos? Si/no ¿por qué?

Frases para memorizar

1. Cuando una persona miente comete un pecado delante de Dios.
2. El mentiroso luego no es creído por los demás.
3. Tarde que temprano la verdad sale a la luz y la mentira se sabrá.
4. Dios conoce los corazones, y si acaso nadie se diera cuenta de una mentira en ese momento, el pecado está ahí, porque Dios sí lo sabe.

Otros pasajes de la Biblia sobre el tema para lectura y memorización

Prov. 6:16-19; Prov. 12:22; Prov. 19:9; Sal. 101:7; Prov. 12:19; Col. 3:9-10; Lc. 8:17; Jn. 8:44; Éx. 20:16; Ef. 4:25; 1 Jn. 2:4; Ap. 21:8; Lv. 19:11; Prov. 24.28; Prov. 14:5; Jn. 8:32.

27

Sé feliz con lo que tienes ahora

Memorizar

Salmos 119:36 «Inclina mi corazón a tus testimonios, Y no a la avaricia».

La palabra *avaricia* significa desear con ansia algo. Esto incluye las cosas materiales, pero también puede ser otro tipo de cosas que no son materiales ¿puedes mencionar algunas de estas cosas? Por ejemplo, ser popular o tener prestigio. Esto quiere decir que Dios quiere que estés contento con lo que Él te ha dado y no desear lo que otro tiene. Esto hará que le agrades a Él, y seas feliz.

❓ Preguntas introductorias

1. ¿Puedes mencionar las cosas buenas que Dios te ha dado?
2. ¿Puedes mencionar las cosas buenas que Dios ha dado a tu hermanito (a), tu amigo o amiga?
3. ¿De qué manera lo bueno que otra persona tiene te hace feliz a ti?

Historia bíblica (Josué 7:1-26)

El pueblo de Israel había conquistado Jericó y Dios ordenó que nadie tomara de lo que había en esa ciudad, pues todo sería destruido; y el oro y la plata, bronce y hierro que hubiera, serían consagrados a Dios.

Entonces Josué pensó en la siguiente ciudad para conquistar. Esta era una ciudad pequeña que se llamaba Hai. Envió un grupo pequeño de soldados pensando que sería fácil conquistarla, pero sucedió que los de Hai los vencieron. Josué no sabía lo que estaba sucediendo, y oró a Dios. Así, el Señor le dijo que alguien había tomado del oro de la ciudad, y esa era la razón de su derrota. Josué fue de inmediato para investigar quién había hecho esto y se dio cuenta que Acán era la persona a la que Dios se refería. Cuando le pidió una explicación, Acán confesó que había visto y codiciado ese oro, y además tomó otras cosas. Lo que sucedió después fue muy triste, porque tanto él como su familia tuvieron que morir.

Ilustración

San Agustín, un escritor cristiano que vivió hace muchos siglos, escribió en su libro *Confesiones* la siguiente historia: «Cuando era un muchacho, me uní con otro para invadir la propiedad de un vecino que tenía un árbol de peras. Cuando estuvimos ahí, tomamos todas las que pudimos. Luego, comimos varias y las demás las arrojamos a los cerdos. En casa yo tenía peras mucho mejores y más deliciosas que esas, pero las que había codiciado y tomado me parecieron en ese momento que eran las mejores, tan solo porque eran las del otro. Tenía el placer de haber ido contra las reglas, y haber tomado el fruto prohibido parecía haberme hecho más feliz en ese momento. Pero mi codicia me convirtió en un ladrón, y después tuve que sufrir graves consecuencias».

❓ Preguntas sobre la clase

1. ¿Qué fue lo que Dios ordenó al pueblo de Israel que no tomaran de Jericó?
2. ¿Qué fue lo que hizo que Acán codiciara lo que después tomó (aun en contra de la orden de Dios)?
3. ¿Qué consecuencias tuvo para Acán lo que él hizo para el pueblo de Israel, para él mismo y para su familia?
4. ¿Por qué San Agustín, cuando era un niño, se metió a la propiedad ajena?
5. ¿Por qué a San Agustín le parecían las peras codiciadas, y después robadas, mejores que las que tenía en su casa? ¿Realmente eran las mejores?
6. ¿Qué era lo que le producía placer a San Agustín? ¿El placer del pecado trae consecuencias? ¿Qué tan graves son estas consecuencias?
7. ¿Qué fue lo que tanto Acán como San Agustín debieron haber hecho para agradar a Dios?

Frases para memorizar

1. Dios quiere que seas agradecido (a) y estés contento (a) por lo que Él te ha dado.
2. Cada persona tiene algo que puede compartir con los demás y tú no debes desear lo que ella tiene, sino dar gracias a Dios por su vida.
3. El pecado de la codicia es la raíz de otros pecados, por ejemplo, el amor al dinero.
4. Dios quiere que pongamos nuestra vista en Él y no en las cosas de esta tierra.

Otros pasajes de la Biblia sobre el tema para lectura y memorización

Col. 3:5; Lc. 12:15; Heb. 13:5; Éx. 20:17; Ef. 5:5; Ef. 5:3; Lc. 12:15-21; 1 Jn. 2:15-17; 1 Tim. 6:10; Jer. 6:13; Stg. 4:2; Rom. 13:9; Sal. 119:36; Prov. 28:16.

Parte IV. El carácter cristiano

28

No juzgues para que no seas juzgado

Memorizar

Mateo 7:1-2 «No juzguéis, para que no seáis juzgados. Porque con el juicio con que juzgáis, seréis juzgados, y con la medida con que medís, os será medido».

Jesús nos prohíbe pensar mal de alguien sin antes conocerlo, y no podemos pensar más allá de los hechos y del comportamiento comprobado de alguien. Suponiendo que llega un niño nuevo a la clase. El niño viene de un lugar donde se dice que hay gente muy agresiva, tú no puedes decir que el niño es agresivo solo porque viene de ahí, eso es juzgar. También Jesús dice que, si piensas mal de alguien sin conocerlo primero, entonces así sucederá también contigo. La regla es esta: debes pensar <u>bien</u> de todos y dejar que ellos den fruto (sus obras) entonces podrás ver si son buenas personas o no; si son cristianos o no. Jesús dijo que su fruto dirá lo que son.

❓ Preguntas introductorias

1. Si una persona está haciendo algo malo, y tú lo ves, por ejemplo, ha robado algo, y tú le dices que es un ladrón ¿es esto juzgarle? (platica esto con tu papá/mamá o instructor).
2. Si tú le dices a alguien que lo que dice es contrario a la Biblia ¿es esto juzgarle? (platica esto con tu papá/mamá o instructor).
3. Si tú le dices a alguien que lo que está haciendo es pecado ¿Crees tú que lo estás juzgando?

Historia bíblica (Hechos 28:1-10)

Juzgar (a lo que se refiere Jesús en Mt. 7:1) es pensar o decir algo que nadie puede saber sino Dios: lo que está en el corazón y en la mente de una persona. Nosotros solamente podemos ver actos y escuchar palabras; y en ocasiones, lo que vemos y lo que escuchamos puede no darnos suficiente información. Dios desea que nuestra mente y corazón estén llenos de la verdad, y si no tenemos pruebas suficientes de algo, es mejor esperar hasta tenerlas, y mientras tanto, debemos pensar bien de las personas.

Pablo, cuando viajaba en barco rumbo a Roma, tuvo un naufragio. Un naufragio es la pérdida o hundimiento de un barco en el mar. Sin embargo, tanto él como los demás que estaban en el barco, se salvaron llegando a una isla que se llamaba Malta. Cuando llegaron todos tenían mucho frío, y rápido fueron a traer ramas para hacer un gran fuego. Pablo también trajo una, pero no se dio cuenta que la rama tenía una víbora, y cuando la expuso al fuego, la víbora saltó y le mordió la mano. La picadura de este tipo de víbora era mortal, y los naturales de la isla, viendo esto, pensaron que Pablo debería ser un hombre muy malo. Ellos estaban juzgando a Pablo sin tener pruebas. Pero luego, él les demostró que era un poderoso hombre de Dios, pues sanó en el nombre de Jesús al papá de Publio. Publio era la persona más importante de la isla.

Ilustración

En su libro *Illustrations of Bible Truth* [Ilustraciones de la verdad bíblica] H.A. Ironside comparte la siguiente historia. Dice de un cierto obispo Potter, quien viajaba en barco a Europa desde Nueva York en los tiempos cuando todavía no había aviones. El obispo Potter tendría que viajar con otro hombre en el mismo camerino. Él fue, conoció a su compañero y luego se dirigió a la oficina del barco y dijo al encargado: «Deseo que me guarden este reloj de oro en la caja fuerte del barco. La verdad es que casi nunca pido algo así, pero esta vez la persona con la que viajaré parece no ser muy confiable». Entonces el encargado le contestó: «Claro que sí, señor obispo; por cierto, hace unos minutos vino su compañero e hizo exactamente lo mismo».

Preguntas sobre la clase

1. ¿Qué significa *juzgar* en Mateo 7:1?
2. ¿De qué desea Dios que esté llena nuestra mente y nuestro corazón? Debemos pensar _____ de las personas.
3. ¿Cómo se llamaba la isla a la que llegaron Pablo y los que viajaban con él?
4. ¿Qué fue lo que pensaron de Pablo los naturales de Malta? ¿Por qué pensaron así?
5. ¿Cómo fue que Pablo les demostró que su juicio estaba totalmente equivocado?
6. ¿Por qué el obispo Potter quería que le guardaran su reloj?
7. ¿Qué era lo que había hecho el compañero del obispo Potter minutos antes de que él llegara a la oficina del barco?

Frases para memorizar

1. Jamás debemos pensar mal de las personas, porque no sabemos lo que hay en sus corazones.
2. Debemos esperar a que las personas den fruto (muestren palabras y obras), pues Jesús dijo: «Por sus frutos los conoceréis» (Mt. 7:16).
3. Debemos predicar la Palabra de Dios (aunque algunos digan que los estamos «juzgando»), y si alguien está haciendo el mal, debemos decirlo.
4. Si pensamos mal de otras personas, también de nosotros pensarán mal.
5. Si alguna persona ha cometido algún pecado, debemos amarle de todos modos y ayudarle para que ya no haga lo malo.

Otros pasajes de la Biblia sobre el tema para lectura y memorización

Mt. 7:1-5; Lc. 6:37-42; Jn. 7:24; Stg. 4:11-12; Stg. 4:12; Rom. 2:1-3; Ef. 4:29; Rom. 14:4; Gal. 6:1.

29

Somos la sal de la tierra y la luz del mundo

Memorizar

Mateo 5:13 «Vosotros sois la sal de la tierra; pero si la sal se desvaneciere, ¿con qué será salada? No sirve más para nada, sino para ser echada fuera y hollada por los hombres».

Ser cristiano significa ser un seguidor de Jesús, y como seguidores de Jesús nosotros somos la sal de la tierra. ¿Puedes decirme por qué ponemos sal a la comida? Ya sé; has dicho que porque tiene mejor sabor, y esto es verdad. Pero también —quizá esto tú no sabías— la sal ayuda a los alimentos para que no se echen a perder. Esto quiere decir, que los cristianos, con nuestro comportamiento y palabras, damos sabor al mundo y evitamos que se eche a perder. Asimismo, Jesús ha dicho que los cristianos somos la luz del mundo.

❓ Preguntas introductorias

1. ¿Puedes contarnos la historia de alguna buena obra que tú o algún cristiano que conoces ha hecho en estos días?
2. ¿Por qué piensas que es tan importante que un cristiano haga buenas obras?
3. ¿Crees que si tú haces buenas obras por eso vas a entrar al cielo?

Historia bíblica (Hechos 16:14)

La Biblia dice muy claramente que hacer buenas obras no es lo que nos abre las puertas del cielo, sino la fe en Jesús. (Lee otra vez Efesios 2:8-9). Sin embargo, lo que distingue a todo aquel que ha *nacido de nuevo* es que hace buenas obras. Las buenas obras es el resultado de la fe en Jesús, y del poder del Espíritu Santo en nosotros. Él es quien hace esas buenas obras a través de nosotros. Ninguno que se dice cristiano puede dejar de hacer buenas obras, pues Jesús dijo que las buenas obras son el fruto del cristiano.

Pablo fue enviado a predicar el evangelio a Filipos. Cuando Pablo llegó allá (él iba con otros cristianos) empezó a predicar el evangelio en la orilla de un río, y una mujer llamada Lidia, quien era vendedora de telas, escuchó con mucha atención lo que Pablo decía y creyó la Palabra de Dios. Cuando Lidia creyó en el Señor Jesús —pues Pablo le habló de Él—, ella fue salva. Entonces, ¿sabes que hizo de inmediato? Ella rogó a Pablo y a sus compañeros que se hospedaran en su casa. Pablo y los demás ya no tendrían que pagar por hospedaje ni por comida, Lidia, esa mujer que había creído en el Señor Jesús, estaba dispuesta a ayudarlos. Ese es el fruto que Dios espera de todos nosotros, y el fruto (las buenas obras), confirma que hemos creído en Jesús. Lidia estaba empezando a ser sal de la tierra y luz del mundo.

Ilustración

Durante la guerra Rusia-Ucrania —guerra en la que Rusia invadió parte del territorio ucraniano—, millones de personas tuvieron que huir del país. La mayoría de estas personas eran mujeres y niños, pues los hombres fueron solicitados por el gobierno de Ucrania para pelear por su país. Entre estas mujeres que habían huido se encontraban quienes tenían a sus hijos todavía muy pequeños, incluso había quienes cargaban a sus bebés en brazos.

El país que estuvo recibiendo más de estas personas —a quienes se les llama *refugiados*—, fue Polonia. Y fue bastante conmovedor ver, que, en una de las estaciones de tren en Polonia, (lugar a donde iban llegando los refugiados ucranianos), se encontraba una buena cantidad de carriolas para bebé esperando: un grupo de cristianas polacas había tenido esta idea y habían comprado esas carriolas para los bebés ucranianos. Adentro de las carriolas también había biberones y calentadores para biberones y otros artículos indispensables. ¿Quieres tú también hacer buenas acciones? Esas mujeres cristianas polacas estaban siendo sal de la tierra y luz del mundo.

También, Jesús dijo, que, si la sal deja de tener sabor (se desvaneciere), ya no sirve para nada. Esto significa que los cristianos debemos mantenernos haciendo buenas obras toda la vida.

Preguntas sobre la clase

1. ¿A dónde llegó Pablo y sus amigos a predicar?
2. ¿Quién era Lidia?
3. ¿Por qué digo en la historia bíblica que Lidia empezó a ser sal de la tierra y luz del mundo?
4. ¿Por qué dice Jesús que los cristianos somos sal de la tierra y luz del mundo? ¿qué es lo que hace la sal? ¿Cuáles son los beneficios de la luz?
5. ¿Por qué los cristianos podemos hacer más y mejores buenas obras que los que no conocen a Dios?
6. ¿Cuál fue la buena obra que hicieron las mujeres cristianas polacas?
7. ¿Qué pasa si la sal deja de tener sabor? ¿qué es lo que significa eso?

Frases para memorizar

1. Ninguno de nosotros entrará al cielo por hacer buenas obras, pero los cristianos verdaderos se mantienen haciendo buenas obras.
2. La señal de que una persona ha sido salva es que hace las buenas obras que no podía hacer antes de que naciera de nuevo.
3. Los cristianos pueden hacer buenas obras (mejores que las que no conocen a Dios) por causa del poder del Espíritu Santo en ellos (en nosotros).
4. Si un cristiano deja de hacer buenas obras entonces se convierte en una sal sin sabor y dijo Jesús que esa sal no sirve para nada, sino para ser pisoteada por la gente.

Otros pasajes de la Biblia sobre el tema para lectura y memorización

Mt. 5:16; Hch. 9:36; Hch. 10: 1-4; Ef. 2:10; 1 Ti. 5:25; 1 Ti. 6:18; Tit. 2:7; Tit. 2.14; Tit. 3:8, 14; Heb. 10:24; 1 P. 2:12.

30

No ver a nadie sin ropa

Memorizar

Éxodo 20:26 «No subirás por gradas a mi altar, para que tu desnudez no se descubra junto a él».

Cuando Adán y Eva estaban en el huerto del Edén estaban desnudos (sin ropa) porque ellos no tenían ningún pecado. Así, dos bebés que están sin ropa no piensan en hacer nada malo: ellos son inocentes. Pero, dice la Biblia que después de que Adán y Eva pecaron, ellos se trataron de cubrir, y luego Dios mismo los cubrió. Desde entonces, Dios quiere que todos los seres humanos tengan ropa y no se descubra su cuerpo. Tú, desde ahora que eres un (a) muchacho (a) debes aprender que Dios no quiere que veas a nadie sin ropa ni tampoco que muestres tu cuerpo sin ropa. Debes pensar que no verás a nadie sin ropa, sino hasta que te cases, y entonces podrás ver a tu esposo (a) así, porque para Dios los que son esposos son como una sola persona.

❓ Preguntas introductorias

1. ¿Has escuchado a alguno de tus compañeros de escuela hablar de que vieron a alguien sin ropa? (Debes alejarte de inmediato de ese tipo de personas).
2. ¿Qué tipo de videos son populares entre tus compañeros de la escuela?
3. ¿Sientes curiosidad por ver a otra persona sin ropa?

Historia bíblica (Génesis 9:18-18)

Algunos sienten curiosidad por ver a otra persona sin ropa, pero esa es una trampa del diablo. Debes entender que esto es algo muy malo. La única persona que Dios quiere que veas sin ropa (fuera de ti mismo, por supuesto) es a tu esposo (a), es decir, cuando ya te cases, y esa será la única persona que Dios quiere que veas así durante toda tu vida. Así también, mostrar tu cuerpo sin ropa es el nivel más alto de intimidad, es decir, tu cuerpo desnudo es lo más personal que tú tienes, y ese privilegio lo tendrá solamente tu esposo (a).

La Biblia dice que Noé tomó demasiado jugo de uva y se puso borracho. Tú tienes que tener mucho cuidado y no beber algo que tenga alcohol, porque la gente que se emborracha hace cosas que después le trae mucha tristeza en la vida. Entonces, cuando se puso borracho, se quitó la ropa. Y a su hijo menor, Cam, le pareció interesante ver a su padre sin ropa, y se burló de él. Este fue un pecado muy grave, pues después fue maldito todos los días de su vida, es decir, no le fue bien el resto de su vida.

Ilustración

Los «encantadores de serpientes» tienen su origen en Egipto, y aunque ese «encantamiento» es falso (porque la víbora no puede escuchar la flauta o pungi), este fue por mucho tiempo el modo de algunos para ganarse la vida.

Uno de estos «encantadores» fue al bosque, capturó una serpiente y la puso en una canasta. En la casa del «encantador» vivía un ratoncito con su mamá. El ratoncito era muy curioso y le gustaba meterse en donde no debía. Su mamá ya le había advertido muchas veces que su curiosidad podría meterlo en graves problemas, pero él no hacía caso. Cuando el «encantador» puso la canasta dentro de la casa, el ratoncito la vio, y tuvo curiosidad de ver que había dentro. «Quizá tiene sabrosos dulces que podré comer hasta llenar mi barriga» pensó él. Entonces trató de ver que había adentro, pero era imposible. Luego trató de abrir la canasta, y tampoco pudo. Por fin se le ocurrió la idea de hacer un hoyo en la canasta con sus dientes filosos, así que empezó a morder y a morder, hasta que hizo un hoyo lo suficientemente grande para poder meterse. La serpiente estaba adentro, y esperó con paciencia, e inmediatamente el ratoncito entró, ¡zas!, lo tragó de una sola mordida. Luego la serpiente salió por el hoyo y volvió al bosque.

Esta historia nos ilustra que no debemos tener curiosidad por lo que está detrás de la ropa de cada persona, porque esto será como una serpiente que nos morderá de inmediato.

Preguntas sobre la clase

1. ¿Cuál es la única persona que deberás ver sin ropa en tu vida (fuera de ti mismo)?
2. ¿Por qué tu esposo (a) es la única persona a la que deberás mostrar tu cuerpo sin ropa?
3. ¿Cuál fue el grave pecado que cometió Cam?
4. ¿Qué fue lo que sucedió con Cam por haber cometido ese pecado?
5. ¿Realmente las serpientes pueden ser encantadas por los «encantadores de serpientes»?
6. ¿Qué fue lo que sucedió con el ratoncito de la historia? ¿Por qué le sucedió eso?
7. ¿Qué nos enseña la historia de la ilustración?

Frases para memorizar

1. Debemos tener mucho cuidado de no ver a nadie sin ropa, es mejor cerrar los ojos e irnos de ese lugar, pues esto nos evitará graves problemas en la vida.
2. Un día verás a una persona sin ropa, y este será tu esposo o tu esposa. Entonces todo estará bien con eso, por ahora es un pecado.
3. Cuando una persona ve por primera vez a alguien sin ropa, entonces esto será como haber tomado una droga, pues el ser humano quiere continuar pecando.
4. El pecado trae un poco de placer, pero después trae gran destrucción.
5. Debes no ser curioso para meterte en un terreno del que no lograrás salir sin sufrir daño.
6. La Biblia advierte mucho para que nos mantengamos lejos de este tipo de pecado, pues es muy destructivo.

Otros pasajes de la Biblia sobre el tema para lectura y memorización

Hab. 2:15; 1 Cor. 6:9, 13, 18; 1 P. 2:11; 2 Ti. 2:22; Col. 3:5; Ef. 5:3; 1 Jn. 2:16; Gál. 5:19; Heb. 13:4; Job 31:1; Mt. 5:28; Sal. 119:37; Stg. 1:14-15.

31

El ayuno

Memorizar

Lucas 4:1-2 «Jesús, lleno del Espíritu Santo, volvió del Jordán, y fue llevado por el Espíritu al desierto por cuarenta días, y era tentado por el diablo. Y no comió nada en aquellos días».

A todos nos gusta la comida. ¿Cuál es tu comida favorita? ¿Te gustan los chocolates, los pasteles y las galletas? ¡Sí! A casi todos nos gustan esas cosas, pero sabías que los cristianos debemos también ayunar. ¿No sabes que es ayunar verdad? Ayunar es dejar de comer alimentos y tan solo beber agua. En la Biblia, tanto en el AT como en el NT, todos los hombres y mujeres de Dios ayunaban. También Jesús y los apóstoles ayunaron; sin embargo, los niños y adolescentes no ayunan (porque están en crecimiento). ¡Uff! ¡Te salvaste! Pero, es importante que sepas, que un día, cuando tengas unos 18 años, podrás empezar a ayunar un día completo sin comida. ¡Ni modo, tendrás que esperar!¡Oh! Pero las buenas noticias son que tú puedes empezar a entrenarte en el ayuno teniendo días sin dulces ni postres.

❓ Preguntas introductorias

1. ¿Tú sabes para que sirve el ayuno?
2. ¿Sabías que el ayuno en los adultos es bueno para la salud?
3. ¿Tú comes snacks? ¿Qué tipo de snacks comes?

Historia bíblica (Lucas 4:1-10)

El ayuno es necesario para todos los cristianos adultos porque es una disciplina que ayuda a enfocarnos en el Señor y orar mejor. El ayuno siempre se combina con la oración; pues de nada sierve ayunar sin orar. También puedes dedicar buen tiempo a leer la Biblia. En la Biblia podemos observar que los hombres y mujeres de Dios ayunaban regularmente (en privado); y en público en los momentos de crisis. Es también una dedicación de tu cuerpo al Señor, pues con ello dices que Dios es más importante que la comida. Con el ayuno demuestras que tu búsqueda de Dios es en serio.

El ejemplo más importante del ayuno lo tenemos en nuestro Señor Jesús. Él ayunó, ¿sabes cuantos días? ¡Exacto! ¡El ayunó 40 días! Y en este tiempo estuvo apartado, en el desierto, orando a Dios. Moisés ayunó 40 días, y estuvo en lo alto del monte Sinaí, orando al Señor, y también Elías. El Señor Jesús fue lleno del Espíritu Santo y el Espíritu Santo lo llevó al desierto para ayunar y orar; y cuando estaba ahí, tuvo que luchar contra el diablo, pero venció.

Ilustración

Quizás alguna vez has visto un juego de baloncesto. El baloncesto tiene la particularidad de ser un juego muy rápido, los puntos se anotan muy rápidamente. A diferencia del fútbol soccer, en el baloncesto dos minutos puede significar una eternidad, y el equipo que lleva la delantera puede perder el partido en los últimos segundos. Un solo tiro de larga distancia, de tres puntos, el cual alguien lanza en el último segundo puede definir el partido. Los últimos segundos en un partido de baloncesto, suelen ser los más emocionantes.

El diablo, en la tentación de Jesús fue a Él para tentarlo, justo cuando estaba terminando su ayuno, en el día número 40. El diablo quería echar a perder todo, precisamente en el último momento: el Señor Jesús estaba muy hambriento, cansado y solo. Sin embargo, Él, aunque estaba débil físicamente, estaba muy fuerte en lo espiritual. Así el diablo podrá atacarte en los últimos momentos antes de terminar tu ayuno, y querrá hacerte caer, pero tú vencerás, como venció Jesús.

Preguntas sobre la clase

1. Ya que los niños y adolescentes no ayunan (porque están en crecimiento) ¿Qué puedes hacer tú para ir practicando el ayuno y dedicar esto a Dios?
2. ¿Cuál es la práctica más importante del tiempo de ayuno?
3. ¿Para qué sirve el ayuno?
4. ¿Cuántos días ayunó Jesús? ¿En cuál de esos días fue atacado por el diablo?
5. ¿Aparte del Señor Jesucristo, qué otros siervos de Dios ayunaron también 40 días?
6. ¿Debemos poner especial atención al final de nuestro ayuno? ¿Por qué?
7. ¿Qué nos ilustra el juego de baloncesto en la ilustración?

Frases para memorizar

1. El ayuno es una disciplina cristiana que es necesario practicar seguido.
2. Los niños y adolescentes no ayunan, pero pueden empezar a practicar no comiendo dulces y postres durante un día entero.
3. El ayuno es una práctica privada, pero también hay tiempos en que puede ayunar un grupo (una iglesia, por ejemplo).
4. El ayuno sirve para enfocarnos en Dios y para orar mejor. También, durante el tiempo de ayuno, podemos dedicar más tiempo para leer la Biblia que de costumbre.
5. No es un requisito que todos los cristianos ayunemos 40 días (como Jesús), y tampoco la Biblia dice qué tan frecuente se debe ayunar, pero sí debes asegurarte que lo haces de tiempo en tiempo.
6. El ayuno te ayudará a mejorar tu relación con Dios, y te dará mucha alegría, pues lo que buscamos los cristianos en esta tierra es estar lo más cerca posible de nuestro Señor Jesús.

Otros pasajes de la Biblia sobre el tema para lectura y memorización

Mt. 6:16-18; Jl. 2:12; Is.58:3-7; Sal. 69:10; Dn. 10:3; Hch. 14:23; Esd. 8:23; Neh. 1:4; Lc. 4:2; Hch. 13:2-3; Sal. 35:13; Mat. 4:4; Est. 4:16; Lc. 2:37; Éx. 34:28; 2 Sam. 1:12; 1 Cor. 10:31.

32

La verdadera riqueza

Memorizar

Lucas 12:15 «la vida del hombre no consiste en la abundancia de los bienes que posee».

El mundo en que vivimos hoy te enseñará que tu meta debe ser rico. Si tú preguntas a tus compañeros en la escuela ¿quién quiere ser rico? Por seguro todos levantarán la mano. Sin embargo, Jesús dijo que ese no es el significado de la vida. Jesús quiere que tú y yo entendamos que seguirle a Él y estar con Él es lo más maravilloso que podemos tener en esta vida; y para estar con Él necesitar amarle. ¿Cómo puedes estar seguro de que amas a Jesús? ¡Cierto! Si obedeces lo que Él dice.

❓ Preguntas introductorias

1. ¿Qué es lo que tú quieres ser cuando seas grande?
2. No todas las personas serán ricos, ¿cuál crees que es la razón?
3. ¿Crees tú que han cosas mejores que el dinero? ¿Cuáles son estas cosas?

Historia bíblica (2 Crónicas 9:13-29; Eclesiastés 12:13)

En el pasaje de acabas de leer, el de 2 de Crónicas habla de la riqueza y fama que alcanzó el rey Salomón. Salomón fue hijo del rey David, y Dios lo prosperó económicamente. Él tenía mucho oro y plata, inclusive una colección de escudos de oro puro. Se sentaba en un gran trono hecho de marfil ¿sabes que es el marfil? El marfil es el material de los colmillos de los elefantes. No había un trono parecido al de Salomón entre todos los reyes de su tiempo.

El rey tenía barcos que traían oro, plata, marfil, y también monos y pavos reales. También tenía abundancia de ropa, miles de caballos ¿tú tienes un caballo? ¿Son caros los caballos? También sus casas y palacios eran de materiales muy caros y de la mejor madera.

Salomón era muy inteligente y sabía muchas cosas, pero si tú lees el libro de Eclesiastés, te darás cuenta que él no era feliz con todo lo que tenía. Y al final de su vida dijo que solo una cosa es necesaria: temer a Dios y obedecer sus mandamientos, ese es el significado de la vida.

Ilustración

¿Has escuchado quién fue Albert Einstein? Albert Einstein fue un científico muy famoso por los grandes descubrimientos que hizo. Un día Albert iba en un tren en Alemania y el inspector del tren pasó marcando los boletos de los pasajeros. Cuando llegó con Albert Einstein y le pidió el suyo, este se puso nervioso y empezó a buscar en todos los bolsillos, pero no encontraba el boleto. El inspector le reconoció y exclamó: «¡Oh, pero si usted es el famoso Albert Einstein! No, no tiene que mostrarme ningún boleto, yo sé quién es usted, y sé que jamás viajaría en el tren sin pagar». El inspector se fue y continuó son su trabajo. Luego, cuando venía de vuelta, Albert continuaba buscando, ahora abajo del asiento. Así que el inspector le dijo: «Sr. Einstein, no se preocupe, por favor, ¡yo sé quién es usted!» —dijo el inspector—. «Si, ya sé que usted sabe quién soy yo» —dijo finalmente Albert—, «el problema es que no sé para dónde voy».

Esta historia nos enseña que una persona puede llegar a tener mucho dinero y mucha fama, pero puede no saber a dónde va. ¿Tú estás seguro que vas al cielo? Todos los que tienen fe en Jesús y le han hecho Señor y Salvador van al cielo. Eso es lo que realmente importa en la vida.

❓ Preguntas sobre la clase

1. ¿Qué es lo que el mundo enseña que deba ser tu meta?
2. ¿Qué es lo que Jesús dice que no es vida?
3. ¿Qué tan rico era Salomón? ¿Puedes mencionarme algunas cosas que tenía Salomón?
4. ¿Qué fue lo que dijo Salomón al final de su vida?
5. ¿Por qué Albert Einstein quería encontrar su boleto?
6. ¿Qué nos enseña la historia de la ilustración?

Frases para memorizar

1. Como cristiano, no debes tener como meta en la vida ser rico ni ser una persona famosa, tu meta debe ser seguir a Jesús hasta el final.
2. Salomón no fue feliz siendo tan rico y famoso, y dijo que lo que realmente importa en la vida es obedecer los mandamientos de Dios.
3. La verdadera riqueza consiste en que Jesús sea tu amigo, que estés con Él y Él contigo, que lo obedezcas en todo y que seas como Él.
4. Lo más importante es que siempre estés seguro de que vas al cielo y que mantengas tu fe en Jesús toda tu vida.
5. No todos los muchachos que hoy quieren ser ricos lo serán, pero si Dios quiere que seas rico, debes usar tu dinero para ayudar a los pobres y para que la Palabra de Dios sea predicada.

Otros pasajes de la Biblia sobre el tema para lectura y memorización

Heb 13:5; Mt. 6:24; Mal. 3:10; Prov. 13:22; Dt. 8:18; 1 Ti. 6:10; 1 Ti. 5:8; Lc. 12:14; Prov. 10:22; 2 Cor. 8:9; Prov. 28:20; Prov. 22:7; Prov. 13:11; Mt. 25:14-30.

33

Ayuda al pobre

Memorizar

Salmos 41:1 «Bienaventurado el que piensa en el pobre; En el día malo lo librará Jehová».

Quizá alguna vez hayas visto a un vagabundo. Un vagabundo es considerado un paria, y un paria es una persona con la que nadie quiere juntarse porque la gente lo considera inferior. Esas personas andan por las calles y no tienen una casa donde vivir, son pobres. Pero también hay pobres que tienen una casa, y ser pobre en Estados Unidos no es lo mismo que ser pobre en la India o en Somalia (África). Así que, un pobre es aquella persona que tiene menos que nosotros. Dios ha ordenado que los cristianos siempre demos a los pobres.

❓ Preguntas introductorias

1. ¿Qué es para ti una persona pobre?
2. ¿Por qué piensas que una persona es pobre?
3. ¿Cómo podrías tú ayudar a los pobres?

Historia bíblica (Rut 1:1-23)

Nunca debes juzgar a otros, ¿recuerdas? Muchas veces no sabemos por qué una persona pobre está en esa condición. La gente puede hablar mal de ellos, pero nunca nosotros debemos hacerlo. La Biblia habla de Rut y Nohemí. Ellas fueron muy pobres, pero fue porque se quedaron viudas.

El libro de Rut, de hecho, nos cuenta la historia de tres viudas. Las tres tenían sus esposos judíos; era la mamá y los dos hijos. Todo empezó cuando Nohemí, su esposo y sus dos hijos varones se mudaron a Moab, un país vecino de Israel. Pero en Moab murió el esposo de Nohemí y sus hijos se casaron con mujeres moabitas. Luego sucedió que murieran también sus hijos; así que, Nohemí decidió regresar a su tierra. Entonces les dijo a sus nueras que ellas podían hacer lo que ellas quisieran. Una de ellas decidió quedarse y la otra (Rut) quiso irse con Nohemí.

Cuando estaban en Belén, en la tierra de Judá, Nohemí y Rut eran tan pobres que no tenían para comer. Entonces, Rut, que era muy joven, fue a los campos de un hombre que se llamaba Boz. La ley de Dios decía que luego de que los segadores recogían el trigo, que no regresaran a recoger lo que se había caído, pues eso era para los pobres. Booz, el dueño del campo, no solo dejó que Rut recogiera el trigo que se había quedado tirado, sino que también le dio agua y comida. También trató a Rut con cortesía y respeto.

Ilustración

Un fraile franciscano australiano estuvo muy emocionado cuando le fue asignado ser el guía y ayudante de la Madre Teresa en su viaje a Nueva Gales del Sur (Australia), él siempre soñó estar cerca de esa gran persona para aprender de ella, y luego contarle a sus amigos.

Sin embargo, los días pasaron, y aunque estuvo muy cerca de la Madre Teresa, nunca tuvo oportunidad de hablar con ella, pues ella siempre estuvo rodeada de gente. Finalmente, se llegó el día de que ella partiera, y su próximo punto de llegada sería Nueva Guinea (otra isla que está a 4 h en avión). Así que, frustrado y desesperado, el fraile le dijo a la Madre Teresa: «Si pago mi pasaje de avión hacia Nueva Guinea, ¿podré sentarme junto a usted para que platiquemos y me enseñe de lo mucho que usted sabe?». Entonces ella le contestó con una pregunta: «¿Tienes suficiente dinero para pagar tu pasaje de avión para Nueva Guinea?», «¡Sí!» —respondió con entusiasmo— «Bueno, entonces dale ese dinero a los pobres. Si lo haces, habrás aprendido mucho más de lo que yo pueda enseñarte».

❓ Preguntas sobre la clase

1. ¿Conoces a personas que sean más pobres que tú? ¿Es una opción o una orden de Dios que demos a los pobres? ¿Por qué no debemos juzgar a los pobres?
2. ¿Qué era lo que Dios ordenaba que se hiciera cuando se recogía el trigo de los campos?
3. ¿Cuáles fueron los actos de generosidad que Boz hizo con Rut?
4. ¿Por qué Rut y Nohemí eran tan pobres?
5. ¿Cuál era la ilusión que tenía el fraile franciscano al estar cerca de la Madre Teresa?
6. ¿Qué le respondió ella cuando el fraile le dijo que tenía el dinero para pagar su boleto de avión hacia Nueva Guinea?

Frases para memorizar

1. Tanto en el AT como en el NT Dios nos ordena cuidar y ayudar a los pobres.
2. No debemos pensar mal de los pobres, pues no sabemos cuáles sean las verdaderas causas de su situación, solo debemos ayudarlos.
3. Siempre habrá personas más pobres que nosotros, y siempre Dios nos dará oportunidades para ayudarles.
4. Dios bendecirá a todos aquellos que tienen compasión de los pobres. Debes ejercitarte en dar. Dios desea que des, aunque no sea tanto como otros dan.
5. No solo dar dinero, sino también, puedes dar de tus cosas a los pobres. Y cuando lo hagas, da lo mejor y no sientas que eres mejor o más importante que ellos, pues ellos son igual que tú.

Otros pasajes de la Biblia sobre el tema para lectura y memorización

Job 31:16; Job 29:12; Jer. 22:16; Prov. 19:17; Sal. 41:1; Hch. 9:36; Mt. 6:3; Job 29:16; Dt. 15:11; Prov. 21:13; Dt. 15:7; Is. 58:7; Sal. 9:18; Gál. 2:10.

34

No te enojes

Memorizar

Salmos 37:8 «Deja la ira, y desecha el enojo; No te excites en manera alguna a hacer lo malo».

<u>No te excites</u>... <u>a hacer lo malo</u>: que no dejes te llevar por la ira para hacer cosas malas.

El cristiano casi siempre deberá ser una persona tranquila y llena de paz, que rara vez se enoja. Jesús estuvo enojado cuatro veces: (1) Cuando se puso en primer lugar una práctica religiosa encima de la necesidad humana (Mr. 3:4-5); (2) Cuando no dejaban a los niños venir a Él (Mr. 10:13-14); (3) Cuando las ganancias materiales eran un obstáculo para que la gente orara (Mt. 21:12-13); y, (4) Cuando sus discípulos no tuvieron fe para liberar a un endemoniado (Mt. 17:17). Pero, nunca se enojó porque le hubieran ofendido a Él ni por orgullo ni mucho menos por envidia, ni por todos esos pecados por los que el ser humano suele enojarse. Jesús nunca pecó.

❓ Preguntas introductorias

1. ¿Qué tan frecuente te enojas?
2. ¿Por cuáles causas sueles enojarte?
3. ¿Cómo reaccionas cuando alguien se enoja contigo?

Historia bíblica (Números 20:1-10)

Muchas personas han hecho locuras al enojarse, y sus locuras les han traído grandes problemas. Enojarse en sí no es lo que está mal, sino las razones por las que alguien se enoja, y el tiempo que se mantiene enojado. Tenemos el ejemplo de Jesús, Él se enojó muy pocas veces, y siempre fue por las razones correctas; nunca dejó que su enojo lo llevara a pensar en hacer algo malo. No sucedió así con Moisés.

Moisés era la persona más mansa de la tierra ¿tú eres así también?, y muchas veces soportó al pueblo de Israel. Pero hubo una ocasión cuando el pueblo otra vez se enfureció contra él. Ellos le hablaron muy groseramente, y le reclamaron por haberlos sacado de Egipto; esta vez era porque no tenían agua. Moisés entonces fue a Dios y le pidió instrucciones para solucionar esa situación. Dios le dijo que tomara su vara y le hablara a la Roca que siempre andaba con ellos (1 Cor. 10:4). Pero Moisés, en lugar de hablar a la Roca, se enojó, habló al pueblo ásperamente, y golpeó la Roca dos veces. Entonces Dios lo castigó por haberlo desobedecido, y le dijo que él tampoco entraría a la tierra prometida.

Ilustración

El devocional Our Daily Bread publicó en 1992 algo que sucedió en 1894. Los Orioles de Baltimore fueron a jugar un juego ordinario a Boston. Pero lo que sucedió ese día fue algo extraordinario. Sucedió que John McGraw entró en discusión con el tercera base del equipo de Boston, y pronto empezaron a pelear a golpes. El resto de los jugadores también se involucraron en el pleito y luego los espectadores. Alguien de ellos encendió un fuego y el estadio se quemó hasta los cimientos; pero eso no fue todo, pues el fuego se extendió a otros edificios que estaban cerca y 107 edificios se quemaron también.

En Santiago 3:5 leemos: «He aquí, ¡Cuán grande bosque enciende un pequeño fuego!». Tu enojo podría ser de tal daño, que no solo tú sino otros serán afectados.

❓ Preguntas sobre la clase

1. ¿Por qué es importante no enojarte nunca?
2. ¿En cuáles circunstancias únicas el Señor Jesús se enojó?
3. Si acaso un día te enojas ¿qué es lo que debes siempre de evitar? ¿Por qué es muy importante controlar tus emociones?
4. ¿Por qué se enojó Moisés?
5. ¿Cuáles fueron las consecuencias del enojo de Moisés?
6. ¿Por qué se quemaron un estadio y 107 edificios en Boston en 1894?

Frases para memorizar

1. El carácter de Cristo en nosotros es un carácter de mansedumbre y nunca de enojo.
2. Hay pocas ocasiones en nuestra vida que debemos enojarnos (por las razones de Jesús), pero siempre controlar nuestros sentimientos y no pecar.
3. Cuando una persona se enoja y se pelea con otros, siempre habrá consecuencias negativas.
4. Cuando alguien nos habla agresivamente debemos responder con amabilidad.
5. Si te dejas llevar por el enojo, esto será como un río que te lleve a un remolino del que después será difícil salir.

Otros pasajes de la Biblia sobre el tema para lectura y memorización

Prov. 14:29; Sal. 37:8; Prov. 15:1, 18; Stg. 1:19-20; Ef. 4:26; Ecl.7:9; Prov. 29:11; Prov. 19:11; Ef. 4:31; Prov. 16:32; Col 3:8; Mt. 5:22; Sal. 103:8.

35

Los misioneros

Memorizar

Romanos 10:15 «¿Y cómo predicarán si no fueren enviados? Como está escrito: ¡Cuán hermosos son los pies de los que anuncian la paz, de los que anuncian buenas nuevas!».

Un misionero es una persona que es enviada a otro país o cultura con el fin de predicar las buenas nuevas de salvación y establecer nuevas iglesias. Los primeros misioneros los vemos en el libro de Hechos. Pablo y Bernabé fueron los primeros misioneros cristianos; sin embargo, en el AT se mencionan algunas personas que fueron —de alguna manera— misioneros también.

❓ Preguntas introductorias

1. ¿Qué es lo que hace un misionero?
2. ¿Conoces algún misionero? ¿Cómo se llama? ¿En dónde sirve?
3. ¿Por qué piensas que el trabajo de los misioneros es importante?

Historia bíblica (2 Reyes 5:1-5)

En los tiempos cuando vivía el profeta Eliseo, ciertos soldados del país de Siria habían llevado cautiva a una muchacha, la cual había ido a parar a la casa de un general del ejército de Siria que se llamaba Naamán.

Naamán era una persona muy valiente, pero tenía lepra. La lepra es una enfermedad en la piel, la cual, en los tiempos bíblicos era incurable. Fue así como esta muchacha que servía en la casa de Naamán le predicó al Dios de Israel y le recomendó que buscara al profeta Eliseo, el cual era usado por Dios para sanar a los enfermos. La historia continúa diciendo que Naamán fue a buscar al profeta Eliseo, pero no fue sanado de la manera que él quería. Pues bien, ¿cumple esta muchacha con la descripción de una misionera? ¿Qué es lo que le falta? ¿Por qué piensas que esta muchacha fue una misionera?

Ilustración

El primer misionero evangélico de los tiempos modernos fue Guillermo Carey (1761-1834); él fue misionero en la India. Dios lo llamó a hacer misiones en la India en un tiempo cuando las iglesias no enviaban misioneros a ningún lado. Él nació en Northamptonshire, Inglaterra y tuvo el oficio de zapatero, pero mientras trabajaba como zapatero sirvió también como pastor en la ciudad donde él nació.

Sin embargo, Guillermo Carey fue llamado por Dios para predicar a Cristo Jesús en la India. Fundó la English Baptist Missionary Society en 1792. Y en la India fue llamado «el padre de la prosa bengalí», pues logró escribir varios libros de gramática y diccionarios de ese idioma. También Carey aprendió otros idiomas de la India (además del bengalí): marathi, oriya, hindi, marathi, asamés y sánscrito, y tradujo la Biblia en todos estos idiomas. Su influencia fue poderosa para que el gobierno de la India prohibiera el asesinato de niños y evitara que se diera muerte a las esposas de los indios que morían (estas cosas eran tradiciones de la religión de la India, el hindú).

Tú puedes leer las muy interesantes biografías de los siguientes misioneros: Adoniram Judson (1788-1850) y Ann Judson (1789-1829); Jorge Müller (1805-1898), David Livingstone (1813-1873), Mary Slessor (1848-1915), J. Hudson Taylor (1932-1905), Amy Carmichael (1867-1951), John Stam (1907-1934) y Elisabeth "Betty" Stam (1906-1934), Elisabet Elliot (1926-2015), Helen Roseveare (1925-2016), entre muchos otros.

Preguntas sobre la clase

1. ¿Quiénes fueron los primeros misioneros cristianos?
2. ¿Qué fue lo que hizo la muchacha que servía en la casa de Naamán?
3. ¿Quién es considerado el primer misionero evangélico de los tiempos modernos?
4. ¿Qué fue lo que hizo Guillermo Carey en la India?
5. ¿Qué otros nombres de misioneros puedes mencionar?
6. ¿Estás interesado en leer sus biografías?

Frases para memorizar

1. Los misioneros tienen un trabajo muy importante, pues llevan el evangelio a lugares en donde no hay todavía iglesias cristianas.
2. Las funciones más importantes de un misionero son predicar el evangelio y establecer iglesias. Pero además pueden escribir libros y difundir el evangelio mediante la forma escrita.
3. Los misioneros son personas que dedican su vida al servicio del Señor, por lo tanto, debes tener un gran respeto y admiración por cada uno de ellos.
4. Ellos necesitan ser sostenidos por las iglesias, por lo tanto, debes proponer en tu corazón dar todo lo que puedas para la obra misionera. También debes orar por ellos todos los días.
5. Cuando des debes hacerlo para Dios y no para que la gente vea lo que tú das.

Otros pasajes de la Biblia sobre el tema para lectura y memorización

Mr. 16:15; Mt. 28:19-20; Hch. 6:4; Hch. 1:8; Sal. 96:3; Rom. 10:14; 1 P. 3:15; Is. 6:8; Mt. 24:14; Jn. 3:16; Lc. 18:29-30; Is. 49:6; Is. 52:7; Gn. 12:1.

36

Ser agradecidos

Memorizar

1 Tesalonicenses 5:18 «Dad gracias en todo, porque esta es la voluntad de Dios para con vosotros en Cristo Jesús».

La gratitud ve cada día como un regalo. La gente agradecida está más enfocada en lo que ha recibido y en los privilegios que tiene que en lo que le falta. La gratitud es lo que nos guía a alabar la grandeza de Dios y a la adoración. Podemos decir que la razón por la que Dios nos da tantos regalos, es para que nosotros los reconozcamos y lo adoremos. Si no somos agradecidos, entonces comenzamos a pensar que lo que tenemos es porque nosotros lo hemos conseguido, y que no fue Dios. Y esto es un acto de rebeldía contra Él. No debemos dar por sentado que merecemos algo o que lo tenemos porque debemos tenerlo; todo lo que tenemos es porque Dios nos lo ha dado y es para su gloria.

❓ Preguntas introductorias

1. Piensa en lo que tienes, ¿puedes mencionar algunas de estas cosas?
2. ¿Cuáles cosas tienes que otros no tienen?
3. ¿Qué es lo que te hace merecer estas cosas que tienes?
4. ¿Qué es lo que más te hace sentirte agradecido (a) con Dios?

Historia bíblica (Números 13:1-14:19)

Una persona ingrata es aquella que olvida o no muestra agradecimiento por la bondad recibida. No es capaz de entender los regalos y beneficios que ha obtenido y que ahora disfruta.

El pueblo de Israel fue bendecido por Dios. Siendo una nación de esclavos, esclavos que trabajaban todo el día cargando ladrillos pesados; sin descanso (ellos no tenían un día de reposo); sin servicios médicos; sin un pago; viviendo en la miseria, etc. Dios les dio libertad: ahora ellos gozaban del amparo del Señor y lo tenían todo. Tenían a Dios mismo como médico, pues no tenían hospitales ni médicos en el desierto; tenían comida gratuita cada día; una nube les daba sombra durante el día y una columna de fuego los calentaba durante la noche. No tenían que trabajar en tareas pesadas, etc. Y ahora, Dios los hizo estar en la frontera de la tierra prometida. Tierra que fluía leche y miel.

Ellos enviaron 12 espías, pero ¿sabes que sucedió? ¡Exacto! Ellos se quejaron contra Dios y pensaron mal de Él. Ellos fueron tan ingratos que dijeron: «¡Ojalá muriéramos en la tierra de Egipto; o en este desierto ojalá muriéramos!» (v. 2). Muy pronto olvidaron lo que Dios había hecho por ellos, y no creyeron en su bondad.

Ilustración

¿Sabías que hay millones de razones por las cuales agradecer a Dios? Es muy importante que estés siempre agradecido porque esto te hace encontrar razones para adorar a Dios. Jeremías 15:19 dice: «Por tanto, así dijo Jehová: Si te convirtieres, yo te restauraré, y delante de mí estarás; y si entresacares lo precioso de lo vil, serás como mi boca. Conviértanse ellos a ti, y tú no te conviertas a ellos». El corazón agradecido siempre encuentra razones para dar gracias a Dios, y entresacar lo bueno de todas las circunstancias.

En el momento en que estás tomando esta lección, en tu cuerpo están sucediendo muchas cosas que tú mismo no eres capaz de ver ni entender, por ejemplo, ¿sabías que tu corazón latirá durante toda tu vida quizá 3 billones de veces? ¡Y qué decir de tu cerebro! El cerebro tiene alrededor de 100 billones de células ¡y todas esas células trabajan! ¡Es como 100 billones de mini-computadoras trabajando juntas! ¿Sabes qué es una célula del cuerpo? Tu cerebro continuará creciendo hasta que tengas 18 años, y aunque solo pesa el 2% de tu cuerpo, usa el 20% de toda la energía.

¿Sabías que el ojo humano puede distinguir al menos 1 millón de distintos colores? Hay muchísimos datos increíbles en relación al funcionamiento del cuerpo humano. ¿Puedes investigar algunos otros en Google? (escribe: "maravillas del cuerpo humano" en el buscador).

Preguntas sobre la clase

1. ¿Cuáles son algunas características de la gente que es agradecida?
2. ¿Por qué es tan importante ser agradecido con Dios?
3. ¿Qué pasa si no eres agradecido con Dios?
4. ¿Puedes definir lo que es una persona ingrata?
5. ¿Qué era lo que los israelitas no tenían y que ahora sí tenían? ¿Cuáles eran los problemas que antes tenían y que ahora no tenían?
6. ¿Qué fue lo que dijeron los ingratos israelitas?
7. ¿Puedes mencionar algunas de las maravillas de tu cuerpo? (todo esto es dado por Dios).

Frases para memorizar

1. Todos los días, cuando te levantes, lo primero que debes pensar es en aquello que Dios te ha dado y las razones que tienes para estar agradecido; luego debes decirle a Él esto, en oración.
2. Debes concentrarte en lo que has recibido de Dios y en lo que tienes ahora, no en lo que no tienes.
3. Debes pensar siempre en las cosas positivas que hay a tu alrededor, pues todo lo bueno es creado por Dios. Entonces hablarás como Dios (Jer. 15:19).
4. Por la noche, antes de ir a descansar, piensa en las cosas buenas que recibiste del Señor durante el día, y díselas a Dios en oración.

Otros pasajes de la Biblia sobre el tema para lectura y memorización

1 Ts. 5:18; Sal. 107:1; Ef. 5:20; Col. 3:15-17; Stg. 1:17; Fil. 4:6; 2 Cor. 9:15; Sal. 106:1; Sal. 105:1; Col. 3:15; Sal. 100:4; Col. 4:2; Sal. 20:4; Sal. 30:12; Rom. 1:21; Sal. 95:2; Flm 1:4.

31

El Temor de Dios

Memorizar

Salmos 25:14 «La comunión íntima de Jehová es con los que le temen, Y a ellos hará conocer su pacto».

En este versículo que has memorizado dice que Dios se hace amigo de los que le temen. Hay muchos aspectos de este importante tema, y aquí te estaré hablando de algunos de los más importantes. Todo ser humano tiene temor de una manera u otra, pero ese sentimiento debe dirigirse a Dios y a Él nada más. Jesús dijo que no temieran a los que matan el cuerpo sino a Dios, quien puede no solo matar el cuerpo, sino condenarnos eternamente (lee Mt. 10:28). Solamente si logramos entender y practicar el temor a Dios seremos capaces de ser libres del temor al diablo y del temor a todo lo que no es Dios.

❓ Preguntas introductorias

1. ¿Piensas que Dios siendo amor puede enojarse?
2. ¿Cómo reaccionarías si tú vieras delante de tus ojos una injusticia (por ejemplo, que un niño mayor está golpeando a uno más pequeño)? ¿Has visto alguna vez algo así?
3. ¿Cómo reaccionarías si de pronto se abriera la tierra? (Núm. 16:1-32)
4. ¿Qué pensarías de Dios si supieras que Él mató a dos personas que mintieron al Espíritu Santo?

Historia bíblica (Hechos 5:1-11)

El temor a Dios nos enseña que Dios no solo es amor, misericordia y perdón, pero también Él es santo, justo y recto. El temor a Dios nos ayuda a entender cómo Dios es (conforme a las Escrituras). El temor a Dios nos hace estar asombrados de lo grande que Él es, y dar así gran reverencia al Señor; pero, además, hace que nuestro corazón lata más deprisa, pues sabemos que lo que Él dice siempre es verdad, y tenemos que dar cuenta de nuestros actos, tanto aquí, como en el día del juicio. La Biblia dice que una definición del temor a Dios es odiar el mal, la arrogancia y el mal camino (Prov. 8:13); por tanto, todo aquel que teme a Dios se aparta del pecado, porque sabe que el pecado produce destrucción y muerte. Y Dios, no hace acepción de personas (Ef. 6:9; Col. 3:25, 1 P. 1:17).

El caso de Ananías y Safira (que ya mencioné en otra clase) nos hace comprender mejor lo que significa el temor a Dios. Ananías y Safira pecaron delante de Dios, mintieron al Espíritu Santo y sufrieron un terrible castigo por ello. Si tú o yo hubiésemos estado ahí y hubiésemos visto todo lo que pasó, estoy seguro que nos alejaríamos lo más posible de todo pecado. El temor a Dios siempre hace equipo con el amor a Dios y no se puede tener el uno sin tener el otro. ¿Puedes contar tú mismo la historia de Ananías y Safira? ¿La recuerdas?

Ilustración

Una de las mejores ilustraciones del temor a Dios es la relación de un padre con su hijo. Un padre que ama a su hijo lo disciplina también, pues sabe que, si no lo disciplina, entonces ese hijo tarde que temprano se puede convertir en un delincuente. La disciplina es una demostración del amor del padre. El niño sabe que cuando papá está hablando seriamente tiene que ponerle atención, ¿tú tienes un papá así? Si lo tienes, dale gracias a Dios, porque tu papá te ama. El niño que es disciplinado cuando hace algo malo, sabe que su papi lo ama.

Por otro lado, el niño que le dice a su papá: «No te tengo miedo», está demostrando que no lo ama. También hay una clase de temor que no es bueno: tener temor de que mi papá no cumplirá sus promesas o que me causará daño, esa no es la clase de temor que Dios ordena que le tengamos, pues ese «temor de Dios» es un falso temor de Dios; porque el verdadero temor a Dios significa tener *confianza* completa en Él y amarlo de todo corazón al mismo tiempo, pues sabemos que Él siempre desea nuestro bien; Él es infinitamente bueno.

❓ Preguntas sobre la clase

1. El temor a Dios nos enseña que Él no solo es amor, misericordia y perdón sin también Él es _____, _____, y _____.
2. El temor a Dios es también gran _____.
3. ¿Cuál es una definición que nos da la Biblia del temor a Dios?
4. ¿Qué nos dijo Jesús del temor a Dios? (Lee Mateo 10:28 y Lucas 12:5).
5. ¿Qué nos enseña el caso de Ananías y Safira en relación al temor a Dios?
6. ¿Cómo podemos ilustrar el temor a Dios con la relación de un padre piadoso y buen cristiano con su hijo?
7. ¿Cuál es un temor a Dios falso?

Frases para memorizar

1. El temor a Dios siempre está unido con el amor a Dios y no puede existir el uno sin el otro.
2. Jesús nos enseñó a temer a Dios y a no temer a nada ni a nadie más.
3. El temor a Dios nos libera de todos los demás temores.
4. El temor a Dios es odiar todo lo malo y obedecer al Señor de todo corazón.
5. El cristiano temeroso de Dios sabe que Dios está hablando en serio y siempre dice la verdad, por eso toma en cuenta sus advertencias tanto como sus promesas de bien.

Otros pasajes de la Biblia sobre el tema para lectura y memorización

Prov. 1:7; Prov. 8:13; Job 28:28; Mt. 10:28; Sal. 111:10; Ecl. 12:13; Sal. 33:8; Lc. 1:50; Prov. 14:27; Dt. 10:12; 1 Jn. 4:18; Prov. 19:23; Sal. 25:14; Sal. 34:9; Sal. 86:11; 2 Cor. 7:1.

38

Mantén tu fe y confianza en Jesús

Memorizar

Marcos 9:23 «Jesús le dijo: Si puedes creer, al que cree todo le es posible».

Si lees los evangelios —como espero que lo estés haciendo—, observarás que muchas ocasiones Jesús ordena a sus discípulos a tener fe en Él. Jesús es el mismo de ayer, de hoy y por todos los siglos (Heb. 13:8); por tanto, lo que Él ordenó a sus discípulos hace 2,000 años, lo ordena a sus discípulos hoy. Pero lo que ordena Jesús es para nuestro bien. Si somos capaces de creer en las promesas de Jesús tendremos una vida abundante y feliz aquí, y la vida eterna. Tú y yo somos seguidores de Jesús y Él desea hacernos bien, pero para hacernos bien es necesario siempre creen en Él.

❓ Preguntas introductorias

1. Si tú prometes algo a alguien, ¿qué pensarías de él o ella si no te cree? ¿le darías lo que le prometiste si no cree en ti?
2. ¿Cómo piensas que puedes hacer crecer tu fe en Jesús?
3. ¿Por qué piensas tú que la gente muchas veces no cree en Jesús?

Historia bíblica (Marcos 9:14-29)

Jesús estaba en cierto lugar y fue a donde estaban sus discípulos. Había mucha gente alrededor de ellos y Él les preguntó qué era lo que estaba sucediendo. Entonces habló uno de entre la multitud y dijo a Jesús que su hijo tenía un espíritu malo, y que lo había traído a sus discípulos y ellos no lo habían podido echar fuera. Este espíritu malo hacía que el joven se sacudiera muy fuertemente y echara espuma por la boca. El padre le explicó también a Jesús que su hijo había estado en esta condición desde que era niño; y le rogó que tuviera misericordia de él. Jesús entonces le dijo: «Si puedes creer, al que cree todo le es posible». E inmediatamente, el padre del muchacho clamó diciendo: «Creo, ayuda mi incredulidad». Luego de esto, Jesús tuvo misericordia del joven y del padre de él y echó fuera el demonio.

Jesús desea que tengamos plena confianza en Él, y creamos de verdad que Él resolverá cualquier problema que tengamos. En la vida surgen muchos problemas diversos, pero si confiamos plenamente en el Señor, Él nos ayudará; la Palabra de Dios nos ayuda a tener fe en Jesús.

Ilustración

Walter B. Knight escribió en su libro *Knight's Master Book of New Illustrations* un relato de la vida de John Wesley. Dijo que un día él caminaba al lado de un hombre que tenía problemas y expresó su duda respecto a la bondad de Dios diciendo: «No sé qué voy hacer con todas estas preocupaciones y estos problemas».

En ese mismo momento ellos vieron una vaca que asomó su cabeza por encima de una pared. Entonces John Wesley preguntó: «¿Sabes por qué esa vaca asoma la cabeza por encima de la pared?» «Porque no podía ver *a través* de la pared»— agregó. «Eso es lo mismo que debes hacer tú, debes poner tu cabeza por encima de esos problemas y tener fe en Dios, que Él te hará pasarlos y estarás bien».

Preguntas sobre la clase

1. ¿Qué es lo que ordenó Jesús *muchas veces* a sus discípulos?
2. ¿Por qué Jesús quiere que tengamos fe en Dios?
3. ¿Cuál era el problema en la historia bíblica?
4. ¿Qué fue lo que le dijo Jesús al papá del muchacho?
5. ¿Qué nos enseña la historia bíblica?
6. ¿Qué es lo que debemos hacer cuando tenemos problemas según la ilustración?
7. ¿Qué sucederá con tu vida si mantienes tu fe puesta en Jesús y en su Palabra? ¿Cómo puedes hacer que tu fe crezca?

Frases para memorizar

1. Dios nos ordena que creamos en sus promesas y no tengamos miedo ante las dificultades de esta vida.
2. El Señor quiere que tengamos una vida abundante, y para ello es necesario creer a su Palabra.
3. La manera en que podemos hacer crecer nuestra fe es leyendo constantemente la Biblia.
4. No es cuando tenemos problemas el mejor momento para fortalecer nuestra fe, pues esto es una tarea de todos los días. Cada día debemos fortalecer nuestra fe con la Palabra de Dios, a fin de estar fuertes para los días en que tengamos problemas.

Otros pasajes de la Biblia sobre el tema para lectura y memorización

Mt. 21:22; Heb. 11:6; Rom. 10:17; Heb. 11:1; Mc. 11:22-24; 2 Cor. 5:7; Prov. 3:5-6; Lc. 1:37; 1 Cor. 2:5; Fil 4:13; Heb. 11:1-39; Mt. 17:20; Stg. 1:5-8; Gal. 2:20; 1 Cor. 16:13; 1 Jn. 5:4; Mc. 10:52; Rom. 1:17.

39

Cuida tus pensamientos

Memorizar

Proverbios 12:5 «Los pensamientos de los justos son rectitud; Mas los consejos de los impíos, engaño».

Una de las cosas más difíciles en la vida es aprender a disciplinar nuestros pensamientos. Si tú desde pequeño aprendes esto, serás una persona de gran éxito en la vida. La Biblia nos ordena a pensar ocho cosas: lo que es verdadero; lo honesto; lo justo; lo puro; lo amable; lo que es digno de admiración, lo que es excelente, y en general, todo lo que haga que el Nombre de Dios sea más puesto en alto (Fil. 4:8). La Biblia es la Palabra de Dios, y los pensamientos del Señor deben ser los nuestros. Si somos llenos del Espíritu Santo, nuestra mente estará llena de los pensamientos de Dios.

❓ Preguntas introductorias

1. ¿Por qué piensas que nuestros pensamientos es algo tan importante?
2. ¿Cómo puedes saber cómo y qué piensa una persona?
3. ¿Qué es tener *buenos pensamientos*? ¿Qué es lo que sucede cuando una persona tiene buenos pensamientos?

Historia bíblica (Deuteronomio 31:1-33:29)

Los buenos pensamientos son los pensamientos de Jesús. Jesús siempre pensaba en fe, es decir, tenía completa confianza en Dios. También pensaba en hacer siempre bien a los demás y ayudarlos; pensaba en las cosas espirituales, no en las terrenales; su mente es una mente concentrada en Dios y en todo lo que Él es. Si tú mantienes tu mente en Cristo Jesús, en las cosas espirituales y no en las cosas de la tierra, tu pensamiento será como el de Él. Es normal que pensemos en las cosas de esta vida, pero nuestro deleite debe ser pensar constantemente en el Señor.

Uno de los ejemplos que tenemos de un hombre que mantuvo constantemente su pensamiento en Dios fue Moisés. Hubo un momento en la vida de Moisés que se equivocó, pecó delante de Dios debido a un arranque de ira; y ese pecado no le permitió entrar en la tierra prometida. Imagina que tú estés luchando por alcanzar algo y estés toda tu vida luchando por eso, y al final, debido a un solo error, todo se eche a perder. ¿Cómo te sentirías? A muchos a quienes les ha pasado algo así su vida se vuelve amargada y sus pensamientos se tornan sombríos; pero eso no fue lo que sucedió con Moisés. Moisés continuó obedeciendo al Señor, trajo a Josué, lo puso como su sucesor, lo bendijo y bendijo también al pueblo de Israel, el pensamiento de Moisés estaba únicamente en agradar a Dios y eso fue el centro de su vida.

Ilustración

Mark Batterson escribió en su libro llamado *In a Pit with a Lion on a Snowy Day* el siguiente relato: Los doctores Avi Karni y Leslie Ungerleider del Instituto Nacional de Salud Mental hicieron un fascinante estudio. Ellos pusieron a una persona a hacer una simple tarea: que un solo dedo tecleara diariamente durante cuatro semanas. Luego, cuando analizaron el cerebro de esa persona, observaron que el área del cerebro encargada de esa tarea había crecido. Literalmente se habían añadido células nuevas.

Esta historia nos enseña que cuando leemos la Biblia estamos añadiendo células con el pensamiento de Dios a nuestro cerebro; literalmente nuestros cerebros están haciendo nuevas y sorprendentes conexiones con el pensamiento de Cristo, esa es la manera de desarrollar la mente de Cristo en nosotros.

❓ Preguntas sobre la clase

1. ¿Cuáles son las ocho cosas que nos ordena Dios a que pensemos? (menciona al menos tres).
2. ¿Cómo podemos conocer los pensamientos de Dios?
3. ¿De qué manera interviene el Espíritu Santo en nosotros para ayudar a tener buenos pensamientos?
4. ¿Cómo es que pensaba Jesús?
5. ¿En qué debes mantener tu mente?
6. ¿Cómo es que la vida de Moisés nos da un buen ejemplo de un pensamiento centrado en Dios?
7. ¿Qué nos enseña la ilustración?

Frases para memorizar

1. Dios nos ordena a pensar todo lo verdadero, todo lo honesto, todo lo justo, todo lo puro, todo la amable, lo que es digno de admiración, lo excelente y todo lo que pone el alto el nombre de Dios.
2. Cómo pensamos, lo que está en nuestro corazón, es lo que determina nuestras palabras y nuestras acciones, por eso es tan importante.
3. Jesús siempre pensaba en fe, Él tenía una confianza completa en Dios, y su mente estaba en las cosas espirituales, no en la de la tierra, así nosotros.
4. La única manera en que podemos tener una mente como la de Jesús es leyendo, memorizando y mediando constantemente en las Sagradas Escrituras.

Otros pasajes de la Biblia sobre el tema para lectura y memorización

Fil. 4:8; Prov. 17:22; Fil. 4:6; Jer. 29:11; Ef. 4:31-32; Mt. 21:22; Mt. 15:18-20; Rom. 12:2; Prov. 15:1; Jn. 14:27; Heb. 13:6; 2 Cor. 10:5; Prov. 4:23; Prov. 6:16-18; Prov. 12:2; Prov. 12:5; Prov. 21:4-5.

40

La Gran Comisión

Memorizar

Mateo 28:19 «Por tanto, id, y haced discípulos a todas las naciones, bautizándolos en el nombre del Padre, y del Hijo, y del Espíritu Santo; enseñándoles que guarden todas las cosas que os he mandado».

La voluntad del Señor Jesús es que todas las personas crean en Él y entren al cielo. Sin embargo, para que crean, Dios nos ha mandado que seamos nosotros quienes les prediquemos. Ninguna persona podrá salvarse si nosotros no predicamos a Jesús, y tú y yo tenemos la gran responsabilidad de predicarles, y de enseñarles la Palabra de Dios. ¿Tú hablas de Jesús a tus compañeros de escuela? ¿Ellos saben que tú eres cristiano?

❓ Preguntas introductorias

1. ¿Cuándo fue la última vez que hablaste de Jesús a una persona?
2. ¿Qué sucede cuando tú hablas de Jesús?
3. ¿Qué es necesario para que alguien se convierta en un cristiano?

Historia bíblica (Juan 3:1-15)

Un hombre fue a visitar a Jesús de noche. Él se llamaba Nicodemo y era un fariseo, ¿por qué crees tú que Nicodemo fue a Jesús de noche? Cuando estuvo frente a Jesús, le dijo que él reconocía que Él había venido de Dios. Inmediatamente Jesús le dijo que era necesario que él *naciera de nuevo* para poder entrar al cielo, ¿sabes qué es eso de nacer de nuevo? Jesús le habló de algo que Nicodemo ignoraba, él pensaba —como muchos en este mundo— que necesitaba hacer ciertas obras para entrar al cielo, pero el mensaje de Jesús fue de arrepentimiento y de fe, ¿sabes que significa la palabra *arrepentimiento*? El arrepentimiento es reconocer nuestro pecado delante de Dios, pedirle perdón de todo corazón, y apartarnos del mal; también implica perdonar a los que nos han ofendido. Luego que hacemos esto, lo que sigue es ver con nuestros ojos espirituales el amor de Dios en Cristo Jesús, cuando Él murió en la cruz por nuestros pecados. Este pasaje habla de eso: «Y como Moisés levantó la serpiente en el desierto, así es necesario que el Hijo del Hombre sea levantado, para que todo aquel que en él cree, no se pierda, mas tenga vida eterna» (v. 14-15). Así que, lo único que se necesita hacer después del arrepentimiento es creer que Jesús es tu único y suficiente Salvador y hacer de Él el Señor de tu vida. ¡Entonces tú nacerás de nuevo!, ¿tú ya has nacido de nuevo? Si no, pide a tu maestro (a) que te guie a Jesús para nacer de nuevo y tú serás una nueva creatura en Jesús.

Ilustración

George Sweeting publicó en su libro *The No Guilt Guide to Witnessing* [La guía para evangelizar sin penas] la historia de John Currier. John Currier fue declarado culpable de asesinato en 1949 y condenado a estar todo el resto de su vida en la cárcel. Sin embargo, más tarde se le concedió que trabajara gratuitamente en una granja cerca de Nashville, Tennessee. Pero aún él seguiría sin libertad.

Veinte años después, en 1968, las autoridades determinaron que John no necesitaba más castigo, y le enviaron una carta para que fuese puesto en libertad. La vida en la granja era muy dura, y John no tenía ninguna esperanza de salir de ahí, pues él pensaba que había sido condenado a estar toda su vida en esa condición; por tanto, la carta sería una maravillosa noticia para él. Sin embargo, la carta nunca llegó, y John continuó estando así por muchos años más. ¿Qué pensarías tú de los encargados de darle la carta a John? Nosotros hemos sido comisionados por Dios para dar estas Buenas Noticias: «Jesús ya murió por tus pecados en la cruz, no necesitas seguir esclavizado al pecado». Pero si no damos estas Buenas Noticias, los que no han nacido de nuevo, los pecadores, continuarán en su camino al infierno. ¿Quieres orar que Dios te ayude a cumplir la Gran Comisión?

❓ Preguntas sobre la clase

1. ¿Cuál es la Gran Comisión que Jesús nos dejó?
2. ¿Cuál es la voluntad del Señor según lo visto en la lección?
3. ¿Qué es necesario para que una persona crea en Jesús?
4. ¿Cómo se llamaba el hombre que fue a visitar a Jesús de noche? ¿Qué fue lo que Jesús le dijo?
5. ¿Qué significa *nacer de nuevo*?
6. ¿Qué se necesita para nacer de nuevo?
7. ¿Qué nos enseña la ilustración vista en clase?

Frases para memorizar

1. La Gran Comisión que Jesús nos dio a todos los cristianos es predicar a Jesús y enseñarles la Palabra de Dios.
2. La voluntad de Dios es que todos sean salvos, pero para que eso suceda es necesario que les hablemos del Señor.
3. *Nacer de nuevo* significa que una persona se convierte en un discípulo de Jesús, es decir, hace de Jesús su Salvador y el Señor de su vida.
4. Para nacer de nuevo o ser salvo se necesitan dos cosas: el arrepentimiento y la fe en Jesús.
5. Arrepentimiento significa reconocer el pecado que hemos cometido, pedir al Señor perdón de todo corazón y apartarnos del mal; también implica perdonar a los que nos han ofendido.

Otros pasajes de la Biblia sobre el tema para lectura y memorización

Mt. 28:18-20; Mc. 16:15; Jn. 20:21; Is. 6:8; Hch. 1:8; Lc. 24:46-47; Rom. 10:15; Jn. 4:35-38; Lc. 10:1-12; 2 Ti. 2:15; Rom. 1:16; Ap. 7:9; Hch. 22:21; Hch. 2:28; Lc. 12:9.

Otros recursos: visita la página Jesusfilm.org para obtener ayudas y recursos para predicar a Jesús y cumplir la gran comisión.

41

Principales tipos de oración

Memorizar

Marcos 11:24 «Por tanto, os digo que todo lo que pidieres orando, creed que lo recibiréis, y os vendrá».

La oración es el único instrumento que tenemos de Dios para comunicarnos con Él a través de Jesús. Todo cristiano ora y el orar es para él o ella como el respirar es al cuerpo humano. Necesitamos de Dios a cada momento, y de Él recibimos todo lo que somos y todo lo que tenemos. Dios nos da todas las cosas gratuitamente y lo único que requiere de nosotros es que pidamos con fe. El pecado es siempre un obstáculo para nuestras oraciones, por lo tanto, tenemos que vivir una vida de santidad; pero la vida de oración (junto con la Palabra de Dios), nos ayudan a vivir en esa Santidad. Hay tres tipos generales de oración que tú debes practicar constantemente.

❓ Preguntas introductorias

1. ¿Por qué crees que es importante orar por las mañanas antes de empezar tu día?
2. ¿Puedes darnos el testimonio de alguna oración que Dios ha contestado?
3. ¿Te gusta comunicarte con tu padre/madre terrenal? ¿En qué se parece esta comunicación a la oración?

Explicación

Tenemos mucho que aprender respecto al tema de la oración. Jesús enseñó a orar a sus discípulos en Mateo 6 y Lucas 11, y ahí está escrita la oración modelo. Esta incluye adoración y alabanza, y las siguientes peticiones: que se haga la voluntad de Dios, por la provisión física, que tengamos comunión los unos con los otros, por el perdón de nuestros pecados, y por protección de todo lo malo. Debemos orar con fe, en el nombre de Jesús y siempre dar gracias a Dios. Debemos orar por nosotros mismos y por los demás.

Existen tres tipos de oraciones: 1) La oración en grupo (con nuestros hermanos en Cristo); 2) la oración privada (la que elevamos a Dios diariamente); y 3) la oración sin cesar (la que constantemente hacemos en nuestro corazón y a veces con palabras, pero siempre se trata de oraciones cortas durante todo el día y a cada momento).

Tres historias como ejemplo (Hechos 4:23-31; Daniel 9:1-23; Nehemías 2:1-5)

1. La oración los discípulos perseguidos en Hechos 4:23-31 es un ejemplo de la oración en grupo. Ellos estaban siendo perseguidos por los judíos y los líderes religiosos, entonces pidieron al Señor que los ayudara. Dios respondió su oración enviando sobre ellos el Espíritu Santo.

2. Tenemos muchos ejemplos de la oración privada. Uno de ellos fue el caso de Daniel 9, en donde el profeta Daniel ora intercediendo por su pueblo, por Israel. La respuesta del Señor vino después de que Daniel estuvo orando por 21 días.

3. Tenemos un ejemplo de oración sin cesar en Nehemías 2:1-5. Nehemías había estado orando por la terrible situación de Jerusalén y sus muros. Y cuando el rey le dijo: «¿Qué cosa pides?», entonces él hizo una pequeñita oración a Dios. El cristiano siempre está orando a Dios, ya sea en su corazón, balbuceando, y aun con palabras. Estas son oraciones cortas y en todo tiempo (además de su oración privada a solas con Dios y de su oración en grupo).

Ilustración

En 1842, Charles Dickens, siendo ya un escritor famoso, asistió a una iglesia cristiana en la ciudad de Boston, Massachussets. Ahí, escuchó una apasionada oración en la que se pedía por la abolición de la esclavitud. Esta experiencia impactó tan profundamente a Dickens, que en ese mismo año comenzó a escribir y abogar más intensamente contra la esclavitud y las injusticias sociales.

La experiencia de Charles Dickens en Boston reforzó sus convicciones, y le hizo creer que la oración profunda e intensa delante de Dios cambia las cosas. Fue así que 23 años después, en 1865, la esclavitud fue abolida en los Estados Unidos. Dios contestó a la oración.

❓ Preguntas sobre la clase

1. ¿Con qué se puede comparar la oración cuando hablamos de la vida del cuerpo humano?
2. ¿Qué es lo que Dios pide que tengamos al orar?
3. ¿Por qué es muy importante vivir en santidad para recibir respuesta a nuestras oraciones?
4. ¿Cuáles son los tres tipos generales de oración?
5. ¿Cuáles son los temas que se incluyen en la oración modelo de Mateo 6 y Lucas 11?
6. ¿Cuál es la oración sin cesar (1 Ts. 5:11)? Da un ejemplo bíblico para cada tipo de oración.

Frases para memorizar

1. El orar es al cristiano como el respirar lo es para el cuerpo físico.
2. Dios nos da todo gratuitamente, y lo único que pide de nosotros es que tengamos fe.
3. El pecado es un obstáculo para nuestras oraciones, pero también la oración nos ayuda a vivir sin pecado.
4. Los tres tipos de oraciones que debemos practicar son estas: lo oración en grupo; la oración privada diaria; y la oración continua.
5. La oración de Jesús en Mateo 6 y Lucas 11 nos sirve como modelo para nuestras oraciones diarias.

Otros pasajes de la Biblia sobre el tema para lectura y memorización

Jn. 15:7; Mt. 6:6-7; Rom. 8:26; 1 Ts. 5:17; Stg. 5:16; Jer. 33:3; Lc. 11:9; Mt. 26:41; Ef. 6:18; Col. 4:2; 1 Ti. 2:1-4; Mt. 6:9-13; Jer. 29:12; Sal. 34:17; 1 Ti. 2:5; 1 P. 3:7.

42

Usa la IA responsablemente

Memorizar

Filipenses 4:8 «Por lo demás, hermanos, todo lo que es verdadero, todo lo digno, todo lo justo, todo lo puro, todo lo amable, todo lo honorable, si hay alguna virtud o algo que merece elogio, en esto meditad» [LBLA].

Seguro estas familiarizado (a) con la inteligencia artificial (IA). Este es un concepto que se ha popularizado en todo el mundo por sus grandes ventajas para realizar muchas tareas que antes hacíamos nosotros mismos. Pero te has puesto a pensar ¿cuáles son los peligros que existen al usar esta tecnología? El versículo de Colosenses nos ayuda a tener una brújula respecto a cómo debemos usar la IA. En esta clase aprenderás mucho sobre esto.

Preguntas introductorias

1. ¿Cómo crees que la IA está cambiando el mundo?
2. ¿De qué manera crees que podemos utilizar la IA a fin de que honremos a Dios con ella?
3. ¿Cómo podrías estar seguro de que al usar la IA no estás cooperando con el mal?

Historia bíblica (Job 4:7; 8:5-7; 11:13-19)

Hasta hace algunos años la gente googleaba para encontrar respuestas a sus preguntas, ahora acude al ChatGPT y a otras muchas páginas web de IA para preguntar cosas y buscar información. En primer lugar, estas herramientas no siempre van a decir la verdad, porque lo que hacen los sistemas de la IA es procesar vastas cantidades de información y mediante algoritmos, tomar decisiones; pero acuérdate que la información que se está analizando, la enorme mayoría, no esta generada por cristianos, sino por gente que no teme a Dios. En segundo lugar, la IA está rápidamente haciendo creer a muchos que el ser humano puede ser fácilmente sustituido, y esto hace ver al ser humano como algo inferior. Respecto a esto, la Biblia dice que el ser humano fue creado por Dios y fue creado para estar conectado con otros seres humanos, no con computadoras y máquinas que los remedan. Eso hace que el ser humano pierda dignidad (recuerdas, «todo lo digno»). Pero eso no es todo, con la AI se puede hacer mucha maldad, e inventar muchos males (Rom. 1:30). Lo que ves, aparenta ser real, pero no lo es, es mentira, y el diablo es el padre de mentira (Jn. 8:44).

Ten presente que el sistema del mundo siempre estará en contra de Dios (Stg. 4:4), por lo tanto, si por ejemplo tú pides al ChatGPT que te dé una opinión sobre un tema moral notarás que la tendencia es a estar en contra de los conceptos cristianos; si le pides que te dé el nombre de una persona que es caritativa, te dará el nombre de un musulmán antes que el de un cristiano, etc. La IA también podría usarse para crear contenido inapropiado, para manipular información e incluso para controlar a otros e invadir su privacidad. También el uso excesivo de la IA puede llevar a que la gente pierda sus empleos y a crear injusticia social. Por otro lado, la IA puede usarse responsablemente, y ser útil para predicar el evangelio y para la enseñanza de la Palabra de Dios. También se puede usar para el diseño gráfico, los negocios, el análisis de información, etc., pero siempre debe usarse responsablemente y con honestidad, tomando en cuenta el bienestar del prójimo.

En los pasajes de Job que leíste, los amigos de Job pensaban que estaban haciendo algo bueno al juzgar a Job, pero su concepto era falso. Así tú también puedes pensar que estás haciendo lo correcto cuando no es así, por eso siempre debes meditar si lo que estás haciendo realmente es algo que agrada a Dios o no, y preguntar a tus padres (si son cristianos) y a tus maestros en la iglesia.

Ejercicio

En este ejercicio tú y tus compañeros discutan sobre las respuestas a estas preguntas.

1. ¿De qué manera podías utilizar la IA para ayudar a los demás para que busquen a Dios y lo honren?
2. ¿Cómo usarías la IA para hacer una tarea, p. ej., pero que, al mismo tiempo, estés usando tu mente para hacerla, a fin de que seas íntegro y no presentes como tuyo algo que no lo es?
3. ¿Cómo crees que la IA afectará a los empleos de la gente? ¿Cuáles tú piensas que ya no existirán?
4. ¿Confiarías en la AI para tomar decisiones? Si/no ¿por qué?
5. ¿Crees que la IA afecta nuestra privacidad y datos personales?
6. ¿Cómo imaginas que tendrá que ver la IA en las profecías de los últimos tiempos?

❓ Preguntas sobre la clase

1. ¿Cuáles son algunos de las desventajas vistas en clase del uso de la IA?
2. ¿De qué manera se puede utilizar la IA para el avance del evangelio?
3. ¿Por qué la IA tiene la tendencia a desacreditar el evangelio de Cristo?
4. ¿Se puede usar la IA para generar contenido inapropiado, por ejemplo, de impureza sexual?

Frases para memorizar

1. La IA puede hacerte pensar que las máquinas son mejor alternativa que los seres humanos y el contacto personal.
2. La IA puede usarse irresponsablemente y ser un instrumento para pecar y promover el pecado en el mundo.
3. La IA jamás debe usarse para tomar decisiones morales y espirituales.
4. La IA no está hecha por cristianos y es parte del sistema contaminado del mundo.
5. La IA ofrece muchas cosas buenas, pero debemos pensar en que su uso sea de bendición para los demás y para nosotros mismos, y que sea agradable a nuestro Dios.

Otros pasajes de la Biblia sobre el tema para lectura y memorización

1 Ts. 2:4; Rom. 12:1-2; Heb. 11:6; Rom. 8:8; Gal. 1:10; Mr. 13:5; Jn. 7:7; Jn. 9:5; Jn. 15:18-19; Prov. 14:12; Col. 2:8; Gn. 1:26; Stg. 3:15.

Parte V. Bases de Liderazgo

43

La discriminación racial

Memorizar

Hechos 17:26 «Y de una sangre ha hecho todo el linaje de los hombres, para que habiten sobre toda la faz de la tierra».

En la historia de la humanidad y aun en la historia de todas las religiones ha existido racismo. El racismo es la discriminación de una persona o grupo por causa de su raza; cuando cierta raza cree que es superior a otra. Sin embargo, esto es prohibido por Dios desde el principio. Es verdad que Dios eligió a Israel para que el mundo conociera de Él, pero no los eligió porque eran una raza superior, sino porque eran un pueblo insignificante y de esclavos (Dt. 7:7). Y en muchos pasajes Dios ordena a Israel a tratar a los extranjeros como a ellos mismos (p. ej. Lv. 19:33-34).

❓ Preguntas introductorias

1. ¿Piensas tú que otros que son diferentes a ti son iguales que tú?
2. ¿Las personas que son diferentes deberían juntarse con todos los demás? Si/no ¿Por qué?
3. ¿Piensas tú que cierta raza es más inteligente que otra?

Historia bíblica (2 Samuel 19:30-40)

Por causa de la maldad de los seres humanos, ellos han creado barreras para desunirnos. Ellos distinguen y etiquetan razas y dicen que ciertas razas son más fuertes que otras o más inteligentes o más educadas que otras; sin embargo, esto no es verdad. Quizá alguien te diga que los negritos, por ejemplo, son una raza maldita y que son los descendientes de Cam (el hijo de Noé), pero eso no es verdad. Todos los seres humanos somos iguales.

Durante el tiempo de Jesús los judíos creían que eran una raza superior porque Dios los había elegido para ser su instrumento, y por eso discriminaban a los que no eran judíos. Esta idea era tan fuerte que aún los apóstoles la tenían. Cuando Pedro estaba hospedado en casa de uno que se llamaba Simón (el curtidor), Dios le mostró una visión y le hizo entender que los que no eran judíos era iguales que los judíos. Le dijo también que fuera a casa de un romano y les predicara de Jesús tanto a él como a su familia. Pedro entonces obedeció al Señor y ellos recibieron el Espíritu Santo de la misma manera que los judíos. Desde entonces Pedro y todos los demás que habían creído en Jesús entendieron que Dios no discrimina a nadie y no quiere que nosotros discriminemos a nadie tampoco.

Ilustración

El devocional Our Daily Bread publicó algo que Mahatma Gandhi —el hombre que ayudó a la independencia de la India de Inglaterra—, escribió en su autobiografía. Él escribió que cuando era un estudiante leyó los Evangelios y consideraba seriamente en convertirse al cristianismo. A él le pareció que las enseñanzas de Jesús resolvían la división que existe en su país debido a la discriminación (porque en la India existe un terrible problema de discriminación debido a la religión que ellos profesan).

Así fue que Gandhi fue el domingo a una iglesia cristiana que estaba cerca de donde él vivía, y cuando quiso entrar, el ujier no quiso darle un asiento dentro del lugar de reunión, sino que le dijo que fuera a adorar con su propia gente. Gandhi se sintió entonces muy ofendido y dijo: «Si los cristianos también discriminan a los demás, ¿por qué habría de hacerme cristiano?». Desde entonces Gandhi abandonó la idea de convertirse en cristiano.

Preguntas sobre la clase

1. ¿Cuáles son los problemas que crea la discriminación?
2. ¿Por qué crees tú que los judíos eran racistas, aunque Dios les había dicho que no lo fueran?
3. ¿Cuál era la idea que Pedro tenía de los que no eran judíos?
4. ¿Qué fue lo que Dios le hizo entender a Pedro?
5. ¿Por qué Mahatma Gandhi quería hacerse cristiano?
6. ¿Qué fue lo que desanimó a Mahatma Gandhi a hacerse cristiano?

Frases para memorizar

1. Jamás debemos considerar que nuestra raza (o color de piel) es «mejor» que otra.
2. La discriminación entre las personas nos divide y eso es un pecado delante de Dios.
3. La Biblia es el libro de Dios, y Dios nos enseña desde el principio a amarnos unos a otros y a tratar a los demás como a nosotros mismos sin considerar su país de origen o su lenguaje o su color de piel.
4. En el cielo habrá personas de todas las naciones, de todos los lenguajes, de todas las razas y de todos los colores de piel.
5. Dios no hace acepción de personas y nos ordena a ser así también. Los cristianos debemos imitar a Jesús en todo.

Otros pasajes de la Biblia sobre el tema para lectura y memorización

Gál. 3:28; Hch. 17:26; Jn. 7:24; Rom. 2:11; Hch. 10:34-35; Jn. 13:34; Rom. 10:12; Ap. 7:9; Stg. 2:9; Hch. 10:34; Gn. 1:26-27; 1 Sam. 16:7; Col. 3:11.

44
El gran valor del trabajo

Memorizar

Eclesiastés 2:24 «No hay cosa mejor para el hombre sino que coma y beba, y que su alma se alegre en su trabajo. También he visto que esto es de la mano de Dios».

Cuando Dios puso al hombre en el jardín del Edén no lo puso ahí para que estuviese sin hacer nada, Él le dio trabajo. El trabajo de Adán era físico e intelectual. El trabajo físico de Adán era labrar el huerto y el trabajo intelectual era poner nombre a los animales. Génesis 2:15 dice: «Tomó, pues, Jehová Dios al hombre, y lo puso en el huerto de Edén, para que lo labrara y lo guardase», y Génesis 2:19 dice: «Jehová Dios formó, pues, de la tierra toda bestia del campo, y toda ave de los cielos, y las trajo a Adán para que viese cómo las había de llamar; y todo lo que Adán llamó a los animales vivientes, ese es su nombre». Para que Adán pudiese poner un nombre apropiado a cada animal, él tendría que observarlos y pensar. Así que, el trabajo es una de las bendiciones que Dios dio al ser humano. Dios desea que trabajemos en algo bueno y seamos útiles.

❓ Preguntas introductorias

1. ¿Cómo te sientes después de haber hecho un trabajo bien hecho?
2. Siendo totalmente sincero, ¿te gusta trabajar? ¿Sabías que el trabajo es algo muy bueno para ti?
3. ¿Cuáles son los trabajos que tus padres te mandan hacer?

Historia bíblica (Hechos 18:1-3)

En la Biblia tenemos muchos casos de personas que fueron muy trabajadoras. Ellas supieron entender que el trabajo es una bendición de Dios que podemos disfrutar cada día; además el trabajo es una responsabilidad. Todos debemos trabajar de alguna manera, desde los más pequeñitos hasta los más grandes. Las personas que trabajan son sanas y fuertes, y ganan más bendición de Dios.

El apóstol Pablo era un hombre extremadamente trabajador. Él, además de trabajar en la predicación y en la enseñanza de la Palabra de Dios, también se dedicaba a su oficio: hacía tiendas o capas ¿sabes que es eso? En los tiempos del apóstol Pablo muchas personas vivía en carpas y él sabía cómo fabricarlas. Él trabajaba con sus manos. De esta manera fue como él conoció a Priscila y Aquila, una pareja de cristianos que se unieron a él, pues eran del mismo oficio. Aunque Pablo no siempre trabajó en su oficio y en la predicación al mismo tiempo, él quería demostrar a todos que los cristianos debemos trabajar duro y ganar nuestro propio pan, y también compartir con los que tienen necesidad.

Ilustración

En 2009 el atleta jamaiquino Usain Bolt se convirtió en el hombre más rápido del mundo. Él corrió la carrera de los 100 metros en 9.58 segundos y hasta hoy (2024), Bolt es el hombre más rápido. Aunque la carrera que él corrió duró menos de diez segundos, no fue sino el resultado de muchas horas de trabajo duro:

de entrenamiento, de una dieta especial, y de disciplina constante en todos los aspectos. Si tú quieres ser una persona importante algún día debes aprender que el trabajo duro y constante es la característica de todos los que alcanzan el éxito en cualquier área. Así también, en la vida cristiana, debemos trabajar con dedicación en todo aquello a lo que Dios nos llame. Pero recuerda, también debes descansar un día por semana.

❓ Preguntas sobre la clase

1. ¿Cuál era el trabajo que Dios dio a Adán cuando estaba en el huerto del Edén?
2. ¿El trabajo que Dios dio a Adán era tanto físico como _____?
3. ¿Por qué podemos decir que el apóstol Pablo era muy trabajador?
4. ¿Cuáles eran los trabajos que hacía el apóstol Pablo? ¿Por qué el apóstol Pablo trabajaba? ¿Para qué nos sirve trabajar?
5. ¿Cómo es que Usain Bolt se convirtió en el hombre más rápido del mundo?
6. ¿Cómo se debe trabajar para tener éxito en la vida?

Frases para memorizar

1. El trabajo honesto y útil es una bendición dada por Dios desde el principio.
2. Dios quiere que trabajemos para sentirnos útiles y satisfechos con nuestra vida.
3. Cuando trabajamos recibimos recompensa, y si aprendemos a trabajar un día tendremos suficiente para nosotros mismos y para ayudar a otros.
4. Una de las características de una persona exitosa (como el apóstol Pablo) es el trabajo duro y constante.

Otros pasajes de la Biblia sobre el tema para lectura y memorización

1 Cor. 4:12; Jn. 17:4; 1 Ti. 5:8; 1 Ts. 4:11; Gn. 3:19; 2 Ts. 3:7-9; Fil. 2:5-8; Jn. 5:17; Ef. 6:5; Hch. 18.1-3; Gn. 2:15; 1 Ti. 5:17; Jn. 9:4.

Dar para Dios

Memorizar

Hechos 20:35 «En todo os he enseñado que, trabajando así, se debe ayudar a los necesitados, y recordar las palabras del Señor Jesús, que dijo: Más bienaventurado es dar que recibir».

En el versículo que has memorizado está hablando el apóstol Pablo. Él repite unas palabras que dijo el Señor Jesús que no están en los evangelios, pero que era importante que el mundo las supiera, por eso fueron escritas en el libro de los Hechos. En estas, Jesús dice algo que todos debemos recordar: que cuando trabajamos y ganamos dinero, no es solo para disfrutarlo nosotros solos, sino que parte de él debemos darlo a Dios. Los cristianos damos básicamente para dos causas: para sostener la predicación del evangelio (mayormente para la iglesia local) y para los necesitados. Cuando hacemos esto, el dinero que damos lo estamos dando a Dios mismo.

❓ Preguntas introductorias

1. ¿Qué sería lo que harías si de pronto recibieras mucho dinero?
2. ¿Qué es lo que siempre has querido comprar pero que no tienes dinero o tus padres no han tenido el dinero para comprártelo?
3. ¿Piensas que eres rico o pobre? ¿Piensas que hay otros más pobres que tú? ¿Les has ayudado alguna vez?

Historia bíblica (Marcos 12:41-44)

Jesús fue al templo y observó a los que daban ofrendas. El Señor no se impresionó por lo que daban los ricos, pues estos, aunque daban grandes cantidades, realmente daban lo que les sobraba. Pero además de ellos, él vio a una viuda pobre que echó un poco de dinero en el cofre de la ofrenda. Las viudas en los tiempos de la Biblia eran casi siempre muy pobres, porque eran los hombres los que trabajaban y ella, si no tenía hijos que la sostuvieran, tenía que vivir de la caridad.

Lo que esta viuda pobre dio fue tan poco, que tan solo representa unos centavos si lo traducimos al dinero de hoy, y era posible comprar tan solo un poco de pan con esto. Jesús dijo que esta mujer había dado todo lo que tenía para comer, es decir, dio con mucho sacrificio.

Cuando nosotros damos para sostener a los que nos predican la Palabra de Dios y para los pobres estamos obedeciendo lo que Dios nos ha dicho. En esta ocasión, la viuda pobre dio para el sostenimiento de la predicación del evangelio; y ella lo hizo para Dios, no para que los demás la vieran. Jesús dice que, si damos para recibir aprobación y alabanza de los demás, no recibiremos recompensa de Él.

Ilustración

Daniel Lioy refirió una historia muy interesante en relación con el dar en su International Biblia Lesson Commentary 2008-2009. Él dice que el Marquis de Lafayette, un francés que ayudó al ejército de George Washington, regresó, luego de ayudar a George, a Francia y volvió a su trabajo como agricultor. En 1783 fue un año terrible para casi todos los agricultores de su país, pero con los campos de Lafayette sucedió todo lo contrario: produjeron abundantemente. Entonces uno de los trabajadores le dijo a Lafayette: «Pues bien, este es el tiempo de vender»; pero Lafayette le contestó: «No, mi amigo, este es el tiempo de dar».

Esta historia nos enseña que siempre debemos considerar a otros que han sido menos favorecidos que nosotros. Dios nos ha puesto para ayudar a otras personas que son más pobres; siempre habrá alguien más pobre que tú, y Dios quiere que utilices los recursos que Él te ha dado para ayudarle. Jamás hables mal de aquellos que tienen menos que tú.

❓ Preguntas sobre la clase

1. ¿Está Dios observando lo que das para Él? Si/no, ¿por qué crees que es importante para Dios lo que damos?
2. ¿Por qué Jesús habló bien de la viuda pobre que dio para el sostenimiento de la predicación del evangelio?
3. ¿Por qué lo que dio la viuda era realmente mucho para ella?
4. ¿Cuáles son las dos cosas para las que Dios quiere que demos constantemente?
5. ¿Cómo es que pensaba Lafayette después de lo que sucedió a los agricultores de su país en 1783 mientras que a él le fue muy bien ese mismo año?
6. ¿Qué es lo que nos enseña esta historia?

Frases para memorizar

1. Dios nos ordena en su palabra que demos dinero para sostener a los que predican su Palabra y que ayudemos con nuestros bienes y dinero a los pobres.
2. Quizá tú pertenezcas a una familia pobre, pero siempre habrá alguien más pobre que tú. Considera esto cuando recibas algo de dinero o si recibes muchos regalos.
3. Dios no ve la cantidad que damos, sino si lo hacemos de todo corazón y si es con sacrificio, Dios no quiere que le des lo que le sobra.
4. Nunca hables mal de los que son más pobres que tú, porque tú no sabes lo suficiente de sus vidas, Dios nos ordena a darles no a juzgarles.
5. Cuando des debes hacerlo para Dios y no para que la gente vea que tú das.

Otros pasajes de la Biblia sobre el tema para lectura y memorización

2 Cor. 9:7; Lc. 6:38; Hch. 20:35; Prov. 19:17; Mt. 6:1-4; 1 Ti. 5:8; 1 Ti. 6:10; Dt. 25:4; 1 Cor. 9:9; 1 Ti. 5:18; 1 Cor. 9:13; Lc. 10:7; Prov. 19:17.

46

Ahorrar dinero

Memorizar

Proverbios 21:20 «Tesoro precioso y aceite hay en la casa del sabio; Mas el hombre insensato todo lo disipa».

Disipar: despilfarrar, desperdiciar, malgastar.

Dios nos ha puesto a cada uno de nosotros como administradores. Seguro tú recibirás en tus manos alguna cantidad de dinero en tu vida, puede ser mucha o poca en comparación de otros, pero sea cuanto sea, Dios quiere que tú seas un buen administrador. Un buen administrador sabe establecer un equilibrio entre dar, gastar y ahorrar. Como principio general, Dios quiere que tengas lo suficiente para tus propias necesidades, y que compartas con otros también. Sin embargo, todo buen administrador sabe que es necesario ser cuidadoso en lo que gasta y ahorrar para que no tenga luego que pedir prestado.

❓ Preguntas introductorias

1. ¿Sabes que es una deuda? ¿Por qué Dios quiere que no pidas prestado?
2. ¿Cuánto debes ahorrar? ¿Tienes idea? Expresa lo que piensas.
3. ¿Cómo te sientes cuando tienes algún dinero en tu poder? ¿Sientes que eres dueño de eso o sientes que eres un administrador de Dios?

Historia bíblica (Juan 6:1-12)

En el pasaje de Juan podemos leer la historia de la alimentación de los cinco mil hombres (sin contar las mujeres y los niños), por lo que eran quizá ocho mil o más personas. Es una gran cantidad de personas, ¿no te parece? Vemos ahí una necesidad que el Señor Jesús mencionó, ¿cuál fue esa necesidad? ¡Sí! ¡Correcto! Ellos necesitaban comer, porque tenían hambre. Tú debes aprender a identificar aquello que realmente es necesario. Jesús dijo que lo que más necesario es: 1) Abrigo (tener un lugar donde vivir, y ropa para vestir); 2) Agua limpia para beber; y 3) Alimento [Mateo 6:31-33]. Además, hay otras necesidades que sin ellas nadie podría vivir, ¿puedes mencionar algunas otras? Luego, vemos que Jesús tuvo compasión de la gente; también tú debes tener compasión de las personas que tienen necesidad y ayudarles. Finalmente, cuando les ayudó (haciendo el milagro de multiplicar los cinco panes y los dos peces que un muchacho como tú donó), él ordenó a los discípulos que recogieran lo que había sobrado, y que nada se debía desperdiciar. Dios no quiere que desperdiciemos o malgastemos lo que Él los da, y uno de los principios importantes de la administración es ahorrar. Cuando tú ahorras, luego podrás comprar de contado y no tendrás necesidad de pedir prestado.

Ilustración

Había una hormiguita y una cigarra que eran vecinas. Era verano y la hormiguita se dedicaba a trabajar y a trabajar cada día, mientras que la cigarra se dedicaba a disfrutar de la vida, a jugar y a comer, a cantar y a malgastar el tiempo. Un día, la cigarra quiso burlarse de la cigarra y le dijo: «¿Qué es lo que tanto haces cada día? ¿Por qué trabajas y trabajas? Mírame a mí, yo disfruto de la vida, malgasto el tiempo en lo que quiero. ¡Eres una tontuela! —dijo la cigarra. «Yo trabajo ahora porque viene el invierno» —dijo la hormiguita—, y en el invierno yo y mi familia tendremos suficiente comida y estaremos seguras.

El tiempo pasó, y llegó el invierno. Entonces la hormiguita se metió en su casa y cerró la puerta. Entonces la cigarra, puesto que no había ahorrado nada, vino a tocar la puerta de la hormiguita y le pidió que le diera algo de comer. «Dame algo de comer» —dijo la cigarra—, aunque sea prestado, te lo pagaré cuando pueda trabajar. Si tú fueras la hormiguita, ¿qué harías?

Jesús dijo: «*Me es necesario hacer las obras del que me envió, entre tanto que el día dura; la noche viene, cuando nadie puede trabajar*» (Juan 9:4). Lo que nos enseña esta historia es que, así como la hormiguita trabajaba y ahorraba para estar preparada para los tiempos difíciles y para no tener que pedir prestado, así debes ser tú. La cigarra tuvo que venir a tocar la puerta de la hormiguita para pedir.

❓ Preguntas sobre la clase

1. ¿Qué tres características tiene un buen administrador? ¿Para qué el buen administrador ahorra?
2. ¿Cuáles son las necesidades que Jesús identifica en Mateo 6:31-33?
3. ¿Qué fue lo que hizo Jesús cuando vio la necesidad de la gente?
4. ¿Qué fue lo que ordenó Jesús después de que la gente comió?
5. ¿Qué era lo que hacía la hormiguita de la ilustración? ¿Qué hacía la cigarra?
6. ¿Qué fue lo que sucedió cuando llegó el invierno?

Frases para memorizar

1. Dios es el dueño de todo lo que tienes y de lo que tendrás, y tú tan solo eres un administrador.
2. Un buen administrador mantiene un balance entre dar, gastar y ahorrar.
3. La razón por la que el buen administrador ahorra es para no tener que pedir prestado en el futuro y tener siempre lo suficiente.
4. Dios quiere que tengas en todas las cosas lo suficiente y abundes para dar a otros de lo que Él te ha dado.
5. Cuando tengas una familia, debes distinguir lo que es una necesidad de lo que **no** es una necesidad. Debes proveer para las necesidades de tu familia.

Otros pasajes de la Biblia sobre el tema para lectura y memorización

Prov. 21.20; Prov. 13:11; Prov. 10:4-5; Prov. 13:22; Prov. 13:5; 1 Ti. 5:8; Prov. 6:6-8; Lc. 14:28; 1 Ti. 6:10; Rom. 13:8; Mt. 25:14-30; 2 Cor. 9:6; Hch. 20:35.

47

Gastar dinero

Memorizar

Mateo 6:19 «No os hagáis tesoros en la tierra, donde la polilla y el orín corrompen, y donde ladrones minan y hurtan».

Las cosas más importantes y valiosas de la vida no se pueden comprar con dinero. La salvación de Dios en Cristo Jesús es gratuita, el fruto del Espíritu, el bautismo en el Espíritu y todos los dones o regalos del Espíritu de Dios no se pueden comprar. Después vienen las bendiciones de la salud y de la familia, todo eso no se puede comprar con dinero. Debemos siempre ver el dinero como un simple instrumento para honrar a Dios; para mantener la vida humana (nuestra y la de nuestra familia), y como un instrumento para ayudar a los necesitados y para sostener nuestro ministerio. Tener dinero o comprar cosas no satisface, solo Dios trae satisfacción verdadera. Así que, jamás debemos trabajar por dinero o por lo material, sino siempre hacerlo todo como para el Señor (lee Jn. 6:27, Col. 3:23). Dios quiere que dependamos de Él y no de nuestras riquezas; por eso, aunque debemos ahorrar con propósito y para no tener deudas, no debemos ahorrar con el propósito de depender de lo que hemos ahorrado, porque eso no le gustará a Dios.

❓ Preguntas introductorias

1. ¿Cómo te sientes si alguien roba algo tuyo?
2. ¿Sientes que tienes suficiente ropa, juguetes, dispositivos, etc.?
3. ¿Si alguien te pide que le des cuentas de lo que has gastado te enojas? Si/no ¿Por qué?
4. ¿Te gusta comparar lo que tú tienes con lo que otro tiene?

Historia bíblica (Éxodo 16:1-36)

La manera como usas el dinero y lo que piensas de él determina si eres una persona codiciosa o no. Si te enojas cuando alguien toma un poco de lo tuyo; cuando no quieres compartir con los demás; cuando sientes que no tienes suficiente; cuando te enojas cuando tu papá o mamá te piden cuentas de lo que has gastado; o si comparas lo que tú tienes con lo que otros tienen, todas estas cosas son señales de que no estas gastando bien el dinero y que lo amas más que a Dios. Dios quiere que gastes, pero Él quiere ser el que te diga en qué gastarlo, pues Él es el Señor de tu vida. El principio que debes aprender es que Dios quiere que dependas de Él y no de lo material (aunque haya sido Él quien te lo haya dado).

El pueblo de Israel tuvo hambre en el desierto, pero en lugar de dar gracias a Dios por lo que habían recibido de Él, ellos se quejaron. Con todo, Dios les tuvo paciencia y les envió alimento del cielo. Este alimento se llamó *maná*. Pero les dio instrucciones. Les dijo que tomaran maná para solo un día, y que no lo acumularan. La única excepción era el día anterior al día del Señor, el día de reposo. Ese día ellos deberían recoger lo doble.

Esto nos enseña que nosotros debemos depender del Señor y usar lo que Él nos da como Él quiere y no como nosotros queramos, pues todo es de Él. Así, sucedió que los israelitas que tomaron más de lo debido de maná, el excedente se hizo gusanos; y los que no ahorraron cuando debían ahorrar, luego salieron a buscar qué comer, y no había nada.

Ilustración

El periódico The New York Times publicó el 10 de abril de 2016 un artículo que habla de la familia Wendels. Los Wendels fueron quizá las familias más poderosas en la ciudad de Nueva York a principios del siglo XX, sus 150 propiedades pueden valer hoy más de 1 billón de dólares. John Wendels, el hermano mayor de la familia, pudo influenciar de tal manera a sus seis hermanas para que estas no se casaran. Ellos vivían juntos en una de sus propiedades, sin electricidad. Vestían la misma ropa todos los días (una ropa pasada de moda hacía 50 años). Ellos, aunque eran los más ricos de New York, vivían como si fueran unos miserables. Cuando la última de las hermanas murió en 1931, ella había vestido el mismo vestido por 25 años, un vestido que ella misma había hecho. Los Wendels es un triste ejemplo de aquellos que no gastan el dinero como deben gastarlo y viven sin confiar en Jesús; antes bien, confían en sus riquezas.

❓ Preguntas sobre la clase

1. ¿Cuáles son las cosas más valiosas en la vida?
2. ¿Cómo debemos ver el dinero?
3. ¿Quién es el Único que da satisfacción verdadera al ser humano?
4. ¿Cuáles son algunas de las señales de que alguien es codicioso o que ama el dinero?
5. ¿Qué nos enseña la historia bíblica de Éxodo 16?
6. ¿Qué nos enseña la ilustración de esta lección?

Frases para memorizar

1. Las cosas más valiosas de la vida no se compran con dinero y solamente Dios las puede dar.
2. Dios quiere que dependamos cada día de Él y no de lo que tengamos acumulado.
3. Debemos de gastar el dinero en lo que necesitamos y disfrutar de él, pero siempre acordarnos de compartir con los necesitados y sostener la obra de Dios; estas dos últimas cosas son más importantes que gastar en nosotros mismos.
4. Jamás debemos trabajar solo por dinero sino para agradar a Dios.

Otros pasajes de la Biblia sobre el tema para lectura y memorización

Prov. 22:7; 1 Ti. 6:10; Heb. 13:5; Prov. 13:22; Dt. 8:18; Prov. 13:11; Lc. 12:15; 1 Ti. 6:17; Prov. 3:9; Mt. 6:33; Mt. 6:19-21; Ecl. 5:10.

48

Busca servir, no ser servido

Memorizar

Gálatas 5:13 «sino servíos por amor los unos a los otros».

Cristo dijo que Él vino, no para ser servido sino para servir. La mayoría de las personas piensan que ser servidos es mejor que servir, y no son felices si tienen la necesidad de servir a los demás. Cuando tú eres cristiano estos conceptos deben ser eliminados de tu pensamiento, pues como Cristo, todos nosotros estamos en esta tierra para servirnos unos a otros, y servimos con alegría.

❓ Preguntas introductorias

1. ¿Qué te gusta más que te sirvan a ti o servir a otros?
2. ¿Cómo te sientes cuando sirves a otros?
3. ¿Qué piensas del Señor Jesús, quien siendo Rey vino a servirnos? ¿En qué es diferente este Rey con los reyes del mundo?

Historia bíblica (Génesis 24:1-27)

Dios nos hizo nacer en esta tierra con un propósito de servicio. Dios quiere que sirvamos a los demás; y si servimos, entonces seremos felices al sentirnos útiles. No debemos buscar que nos sirvan sino servir, pues cuando servimos, entonces estaremos obedeciendo al Señor y Él nos bendecirá con gozo y paz. En el mundo se enseña que busques que los demás te sirvan a ti, y que tú seas el rey o la reina, pero esa es una idea del diablo, quien desea que los seres humanos se traten mal unos a los otros. También el mundo tiene la idea de que debes servir solo por dinero; pero Dios dice que sirvamos por amor, sin buscar nada a cambio. Todo aquel que sirve por amor, Dios le dará aún más de lo que podría haber ganado al servir por dinero. Las personas que sirven por amor a otros son las mejores personas.

Esta era la señal que buscaba el siervo de Abraham cuando fue a buscar una esposa para Isaac, el hijo de Abraham. Cuando Rebeca estuvo dispuesta a servir al siervo de Abraham e hizo aún más de lo que él le pidió, él entendió que esta era la mujer que Dios quería para Isaac. Además, era una mujer que nunca había dormido con ningún hombre y nunca durmió con ninguno luego de que se casó, sino con su esposo (Isaac). Esa era la mejor mujer, una mujer que tenía una buena conducta y servía por amor. Tú también debes tener la meta, cuando más tarde busques esposo o esposa, debes buscar que sea una persona así.

Ilustración

Dr. R. B Ouellette, pastor de la First Baptist Church of Bridgeport, MI., contó la historia de Billy Bray. Billy Bray fue un minero que aceptó a Jesucristo como su Salvador y Señor cuando tenía 29 años. Él, antes de ser salvo, había vivido una vida de alcoholismo e inmoralidad. Mas cuando fue salvo, fue testigo de Cristo y hablaba a muchos del Señor.

En una ocasión, mientras estaba cultivando unas papas en su jardín, sintió al diablo que le dijo: «Billy, Dios no te ama. Si te amara, no te daría estas papitas tan pequeñas». Pero Billy estaba lleno de Dios y le contestó al diablo: «Diablo mentiroso, me dediqué a servirte por muchos años, y tú no me diste ni una sola papa. Yo te serví con todas mis fuerzas y tú no me diste absolutamente nada por todos mis esfuerzos». Con esto, Billy recordó que la carga de servir al Señor (servir al prójimo) es mucho más ligera que la carga de servir al diablo (a los placeres del mundo). Es cierto lo que Jesús dijo: «Porque mi yugo es fácil, y ligera mi carga» (Mt. 11:30).

❓ Preguntas sobre la clase

1. ¿Para qué estamos en esta tierra según la introducción de esta lección?
2. ¿Cuál fue el ejemplo de Jesús en cuanto al servicio?
3. ¿Qué sucede en nosotros cuando servimos a los demás?
4. ¿Qué se enseña en el mundo respecto al servicio y por qué ese concepto es contrario a la Palabra de Dios?
5. ¿Cuál es el motivo por el que debemos servir? ¿Cuál es la actitud que debemos tener al servir?
6. ¿Cuál fue la señal que buscaba el siervo de Abraham al buscar esposa para Isaac?
7. ¿Qué le contestó Billy Bray al diablo (de acuerdo a la ilustración)?

Frases para memorizar

1. Cristo vino para servir y no para ser servido, así nosotros.
2. Servir a los demás es algo que produce gozo y satisfacción en la vida, pues cumplimos nuestro propósito aquí.
3. No debemos servir solo por dinero, ni por algún interés personal, sino por amor.
4. Cuando sirvamos, debemos hacerlo con alegría.
5. Las personas que sirven y hacen más aún de lo que se les pide siempre son las mejores, tú debes ser así y asociarte con los que son así.
6. Tu meta debe ser un día casarte con una persona que le guste servir, y lo haga por amor y con alegría.

Otros pasajes de la Biblia sobre el tema para lectura y memorización

1 P. 4:10; Hch. 20:35; Gál. 5:13-14; Mt. 20:28; Lc. 6:38; Jn. 13:12-14; Mc. 9:35; Mt. 23:11; Mc. 10:44-45; Mt. 25:35-40; Mc. 10:45; Heb. 6:10; Ef. 2:10; Col. 3:23-24.

Mantén tus promesas

Memorizar

Salmo 15:1,4 «Jehová, ¿quién habitará en tu tabernáculo? ¿Quién morará en tu monte santo? ... El que aun jurando en daño suyo, no por eso cambia».

Estos dos versículos que has memorizado hablan de una persona que está cerca de Dios. Estar cerca de Dios es el lugar más privilegiado y de mayor bendición que puedes tener en esta vida y en la eternidad. David, profeta de Dios, dice que una persona que está cerca de Dios siempre cumplirá sus promesas.

Un juramento es una promesa solemne en nombre de algo considerado valioso (p. ej. el cielo, o mi madre, etc.). En el Antiguo Testamento, se permitía jurar porque aún no había venido Cristo al mundo; pero cuando vino, Él lo prohibió (lee Mt. 5:33-37), por eso no debemos jurar nunca, y las promesas que hagamos deben ser firmes. Este pasaje de Salmos, dice que incluso si después de hacer una promesa tú ves que lo que has prometido no te convenía realmente, no por ello dejarás de cumplir tu promesa. Por eso debes tener mucho cuidado al prometer cosas a Dios y a los demás. Sin embargo, hacer promesas es también muy necesario en la vida; todo buen cristiano hace promesas cuando es necesario.

❓ Preguntas introductorias

1. ¿Cuándo es necesario hacer una promesa? ¿Por qué crees que es tan importante cumplir tus promesas?
2. ¿Qué piensas de una persona que promete y no cumple?
3. ¿Qué si hiciste una promesa de hacer mal? ¿Debes de cumplirla?

Historia bíblica (Josué 9:1-27)

Si acaso alguna vez (espero que eso nunca suceda) haces una promesa de hacer algún mal a alguien deberás de inmediato arrepentirte delante de Dios y pedir perdón a la persona que hubiste prometido tal cosa. Las promesas que debes de cumplir son las promesas de bien. El cristiano siempre hace promesas de bien para todos, pero también las cumple. Eso es algo muy importante en una persona, pues habla de una persona confiable y veraz.

Dios dio al pueblo de Israel la tierra prometida, ¿recuerdas? Pero ellos tenían que pelear y conquistarla. Iban ganando terreno y sus batallas eran batallas de Dios, las únicas batallas santas. Pero los ciudadanos de Gabaón fueron muy astutos. Ellos sabían que Dios había mandado que mataran a todos, por tanto, ellos fueron con Josué y fingieron que eran de un país muy lejano e hicieron que él y el pueblo les prometieran que no les harían daño. Luego, los israelitas se dieron cuenta de que eran sus vecinos, una ciudad en donde tenían que matar a sus habitantes. Sin embargo, por causa de la promesa que habían hecho no los pudieron matar. Todo eso sucedió porque ni Josué ni los israelitas consultaron a Dios respecto a este asunto. Debes siempre preguntar a Dios antes de hacer alguna promesa.

Ilustración

Dos hermanos tenían unos huevos que se iban a hervir y comer. El hermano mayor hizo una propuesta y una promesa a su hermano menor. Él dijo: «Hermanito, si me dejas que estrelle estos tres huevos en tu cabeza te daré un dólar». «Es una promesa» —dijo el menor—. «Sí, te lo prometo» —dijo el mayor.

El hermano menor estuvo de acuerdo. Entonces el otro tomó un huevo y lo estrelló en la cabeza de su hermano, y luego el segundo. Y ahí se detuvo. Toda la cabeza y la ropa del hermano menor estaban salpicadas por los dos primeros huevos, y el hermano menor estaba en espera del tercero. Finalmente, el hermano menor, haciendo gestos, preguntó: «¿Y el tercero? ¿Cuándo me vas a estrellar el tercero?» «Nunca» —dijo el otro hermano— «el tercero me costaría un dólar».

Preguntas sobre la clase

1. ¿Cuál es el mejor lugar que puedes tener en esta vida y en la eternidad?
2. ¿Qué dice David que es necesario para estar en ese lugar?
3. ¿Cuál es la diferencia entre una promesa y un juramento?
4. ¿A los cristianos se les permite jurar? Si/no ¿por qué?
5. ¿Qué clase de promesas nunca debes hacer? ¿Qué debes hacer si alguna vez las haces?
6. ¿Es importante hacer promesas? ¿Por qué es tan importante cumplirlas?
7. ¿Por qué Josué y los israelitas se equivocaron al hacer una promesa a los de Gabaón?

Frases para memorizar

1. Una persona que está cerca de Dios siempre cumplirá sus promesas.
2. A los cristianos se les ha prohibido jurar porque los cristianos siempre dicen la verdad.
3. Debes tener mucho cuidado al hacer una promesa y preguntarle a Dios antes de hacerla.
4. Una persona importante tiene que hacer muchas promesas, pero siempre las cumple.
5. Solo debes hacer promesas de bien; y no aprovecharte de los que son más pequeños que tú.

Otros pasajes de la Biblia sobre el tema para lectura y memorización

Núm. 30:2; Sal. 89:34; Eccl. 5:4-5; Mt. 5:37; Núm. 23:19; Stg. 5:12; 2 Cor. 1:19-20; Prov. 20:25; Stg. 1:5; Sal. 15:4; Prov. 11:3; Dt. 23:21-23; Prov. 25:14.

50
Obedece a tus autoridades

Memorizar

Romanos 13:1 «Sométase toda persona a las autoridades superiores; porque no hay autoridad sino de parte de Dios, y las que hay, por Dios han sido establecidas».

Es verdad que existen autoridades malas y corruptas; autoridades que son injustas y abusan de su autoridad; sin embargo, a los cristianos Dios nos ordena que nos sometamos a las autoridades en todo aquello que no es pecado. Tú y yo tenemos autoridades a las que tenemos que estar sujetos: nuestros padres, los maestros de la escuela, los policías, los pastores, los maestros escuela dominical, y otros. Es decir, en cuatro áreas principales: en la familia; en la escuela o trabajo; en el gobierno; y en la iglesia. Y Dios está encima de todos.

❓ Preguntas introductorias

1. ¿Por qué crees que es difícil para muchos obedecer a las autoridades?
2. ¿Qué es lo que sucede si desobedeces a las autoridades, por ejemplo, si cometes un delito?
3. ¿Cómo sería el mundo si no existieran autoridades? ¿Da tu opinión?

Historia bíblica (Mateo 8:5-13)

Las autoridades han sido puestas por Dios para protegernos del mal; es como una sombrilla de protección que tenemos si nos sometemos a ella. Pero si nos rebelamos, entonces la protección será quitada; y no solo la de esa autoridad, sino la protección de quien está *encima* de ella, es decir, Dios. Debemos someternos, pero no si esa autoridad nos ordena algo contrario a la ley de Dios.

Jesús fue a una ciudad que se llamaba Capernaum, ahí fue a Él un hombre cuyo siervo estaba enfermo; este se arrodilló a sus pies y le rogaba que lo sanara. El hombre era alguien importante, era el jefe de un grupo de cien soldados romanos (a este tipo de personas se les llamaba *centurión*). Entonces Jesús le dijo: «Yo iré y le sanaré». Pero el centurión le dijo: «Señor, no soy digno de que entres bajo mi techo; solamente di la palabra, y mi criado sanará. Porque también yo soy hombre bajo autoridad, y tengo bajo mis órdenes soldados; y digo a este: Ve, y va; y al otro: Ven, y viene». Cuando él dijo esto, Jesús alabó su fe, y le dijo: «Ve, y como creíste, te sea hecho».

Aquí el centurión estaba seguro de la autoridad espiritual de Jesús y se sometió totalmente a ella, entonces recibió el milagro de Jesús. Cada vez que nos sometemos a la autoridad divina, y a la autoridad delegada por Dios, estamos actuando con fe en Dios. La razón por la que el cristiano puede echar fuera demonios en el nombre de Jesús es porque Cristo ha dado esa autoridad a los creyentes (Mc. 16:17).

Ilustración

Max Lucado publicó en su libro *In the Eye of the Storm* lo siguiente: Un barco naval de la flota de los Estados Unidos navegaba en un tiempo de gran tormenta y muy poca visibilidad. Era de noche, y el vigía reportó: «Luz rumbo a estribor (el mar que está al lado derecho del barco). El capitán preguntó: «Se mueve o es inmóvil». «No se mueve, capitán». Entonces el capital ordenó al marinero: «mande a ese barco que se mueva, porque vamos rumbo a él». El marinero siguió las órdenes del capitán, y recibió esta contestación: «Será mejor que ustedes se muevan». Al recibir esa contestación, el capitán se enfureció, tomó el micrófono, y dijo: «Escuche, soy el capitán de un barco de la armada de los Estados Unidos, le ordeno que se mueva, de otra manera, las consecuencias serán desastrosas para ustedes». Entonces vino la respuesta: «Soy el vigía del faro contra el que ustedes están a punto de estrellarse». Entonces el capitán de dijo: «Cambiamos de rumbo, rápido». El faro representa a Cristo, Él es quien da las órdenes, Él es la máxima autoridad.

Esta historia también nos ilustra que todos tenemos una autoridad a quien someternos. En el hogar, el líder es el papá, pero la autoridad de los hijos son tanto la mamá como el papá (y estos dos necesitan estar de acuerdo). El pastor está sometido al juez de la ciudad. Pero, en la iglesia, ese juez está bajo la autoridad de su pastor. Si el juez excede el límite de velocidad cuando maneja, tiene que someterse a la autoridad del policía al decirle que se detenga. Todos deben ejercer su autoridad en amor y amabilidad; no como señores o dueños de la voluntad de los demás, así como Jesús.

Preguntas sobre la clase

1. ¿Cuáles son las autoridades puestas por Dios?
2. ¿De qué manera la autoridad está relacionada con la fe?
3. ¿Por qué los cristianos podemos echar fuera demonios en el nombre de Jesús?
4. ¿Por qué razón era el capitán de la ilustración quien debía obedecer?
5. ¿Qué es lo que también nos enseña esta historia?
6. ¿Qué sucede si nos rebelamos contra la autoridad puesta por Dios?

Frases para memorizar

1. Las autoridades que tenemos han sido establecidas por Dios para nuestro bien.
2. Las autoridades son en cuatro áreas principales: la familia; la escuela o trabajo; el gobierno; y la iglesia.
3. Tendremos muchos beneficios si nos sometemos a la autoridad puesta por Dios, mayormente tendremos la protección dada por esa autoridad y la de Dios mismo.
4. Es algo muy peligroso rebelarnos contra la autoridad establecida por Dios, pues podemos estar entrando en el terreno del enemigo.
5. No podemos someternos a la autoridad cuando esta nos ordena hacer algo contrario a la ley de Dios.

Otros pasajes de la Biblia sobre el tema para lectura y memorización

Heb. 13:17; Rom. 13:1-2; Tit. 3:1; 1 P. 2:13-15; Ef. 6:1-4; Mt. 28:18; 1 Ti. 6:1-21; Mt. 22:21; Ef. 5:21; Jn. 19:11; Tit. 3:1-2; Stg. 4:7; Mt. 8:7-9; Hch. 4:19.

51

La disciplina

Memorizar

Proverbios 13:24 «El que detiene el castigo, a su hijo aborrece; Mas el que lo ama, desde temprano lo corrige».

Toda persona, por causa del pecado original (de Adán y Eva) tiene la tendencia al mal; y este mal incluye no someterse a ninguna autoridad. Cuando una persona hace el mal, su mal no se para, sino que continúa creciendo hasta hacer cosas muy malas. La razón de la disciplina es evitar que tu comportamiento se vuelva cada vez más malo, y llegue un día que tengas que ir a la cárcel porque has cometido un delito grave. Los padres son la autoridad puesta por Dios para ayudarte a que tu carácter sea moldeado y evitar que la maldad crezca en ti.

❓ Preguntas introductorias

1. ¿Alguna vez tus padres te han castigado? ¿Qué es lo que sientes después de recibir el castigo?
2. ¿Qué sucedería si los padres no castigaran a sus hijos?
3. ¿Crees que tú necesitaste ser disciplinado cuando lo fuiste?

Historia bíblica (2 Samuel 15:1-18:33)

David fue un siervo de Dios muy destacado. Él escribió cerca de la mitad de todos los salmos y profetizó acerca del Salvador, de Cristo Jesús. Sin embargo, a pesar de que David fue un hombre muy amado por el Señor, no obedeció el mandato del Señor de disciplinar a sus hijos. Así, puesto que Dios no hace acepción de personas, las consecuencias de esto vinieron a él.

El caso más serio que tuvo David en contra de su reino no vino de la rebelión de alguno de sus generales, ni de alguno de los hombres influyentes del reino, sino ¿a qué no sabes de quién? ¡Sí, contestaste bien! Vino de uno de sus hijos: Absalón. Absalón quiso arrebatar el reino a su propio padre y reinar en su lugar; él estuvo dispuesto a matar a aquel que lo engendró para ser él el rey de Israel. Afortunadamente, Dios tuvo misericordia de David, y Absalón no pudo hacer lo que planeaba, y el que resultó muerto fue él. No obstante, con todo esto, David pasó la angustia más grande de su vida y perdió a un hijo. ¿Por qué sucedió todo esto? Porque David fue débil para disciplinar a sus hijos y esto hizo que la rebeldía de Absalón terminara en una *gran* tragedia. Así sucede con los padres que no disciplinan a sus hijos. Si tú eres disciplinado por tu padre y por tu madre, tú tienes un motivo muy grande para estar agradecido con el Señor, pues esta disciplina te apartará de la muerte.

Ilustración

Benjamín Spock (1903-1998) fue un psicólogo y pediatra de mucha influencia en los Estados Unidos. Publicó un libro llamado *Baby and Child Care* en 1946, y en los primeros seis meses, ya había vendido medio millón de copias, incluso, uno de sus colegas, el Dr. Maier, dijo que para el día de su muerte había vendido más de 50 millones de copias de ese libro.

En su libro el Sr. Spock aconseja a los padres a no disciplinar a los niños para no «dañarlos». Sin embargo, luego, dándose cuenta de las terribles consecuencias de sus consejos escribió: «Hemos criado una generación de niños maleducados. Los padres no son lo suficientemente firmes con sus hijos por temor a perder su amor o porque luego estos queden resentidos con ellos. Esto ha sido algo que los profesionales hemos demandado de los padres, y aunque lo hicimos con las mejores intenciones, no nos dimos cuenta —hasta ahora—, que nuestra actitud de sabelotodo estaba dañando la confianza en sí mismos de los padres». La declaración del Sr. Spock debería ser una advertencia para el mundo hoy, un mundo en donde los padres no ejercen disciplina con sus hijos, porque creer —equivocadamente— que esto no es lo correcto, aunque esta idea contradiga la Palabra de Dios. Dios nunca se equivoca, pero los hombres (aun con todo y sus muchos conocimientos) sí.

Preguntas sobre la clase

1. ¿Si un muchacho hace el mal y no recibe disciplina se puede corregir solo?
2. ¿Por qué la disciplina en los hijos es necesaria?
3. ¿Quiénes son los encargados por Dios para ayudarte a crecer sanamente y sin hacer lo malo?
4. ¿Cuál fue el error que cometió David con sus hijos?
5. ¿Cuál fue el final de Absalón? ¿Por qué le sucedió eso?
6. ¿Qué fue lo que dijo el hombre que cambió la educación de los niños en Estados Unidos contradiciendo la Palabra de Dios?

Frases para memorizar

1. La Biblia dice que los padres que no disciplinan a sus hijos demuestran que no los aman.
2. El niño que no es disciplinado desde chiquito tendrá más posibilidades de hacer cosas muy malas en el futuro.
3. Los padres son la autoridad puesta por Dios para disciplinar a los niños para que estos crezcan bien.
4. Un padre (como David) puede ser un siervo de Dios y una persona fuerte en otras áreas, pero débil para disciplinar a sus hijos.
5. Los psicólogos más sobresalientes han tenido que admitir que lo que dice la Biblia es lo correcto.

Otros pasajes de la Biblia sobre el tema para lectura y memorización

Prov. 13:24; Heb. 12:5-11; Prov. 22:6; Prov. 23:13-15; Ef. 6:4; Prov. 22:15; Prov. 29:17; Prov. 19:18; Prov. 29:15; Prov. 12:1; Col. 3:21; Prov. 13:1; Prov. 15:32; Prov. 6:23; Prov. 10:17.

52

Tus talentos

Memorizar

Colosenses 3:23 «Y todo lo que hagáis, hacedlo de corazón, como para el Señor y no para los hombres».

Dios creó todas las cosas, y todos los seres vivos. El diseño de Dios permite que cada cosa tenga su lugar y cada ser vivo su función. Todo lo que Dios ha creado es maravillosamente perfecto y cuando toda la creación cumple con su función, entonces existe armonía completa. De igual manera funciona el cuerpo humano, la sociedad, y la iglesia de Dios: cada uno tiene su talento y su función, y es responsabilidad de cada uno hacer su parte. Aun hasta las funciones que podemos considerar más sencillas son realmente importantes, y Dios usa a cada uno para su gloria. Por tanto, Dios dio a cada uno un talento (o varios talentos) y todos debemos usar lo que hemos recibido de Dios para su gloria.

❓ Preguntas introductorias

1. ¿Sabes tú del(os) talento(s) que has recibido de Dios? ¿Has preguntado a tus padres y amigos para qué eres bueno (a)?
2. ¿Cómo estás usando el talento que has recibido para la gloria de Dios?
3. ¿Te gustaría tener el talento que otra persona tiene? ¿Quién? ¿Por qué o para qué te gustaría tener ese talento?

Historia bíblica (Mateo 25:14-30)

Jesús contó la historia de un hombre rico que entregó sus bienes a sus siervos para que los administraran. A uno dio cinco talentos, a otro dos, y a otro uno; cada uno de acuerdo a su capacidad. Dios no te ha dado más de lo que tú puedes administrar ni algo que esté encima de tu capacidad. También debes aprender que tú debes centrarte en aquello para lo que eres bueno (a). En ocasiones algunos pierden el tiempo y la vida tratando de hacer cosas para lo que no son buenos ni tiene suficiente talento; ellos deberían dejar de perder tiempo y dedicarse a desarrollar los talentos que realmente han recibido de Dios.

Pues bien, Jesús dijo que, pasado el tiempo, ese hombre rico regresó y pidió cuentas a sus siervos. Lo que sucedió es que aquellos a quienes había dado cinco y dos habían ganado el doble, y el señor de ellos les dijo: «Bien, buen siervo y fiel; sobre poco has sido fiel, sobre mucho te pondré; entra en el gozo de tu señor». Pero aquel a quien dio un talento presentó excusas y le devolvió el talento que su señor le había dado. Por esto, este último fue expulsado y echado a las tinieblas de afuera, esto también sucederá con aquellos que no pusieron a trabajar el talento que Dios les ha dado.

Ilustración

R. Ian Symour escribió en su libro *Discover Your True Potential* la historia de un joven griego que no sabía leer ni escribir, el cual, siendo muy pobre, solicitó un trabajo como conserje en una compañía de Atenas. Al principio fue el favorito del que estaba contratando porque era muy amigable, servicial y seguro de sí mismo, pero cuando lo entrevistó y se dio cuenta de que no sabía leer ni escribir, de inmediato lo descartó. El joven, triste y decepcionado, se embarcó a Inglaterra. En Inglaterra, teniendo un gran talento para los negocios, se convirtió en un hombre muy rico. Fue así que, pasado el tiempo, un diario famoso quiso entrevistarlo para hablar sobre sus logros, y le pidió que escribiera su autobiografía; pero él le dijo: «Creo que eso no será posible, pues no sé leer ni escribir». El reportero, asombrado, le respondió: «¡Es increíble! ¡Qué tanto más hubiera alcanzado si supiera!», pero el ahora hombre rico le contestó: «Si supiera leer y escribir ahora sería conserje en una empresa de Atenas».

Esta historia de ninguna manera quiere enseñarte que no estudies, al contrario, debes estudiar todo lo que puedas; sin embargo, lo importante de esta historia, y lo que siempre debes recordar, es que no es la sociedad quien te dictará lo que debes hacer en la vida, sino Dios. Él fue quien te creó y te ha dado un talento, y es Él quien ha determinado aquello a lo que debes dedicar tu vida. Por tanto, siempre debes concentrar todas tus energías en desarrollar el talento que has recibido de Dios.

Preguntas sobre la clase

1. ¿Quién es el que te ha dado los talentos que tienes? ¿Para qué te los dio?
2. ¿Piensas que tu talento es necesario? Si/no ¿por qué?
3. ¿Qué reporte presentaron los que recibieron cinco y dos talentos? ¿Qué beneficio les trajo haber desarrollado sus talentos para su señor?
4. ¿Cuáles fueron las consecuencias que sufrió el siervo negligente o inútil?
5. ¿Por qué es mejor concentrarte en aquello en lo que eres bueno?
6. ¿Cuál es la lección más importante de la ilustración?

Frases para memorizar

1. El diseño de Dios es perfecto, por lo que debes estar muy contento y agradecido con el talento que has recibido de Dios y no pensar que otro tiene "un mejor" talento que tú.
2. Tú debes fijarte como meta descubrir aquello para lo que eres bueno y concentrarte en esto.
3. Dios nos pedirá cuentas por los talentos que hemos recibido de Él, tenemos que usarlos para servir a otros
4. Tú deberás trabajar duro para desarrollar el talento que has recibido de Dios.

Otros pasajes de la Biblia sobre el tema para lectura y memorización

1 Cor. 4:2; 1 P. 4:10-11; 1 Ti. 5:8; Sal. 24:1; 1 Cor. 12:4-6; Mt. 25:14-30; 1 Cor. 10:31; Stg. 1:17; Rom. 12:6-8; 1 Ti. 4:14; Éx. 35:10; 2 Ti. 1:6; Mt. 5:14-16.

53

Aprende a planear

Memorizar

Proverbios 3:5-6 «Fíate de Jehová de todo tu corazón, Y no te apoyes en tu propia prudencia. Reconócelo en todos tus caminos, y él enderezará tus veredas».

Existe una gran diferencia entre la forma en que los hijos de Dios planean. Los hijos de Dios oran que se haga la voluntad de Dios, y es el Señor, mediante su Espíritu Santo, el que va dirigiéndolos. Tú debes aprender a hacer planes siempre basados en la voluntad de Dios; y esta voluntad la encontrarás en la Biblia (en primer lugar); en el consejo de tus padres; en el de tu pastor, y en tu oración personal (cuando Dios habla a tu corazón). Sin embargo, después de planear algo, en cualquier momento el Señor puede cambiar los planes de acuerdo a como Él quiera. Con todo, tú siempre debes hacer planes.

❓ Preguntas introductorias

1. ¿Cuáles son las cosas más importantes que debes de planear en tu vida?
2. ¿Por qué crees que es muy importante ser humilde cuando vas a planear algo? (Lee Stg. 4:13-17).
3. ¿Cuál es la actitud correcta que debes tomar cuando los planes no resultan como planeaste?

Historia bíblica (Hechos 16:1-10)

Cristo dijo que si alguien desea edificar una torre necesita calcular los gastos, pues de otra manera, sino planea, es posible que no alcance a terminarla, y todos los que la vean inconclusa harán burla de él. Esto lo dijo después de hablar de lo que cuesta seguirle. Esto quiere decir, que, si tú quieres ser seguidor de Jesús, tienes que seguir los planes que Él tenga contigo, pues no podrás hacer tus planes sin Él, y Él será el que te diga por donde deber ir.

Un claro ejemplo de esto lo vemos en Hechos 16:1-10. Pablo, Silas y Lucas estaban muy entusiasmados predicando el evangelio y viendo todo lo que el Espíritu Santo estaba haciendo; así que, hicieron planes de ir a Asia a predicar. Sin embargo, el Espíritu Santo les habló y les prohibió predicar allí. Otra vez hicieron planes; esta vez planearon ir a Bitinia, y el Espíritu Santo, una vez más, les dijo que no era su voluntad que fueran en ese momento. Entonces ellos decidieron estar quietos y orar, hasta que el Señor le indicara a dónde Él quería que fueran. En eso estaban, cuando Pablo tuvo la visión de un hombre de Macedonia, que lo invitaba para ir allá. ¡Ese era el plan de Dios! Entonces ellos, felices, fueron a donde Dios los estaba llamando. En esta historia podemos aprender que, si bien es importante que hagamos planes, debemos estar seguros de que estos planes son lo que el Espíritu Santo tiene para nosotros.

Ilustración

Durante la guerra civil de Estados Unidos un grupo de pastores invitó a Abraham Lincoln a un desayuno. Abraham Lincoln era un hombre de gran fe, aunque a veces un poco diferente a los demás. Antes de empezar a comer, un pastor le dijo: «Señor presidente, oremos que Dios esté de nuestro lado», pero el Sr. Lincoln le contestó: «No, caballero, más bien oremos que seamos nosotros los que estemos del lado de Dios». Esta ilustración nos enseña que si hacemos planes y queremos que Dios los respalde, estos tendrán poca probabilidad de tener éxito, pero si dejamos que sea Dios quien nos muestre sus planes y dirija nuestra vida, Él estará con nosotros y todo saldrá bien. Tú necesitas hacer planes, pero tienes que estar seguro de que esos planes son los que Dios tiene para ti. En ocasiones esos planes pueden parecer ilógicos para el mundo, pero Dios siempre sabe lo que hace. Sin embargo, por norma general, debes usar de mucha inteligencia y sabiduría para hacer planes.

❓ Preguntas sobre la clase

1. ¿La forma en la que los hijos de Dios planean es igual a la del mundo? Si/no ¿Por qué?
2. ¿Cuál es la oración que debes hacer antes de planear cualquier cosa?
3. ¿Dónde puedes encontrar la voluntad de Dios para tus planes?
4. ¿Qué dijo Cristo en cuanto al que quería edificar una torre? ¿Qué quiso decir Él con eso?
5. ¿Por qué si Pablo y sus compañeros planearon ir a Asia y a Bitinia, ellos no fueron en ese momento?
6. ¿Qué fue lo que hicieron Pablo y sus compañeros para conocer el plan de Dios?
7. Cuenta la ilustración, ¿cuál es la enseñanza que tenemos ahí?

Frases para memorizar

1. Los seguidos de Jesús siempre oran que se haga la voluntad de Dios en sus vidas y planean poniéndole a Él en primer lugar. También dicen, «si el Señor quiere...».
2. La voluntad de Dios está en la Biblia, en primer lugar, luego en el consejo de tus padres; luego en el de tus líderes en la iglesia (cristianos maduros y sabios).
3. Un seguidor de Jesús es guiado por el Espíritu Santo y el Espíritu Santo es como el viento (lee Juan 3:8; también 1 Reyes 18:8-12), por eso necesitas orar mucho.
4. Los planes que Dios tiene para contigo son mayores a lo que tú puedes imaginar, y estos son los mejores para ti, independientemente de lo que otros piensen.
5. Aun los hombres más consagrados a Dios han planeado mal, Tú también, en ocasiones quizá planees mal algo, pero no tengas temor de hacer cambios si Dios así lo quiere.

Otros pasajes de la Biblia sobre el tema para lectura y memorización

Prov. 21:5; Prov. 16:9; Lc. 14:28-33; Prov. 3:5-6; Jer. 29:11; Prov. 24:27; Prov. 15.22; Prov. 6:6-8; Prov. 19:21; Stg. 4.13-15; Prov. 11:14; Rom. 8:28; Prov. 14:8.

54

Aprende a decir ¡NO!

Memorizar

Proverbios 1:10 «Hijo mío, si los pecadores te quisieren engañar, No consientas».

La palabra no es una palabra muy pequeña, pero una de las más poderosas que existen. Dios te ha dado el poder para decir *no*, y tu libre decisión es muy poderosa. Los seres humanos siempre querrán atemorizarte y obligarte a que hagas lo que ellos quieren, pero tú tienes siempre el poder para decir no y alejarte de ellos. Una de las cosas más importantes en la vida es saber decir *no* en el momento que es necesario, de esto trata esta lección.

❓ Preguntas introductorias

1. ¿Alguna vez te has visto obligado a decir sí cuando realmente no querías?
2. ¿Alguna vez alguien te pidió un favor, y le prometiste servirle cuando en realidad no podías hacerlo?
3. ¿Cuándo alguien te pide algo o te ofrece algo, ¿tienes en mente las prioridades que tienes? ¿Pides tiempo para pensarlo?

Historia bíblica (Nehemías 6:1-11)

En el mundo te encontrarás con personas que presionan a otros para que hagan lo que ellos quieren. Sin embargo, recuerda que tú, como cristiano, tienes al Espíritu Santo, y Él hace de ti una persona de carácter firme (lee 2 Ti. 1:7). Algunos empiezan a hacerte favores para que después te sientas comprometido o en deuda con ellos; sin embargo, si lo que te ofrecen o te proponen está en contra de la Palabra de Dios, o va más allá de tus límites, debes decirles no, aunque te hayan hecho antes muchos favores, recuerda que las personas que de verdad te aman no te piden nada a cambio.

Algunas personas, aunque les has dicho que no, insisten. Pero recuerda que Jesús ha dicho que tu sí sea sí, y tu no, no (Mt. 5:37); por lo tanto, tú debes ser firme. Si necesitas tiempo para decidir (p. ej. necesitas pedir permiso a tus padres o si vas a pensar si realmente vas a poder) debes pedir ese tiempo. Pero cuando dices no, debes estar firme en lo que has dicho, recuerda que no estas obligado(a) a presentar razones de tu decisión. Encontrarás, que, si aprendes a decir no, las personas te respetarán y estarás aprendiendo a ser un líder. Tú necesitas ser líder para guiar a otras personas a Cristo.

Nehemías es un buen ejemplo de un cristiano de decisión. Dios le encargó la tarea de reconstruir los muros de Jerusalén; sin embargo, los enemigos del pueblo de Dios hicieron todo lo posible para que él fracasara. Sus enemigos trataron de atemorizarlo, pero Nehemías fue un hombre firme. En una ocasión, le amenazaron diciéndole que venían a matarlo, y que él necesitaba huir, que necesitaba encerrarse en el templo para salvar su vida; pero él, ante esto, contestó: «¿un hombre como yo ha de huir? ¿Acaso alguien como yo entraría en el templo para salvar su vida? ¡No entraré!» Y Nehemías fue firme y Dios estuvo con él.

Ilustración

En el tiempo de la Segunda Guerra Mundial, los pastores y los cristianos en general en Alemania no tuvieron el valor para oponerse a Adolfo Hitler, aunque sabían de todo lo malo que hacía. Sin embargo, hubo un hombre que se llamó Dietrich Bonhoeffer; este hombre no estuvo de acuerdo con Hitler y cuando lo invitaron a hablar en la radio, él habló en su contra y se le opuso. El resultado de eso fue que lo llevaron preso, y él, aunque era un hombre sumamente inteligente y destacado en Alemania, murió ahorcado. Dietrich murió porque él dijo ¡no! a lo que estaba haciendo ese hombre malvado y sanguinario que fue Hitler. En la vida tú debes decir no a todo lo malo, a todo lo que esté en contra de la Palabra de Dios. Debes decir no al pecado, y a las personas que quieran que vayas enredándote con ellos para luego hacer lo que no debes. También debes aprender a decir no cuando lo que alguien te pide está encima de lo que puedes hacer o es algo que no te conviene (por ejemplo, algo que te hará perder tiempo). No tengas miedo de decir no. Más tarde, también debes decir no a las ofertas de trabajo que no concuerdan con tus dones y talentos.

Preguntas sobre la clase

1. ¿Cuál es una palabra muy poderosa de tan solo dos letras que tú puedes usar como una gran arma en la vida? ¿Por qué si la usas adecuadamente te hará ser una persona de carácter firme?
2. ¿Cuál es una estrategia que algunos tienen para comprometerte a que digas sí?
3. ¿Cuáles son las ocasiones que por seguro siempre debes decir no? (menciona lo que se ha dicho en clase, pero también otros ejemplos).
4. ¿Qué es lo que Jesús dijo en cuanto al sí y al no?
5. ¿Estás obligado(a) a presentar razones porque has dicho que no? Sí/no ¿Por qué?
¿Qué sucederá si aprendes a decir no cuando es necesario? ¿Qué podemos aprender del carácter de Nehemías y de Dietrich Bonhoeffer?

Frases para memorizar

1. Los que no conocen a Dios te harán ofrecimientos para hacer lo malo, pero tú debes estar preparado para decir no.
2. Nadie puede obligarte a decir que sí, por lo que debes decir no a todo lo malo, a todo pecado, y a todo lo que no sea conveniente en tu vida cristiana.
3. Recuerda siempre tomar el consejo de tus padres para tus decisiones más difíciles.
4. Siempre debes estar consciente de tus límites, de lo que puedes hacer y de lo que está encima de tus fuerzas.
5. Dios no nos ha dado un espíritu de cobardía, sino de poder, amor y dominio propio (2 Ti. 1:7).

Otros pasajes de la Biblia sobre el tema para lectura y memorización

Mt. 5:37; 1 Cor. 10:13; 2 Ti. 1:7; Mt. 10:28; Is. 41:10; Mt. 6:33; Dt. 19:14; Gál. 6:5; 2 Cor. 6:14; Prov. 25:17; 1 Jn. 2:15-17; Heb. 4:15; Jn. 10:10; Prov. 29:15; Heb. 13:6; Gal. 1:10; Sal. 118:8.

55

Sé un buen líder

Memorizar

Salmos 112:5 «El hombre de bien... Gobierna sus asuntos con juicio».

Tú ahora te preparas para lo que Dios tiene para ti cuando seas adulto. Puede ser que Dios te haya dado cualidades de líder o que las adquieras después, pero debes saber que un buen/una buena líder cristiano (a) tiene un comportamiento y forma de pensar muy especiales. Si eres varón, un día serás el líder de una familia, así que, pon mucha atención.

❓ Preguntas introductorias

1. ¿Cómo defines un líder? ¿Hay líderes en tu escuela? Háblanos de ellos.
2. ¿Consideras que tú eres un líder? ¿Qué es lo que te hace un buen líder?
3. ¿Qué era lo que hacía que Jesús fuese un buen líder?

Historia bíblica (Juan 13:1-20)

Que tú seas el líder de un grupo o de tu familia (cuando te cases, en el caso de que seas varón), no significa que puedas ser arrogante y te creas superior a los demás, ni que estarás sentado en un trono dando órdenes, ni que puedes demandar y gritar y obligar a los demás a hacer lo que tú quieras. Más bien, ser un líder cristiano significa que amas a los demás, los sirves sin esperar nada, les enseñas los valores cristianos, tomas en cuenta sus opiniones y buscas su bien y crecimiento en todo sentido. El papá, por ejemplo, deberá tomar las decisiones de la familia tomando en cuenta el consejo de la mamá, y ambos trabajarán para que sus niños crezcan fuertes y sanos en todos los aspectos. El papá respeta la voluntad de la mamá, y ambos son los que tienen autoridad sobre los hijos. La mamá, reconoce que el papá tiene autoridad sobre ella; pero el papá, ama a la mamá, la respeta y no la obliga a nada, sino le sirve y la trata con delicadeza.

Esto que acabo de decir lo vemos en el liderazgo de Jesús. Él incluso, sirvió a sus discípulos lavando sus pies (algo que solo los esclavos hacían). Los discípulos seguían y obedecían a Jesús, pero Él no les imponía nada, ni los controlaba, ni los reprimía, ni manipulaba, ni les hacía *bullying*. No. El Señor los escuchaba, les daba libertad, los trataba con justicia y mantenía con ellos una comunicación abierta. Esa es la clase de líder que deberás ser tú. Hay mujeres que son líderes excelentes, pero, aunque ella sea líder en otros lados, en la familia, por causa de la orden del Señor, deberá reconocer a su esposo como el líder de la familia. El líder cuenta con la obediencia de sus seguidores, pero es responsable de protegerlos, dirigirlos con seguridad a buen lugar, y nutrirlos o alimentarlos.

Ilustración

El líder cristiano Jean Vanier, fundador de la comunidad internacional L'Arche, es conocido mundialmente por dedicar su vida a promover la aceptación y el cuidado de personas con discapacidades mentales.

En una ocasión, un hombre con una discapacidad severa fue admitido en una de las casas de L'Arche. Este hombre, llamémoslo Pedro, tenía dificultades para comunicarse y adaptarse al nuevo lugar. Durante semanas, Pedro estuvo enojado y frustrado y los que trabajaban en L'Arche ya no tenían paciencia para tratar con él. Sin embargo, Jean Vanier, siendo un líder empático y de gran inteligencia emocional, decidió pasar tiempo personalmente con Pedro. Ellos convivieron juntos por muchas horas, compartiendo comidas juntos, paseando y hablando. Jean mostró tanta paciencia y amor incondicional para con Pedro —viéndolo más allá de sus limitaciones físicas y mentales, que logró que este se adaptara a la comunidad y se sintiera aceptado en L'Arche.

A lo largo de su vida Jean Vanier logró ayudar a muchas personas individualmente, inspirando a otros a practicar la compasión y el respeto de todos los seres humanos, independientemente de sus capacidades o limitaciones.

Preguntas sobre la clase

1. ¿Qué es lo que un buen líder no es o no hace?
2. ¿Un buen líder manipula, maltrata, u obliga a los demás a obedecer? Si/no ¿por qué?
3. Dime algunas cosas que hacen del papá un buen líder en su hogar.
4. Hablando de liderazgo, ¿cuál debe ser el comportamiento de la mamá con el papá?
5. ¿Por qué la historia de Jesús, vista en clase, es un ejemplo de ser un buen líder?
6. ¿Cuál es el privilegio y la responsabilidad de un buen líder?
7. ¿Cuáles fueron algunas de las cualidades de liderazgo que mostró Jean Vanier?

Frases para memorizar

1. Las mujeres pueden ser líderes en todos lados, pero en la familia, Dios ha establecido que el líder será el varón.
2. Un buen/una buena líder no cree ser mayor que los demás, no demanda obediencia, no controla, no manipula ni obliga a los demás a hacer lo que él/ella quiere.
3. El papá debe tomar decisiones para la familia juntamente con mamá, respetar sus sentimientos y opiniones, y amarla.
4. El buen líder muestra humildad, comprende y respeta los sentimientos y la voluntad de los demás, como Jesús.
5. El privilegio del líder es que sus seguidores le obedecen, pero su responsabilidad es proteger, guiar a un buen lugar y nutrir/alimentar a sus seguidores.

Otros pasajes de la Biblia sobre el tema para lectura y memorización

Tit. 1:7-14; Prov. 16:9; 2 Cor. 8:8; Fil. 1:8-9; Mc. 10:42-45; Heb. 13:7; Gal. 6:9; Mat. 23:11; Prov. 11:14; Is. 41:10; Hch. 20:23; Prov. 29:11; Mt. 5:37; Sal. 78:72.

56

Videojuegos

Memorizar

1 Corintios 6:12 «"Todo me está permitido", pero no todo es para mi bien. "Todo me está permitido", pero no dejaré que nada me domine» (NVI).

La Biblia se terminó de escribir hace casi dos mil años, por lo tanto, es natural que no mencione nada en relación a los videojuegos. Sin embargo, la Biblia nos habla de las ideas que deben dirigir nuestra vida. En esta lección aprenderás cuál es la voluntad de Dios respecto al tema de los videojuegos.

Preguntas introductorias

1. ¿Piensas que los videojuegos te hacen feliz y no puedes ser feliz sin jugarlos?
2. ¿Los videojuegos te acercan más a Dios o te ayudan a desarrollar tu inteligencia?
3. ¿Cuántos de los niños que tú conoces en tu escuela son adictos a los videojuegos?

Historia bíblica (Mateo 17:1-8)

Nunca la obediencia a Dios ha sido algo aburrido. Dios creó al ser humano y le dio capacidad para imaginar y ser creativo. Sin embargo, el mundo siempre te quiere hacer sentir que, si no haces lo que ellos hacen, y consumes lo que ellos consumen, serás una persona aburrida, pero esto es una mentira de satanás. ¡La vida cristiana es maravillosa y muy emocionante!

Tú, siendo un muchacho (a), necesitas tener tiempos de juego, pero debes aprender a administrar el tiempo. Puedes practicar un deporte, participar de diversas actividades, y divertirte jugando; pero recuerda, un cristiano como tú sabe que lo más importante en la vida es encontrar formas de conocer más a Jesús. Así que, ten cuidado, porque los juegos de video son muy adictivos, y pueden llegar a causar trastornos mentales.

Los discípulos del Señor tenían una vida muy emocionante siguiendo a Jesús. Cuando Jesús tomó aparte a Pedro, Jacobo y Juan y los cuatro subieron a una montaña, la Biblia dice que el rostro de Jesús se volvió resplandeciente como el sol y sus vestidos se hicieron blancos como la luz. ¿Te imaginas? Luego escucharon la voz de Dios desde el cielo; ¡eso fue algo real! Los discípulos estaban tan emocionados viendo y oyendo estas cosas que no querían irse de ahí. También tú, cuando buscas al Señor de todo corazón, el Señor te dará experiencias reales y muy emocionantes que jamás olvidarás, y los juegos de video ni siquiera se les podría comparar, pues ellos solo son una ilusión pasajera.

Ilustración

Cuando estaba estudiando en el seminario, otro compañero y yo fuimos enviados a una iglesia para servir durante una semana. El pastor era una persona muy amable, y cada mañana que estuvimos ahí, nos llevaba a su oficina y dedicaba unos minutos para enseñarnos algo. Uno de esos días él nos dijo que nosotros deberíamos de orar tanto tiempo como fuese posible, pero agregó: «Yo, para ser honesto, no dedico mucho tiempo para orar, porque, como soy pastor, estoy muy ocupado». ¿Crees tú que este pastor tenía razón en esto? ¡Claro que no! Un pastor debe orar aún más que los que no lo son.

No obstante, este pastor, como he dicho ya, era muy amable. Me dijo que entrara a su oficina cuando lo necesitara. Si quería llamar a mi familia, por ejemplo, yo podría tomar el teléfono, y sin tener que pedirle permiso ni tocar la puerta, podía usar el teléfono que estaba en la oficina. Un día, me tomé la libertad de entrar a su oficina para hacer una llamada a mis padres y él estaba ahí. Esto me dio tranquilidad. Pero cuando entré, ¡lo sorprendí jugando un juego de video! ¡Ahí estaba el pastor, aquel que no tenía tiempo para orar!

Aunque hay algunos videojuegos que no son malos, hay otros que son muy dañinos porque contienen violencia o sexo. Y lo peor, normalmente son adictivos, y nos roban un tiempo muy valioso, tiempo que podríamos aprovechar para estar en la presencia de Dios. ¡Debes tener mucho cuidado!

Preguntas sobre la clase

1. ¿Cuáles son los juegos que te ayudan a desarrollar tu inteligencia y ejercitan tu cuerpo?
2. ¿Por qué andar con Jesús es lo más emocionante que puede haber en la vida?
3. ¿Cuál fue una de las experiencias más emocionantes que tuvieron tres de los apóstoles de Jesús mencionada en esta lección?
4. ¿Qué fue lo que vieron y escucharon Pedro, Jacobo y Juan?
5. ¿Por qué los juegos de video pueden ser muy dañinos?
6. ¿Por qué el pastor de la ilustración estaba equivocado en su forma de pensar?

Frases para memorizar

1. Muchos de los juegos de video son peligrosos debido a su contenido dañino.
2. Debes de tener tiempos de juego, pero debes asegurarte que en tus tiempos de juego desarrolles tu imaginación y tus capacidades físicas.
3. La vida no consiste solo en jugar, debes tener límites para tus tiempos de juego e invertir suficiente tiempo en buscar a Dios —en primer lugar— y en cumplir con tus responsabilidades.
4. Si buscas a Dios, el Señor te dará experiencias muy emocionantes que podrás vivir aquí, y te dará la vida eterna.
5. Dios ordena ser inteligentes en la administración del tiempo.

Otros pasajes de la Biblia sobre el tema para lectura y memorización

Sal. 11:5; Fil. 4:8; Ef. 5:15-17; 1 Cor. 6:12; 1 Cor. 10:23; Sal. 101:3; 2 Ti. 5:22; Lc. 12:33-34; Sal. 119:37; Ef. 5:11; Sal. 90:12; Col. 3:23-24

Nota: Hay videojuegos que promueven los valores cristianos. Puedes preguntar a Google o ChatGPT que te informen sobre ellos, pero platícalo con tus padres y tus maestros de la iglesia.

Parte VI. Las relaciones con otros

57

El diseño de la familia

Memorizar

Salmos 133:1 «¡Mirad cuán bueno y cuán delicioso es Habitar los hermanos juntos en armonía!».

La familia fue creada por Dios para que el ser humano fuera feliz. Y a ti, ¿te hace feliz pertenecer a una familia? Una familia empieza cuando se une un hombre con una mujer en matrimonio, cuando ellos se casan. Luego, ellos tienen la bendición de tener hijos. Tú eres la bendición que Dios dio a tu familia, ¿lo sabías? Los padres son la autoridad en la familia, y ellos, siendo cristianos, deben enseñarte la Palabra de Dios y a amar a Jesús. También, el papá es el líder del matrimonio y de la familia. Él debe proveer para las necesidades del hogar, y la mamá es quien ayuda a mantener la familia unida y fuerte.

❓ Preguntas introductorias

1. ¿Cómo piensas que el diablo trata de destruir a las familias?
2. ¿Por qué las quiere destruir?
3. ¿Cómo imaginas tu familia futura?
4. ¿Crees tú que hay casos en que no se deba seguir el diseño de Dios para la familia? Si/no, ¿por qué?

Historia bíblica (Lucas 2:47-51)

La respuesta a la última pregunta es no. Porque el diseño de Dios para la familia es algo que siempre seguirá hasta el final de la vida humana sobre la tierra, la Palabra de Dios es para siempre. Lo que Dios ha diseñado para nosotros es siempre lo mejor y si alguno hace su propia voluntad sufrirá las consecuencias.

El mejor ejemplo que nosotros podemos tener del diseño de una familia es la familia de Jesús. En la familia de Jesús (aunque Jesús era hijo de Dios, y no de José), Jesús estaba bajo la autoridad de sus padres. María, su madre, estaba bajo la autoridad de José, y José era el líder de la familia. Jesús amaba a sus hermanos (tuvo cuatro hermanos, hijos de María también), y aunque sus hermanos al principio no creían en Él como el Hijo de Dios, luego, después de su muerte y resurrección, al menos dos creyeron (Santiago y Judas). La familia de Jesús era una familia muy unida.

Ilustración

La familia es la base que sostiene a toda la sociedad de un país. Una revista muy respetada en Estados Unidos (US News & World Report) al estudiar a los millonarios en Estados Unidos, encontró que la imagen típica de un millonario era una persona que había trabajado de ocho a diez horas durante treinta años, y todavía está casado con la misma mujer. En otro estudio que se hizo a 1,365 vicepresidentes de compañías se descubrió que el 87% todavía estaba casado con la misma mujer y el 92% creció en familias con papá y mamá. Esto quiere decir que, si tú tienes el privilegio de tener un papá y una mamá, y estos son cristianos, tienes el tesoro más grande del mundo, y grandes posibilidades de ser una persona de mucho éxito. Sin embargo, sino fuere así, debes tener como meta en tu vida crear una familia conforme al diseño de Dios.

❓ Preguntas sobre la clase

1. ¿Puedes decirme cuál es el diseño de Dios para la familia?
2. ¿Cuál es la función de los hijos, del papá y de la mamá en la familia?
3. ¿Cuántos hermanos tenía Jesús?
4. ¿Cuáles son los hermanos de Jesús que la Biblia dice que creyeron en Él?
5. ¿Qué encontró la revista U.S. News & World Report cuando estudió a los millonarios?
6. ¿Cuál es la bendición que tú tienes si tienes papá y mamá y estas en una familia cristiana? ¿Qué si no es así?

Frases para memorizar

1. Dios ha diseñado la familia de la siguiente manera: papá y mamá (hombre y mujer) e hijos. Los hijos obedecen a sus padres, y el líder de la familia es el papá.
2. En la familia cada uno tiene que cumplir con sus responsabilidades y disfrutar de sus privilegios.
3. Tener hijos es la más grande bendición de la familia.
4. El diablo siempre quiere destruir la familia, así que, la familia siempre tiene que estar muy unida.
5. Todos en la familia se ayudan unos a los otros, oran juntos y se aman.
6. La mamá es la que ayuda a mantener la familia fuerte y hacerla más fuerte.

Otros pasajes de la Biblia sobre el tema para lectura y memorización

Col. 3:18-21; Prov. 18:22; Ef. 6:2-3; Ef. 5:25; Éx. 20:12; Is. 66:13; Prov. 6:20; Prov. 11:29; Prov. 14:1; Prov. 22:6; Col. 3:13; 1 Cor. 13:13; Sal. 133:1.

58

Respeto por los ancianos

Memorizar

Romanos 13:7 «Pagad a todos lo que debéis: al que tributo, tributo; al que impuesto, impuesto; al que respeto, respeto; al que honra, honra».

La definición de anciano en nuestros días está asociada con ser débil, dependiente y a tener más de 60 años. Sin embargo, no todos los que tienen más de 60 años son así. En la Palabra de Dios un anciano no es alguien despreciable, sino todo lo contrario, una persona digna de honor. Inclusive, uno de los nombres de Dios mismo en la Biblia es Anciano de días (Dn. 7:9). También la Biblia habla de 24 ancianos que están cerca de Dios (Ap. 4:4). De acuerdo a tu propia cultura debes mostrar respeto a los que son mayores que tú, ¿qué expresiones de respeto existen en tu cultura hacia los mayores?

❓ Preguntas introductorias

1. ¿Qué títulos son los que se usan en tu cultura para los mayores que tú?
2. ¿Cuáles son las personas mayores que más admiras? ¿Por qué las admiras?
3. ¿Por qué piensas que debemos respetarlas?

Historia bíblica (2 Samuel 19:30-40)

En la Biblia solo se le llama *anciano* (físicamente) a alguien que ha disminuido en sus capacidades físicas y mentales, y antes —independientemente de su edad— se le llama «hombre» o «mujer»; por eso debes tener mucho cuidado en usar esa palabra. Pero el respeto especial del que estoy hablando aquí está dirigido a todas las personas que son mayores que tú.

Hay quienes menosprecian y se burlan de los ancianos porque sus fuerzas físicas y sus capacidades mentales han disminuido, pero tú debes ser amable y respetuoso con ellos. Esto incluye sonreírles con sinceridad, levantar la mano cuando desees hacer una pregunta, siempre decir *por favor* cuando pidas algo, y *gracias* cuando lo recibas, etc. Debes ayudarlos en lo que ellos necesiten y reconocer que estamos en deuda con ellos. Nosotros respetamos a los que son mayores a nosotros porque ellos tienen más experiencia, y la experiencia de vida trae sabiduría. Las personas mayores más dignas de respeto son los que han caminado con el Señor por muchos años y los que enseñan y predican la Palabra de Dios.

David mismo, quien era el rey de Israel, dio honor a Barzilai. Barzilai era un anciano de 80 años, a quien el rey invitó a comer con él a su mesa. El rey le invitó a vivir con él en el palacio de Jerusalén y a que disfrutara de todo lo que él disfrutaba como rey de Israel; sin embargo, Barzilai no quiso ir con él, más bien Barzilai quería continuar con sus propios negocios y morir en su propia ciudad.

Ilustración

Fauja Singh es un maratonista retirado que actualmente tiene 113 años [2024]. Él nació en la India el 1 de abril de 1911. Cuando nació era un bebé muy débil y no pudo caminar sino hasta los cinco años, sus piernitas eran muy delgaditas y frágiles. Siendo un joven, le gustaba correr, pero nunca lo hizo profesionalmente. No fue sino hasta que pasó por dos tragedias, la muerte de su hijo y la de su esposa, que se propuso a correr un maratón. Habiendo emigrado a Inglaterra en los 90s, se puso la meta de correr su primer maratón, sin importar que en ese entonces él tenía ya 85 años; sin embargo, logró correrlo cuando tenía 89, en el 2000. Desde entonces, Fauna Singh continúo corriendo maratones y se retiró en 2013, a la edad de 102.

La vida de Fauna Singh nos inspira a ser respetuosos con las personas que son mayores a nosotros, pues ellos pueden hacer mucho más de lo que nosotros podemos imaginar. También nos enseña que la sociedad no es la que determina cuándo tú serás un anciano sino tú mismo.

La vida cristiana es como un maratón, y los corredores del maratón de la vida cristiana que han corrido más que nosotros siempre tienen algo útil que decirnos. Jamás menosprecies a tus mayores, más bien, respétalos y ámalos.

Preguntas sobre la clase

1. ¿Cuáles son las maneras de mostrar respeto a los mayores que tú?
2. ¿Debes decirle «anciano» a todos los que son mayores que tú? Si/no ¿por qué?
3. ¿A qué edad la Biblia comienza a decir a una persona *anciana*»
4. ¿Cuál fue el comportamiento de David con el anciano Berzilai?
5. ¿A qué nos inspira la vida de Fauna Singh?
6. ¿En qué se parece un maratón a la vida cristiana?

Frases para memorizar

1. Debemos respetar y honrar a las personas que son mayores a nosotros.
2. Debemos respetar más a aquellos que han tenido una vida digna de imitarse, que han sido buenos cristianos, y más aún a los que trabajan en predicar y enseñar la Palabra de Dios.
3. Aun a los mayores que han decidido tener una vida de pecado y cuyas vidas no son dignas de imitarse debemos respetar, tan solo porque son personas mayores.
4. Que respetes y ames a tus mayores no implica que tengas amistad con ellos ni que sigas sus consejos. Tú padres son los que determinan con quien puedes juntarte.
5. Debemos respetar a los ancianos porque un día esperamos ser ancianos también y lo que sembramos ahora, lo cosecharemos un día.

Otros pasajes de la Biblia sobre el tema para lectura y memorización

Lv. 19:32; 1 P. 5:1; 1 Ti. 5.1; Prov. 20.29; Éx. 20:12; 1 P. 5:5; 1 Ti, 5:1-2; Prov. 23:22; Prov. 16:31; Mt. 15:4; Prov. 19:20; 1 Ti. 5:17-19; Job 12:12; Rom. 13:7; Job 32:4; Lam. 5:12.

59

Los bebés son una bendición

Memorizar

Salmos 127:3 «He aquí, herencia de Jehová son los hijos; Cosa de estima el fruto del vientre».

Siempre la sabiduría de Dios será más alta que la del ser humano, porque el ser humano es creatura, y Él es el Creador. Él lo sabe todo. Cada vez que escuches una idea que sea contraria a lo que dice Dios esa idea no sirve, porque nadie puede ser más sabio que Dios. La Biblia dice que tener hijos es una bendición, y que entre más hijos tengas es *más* bendición. Hoy muchos dicen que tener muchos hijos no es bueno, y que tenemos que adaptar la Biblia a la sociedad de hoy, pero más bien debe ser lo contrario, porque la Palabra del Señor permanece para siempre (Isaías 40: 8) y el ser humano tan solo un momento (Salmos 103:15).

❓ Preguntas introductorias

1. ¿Cuántos niños te gustaría tener cuando te cases? ¿Por qué has pensado en ese número?
2. ¿Cómo te estás preparando para ser un buen papá/mamá para esos niños?
3. ¿Por qué piensas que tener bebés es una bendición de Dios?

Historia bíblica (1 Samuel 1:1-28; 2:21)

El primer libro de Samuel empieza hablando de la historia de Ana. Ana era una mujer que por mucho tiempo no pudo tener hijos, y aunque gozaba del amor de su esposo, ella no era feliz. Un día, estando orando delante de Dios, le prometió al Señor que, si le daba un hijo, ella lo dedicaría para su servicio. Elí, quien era el sacerdote que ministraba en esos días, la juzgó ¿recuerdas que no debemos juzgar a otros? Él pensó que estaba borracha, sin embargo, él estaba lejos de la verdad: ella oraba y lloraba abundantemente en la presencia de Dios, aunque oraba en silencio.

Dios escuchó la oración de Ana y ella tuvo un hijo, y lo llamó Samuel. Samuel llegó a ser un gran profeta de Dios. Sin embargo, la historia no termina allí. Ana cumplió su promesa, dedicó su niño al Señor, y el Señor bendijo a Ana con otros cinco hijos. La Biblia dice: «*Y Elí bendijo a Elcana y a su mujer, diciendo: Jehová te dé hijos de esta mujer en lugar del que pidió a Jehová. Y se volvieron a su casa. Y visitó Jehová a Ana, y ella concibió, y dio a luz tres hijos y dos hijas*» (1 Samuel 2:20-21). Este pasaje es un ejemplo de que, para Dios, los hijos son una gran bendición.

Ilustración

La familia de los Wesley estuvo lejos de ser considerada una familia con gran solvencia. Susana se casó con su esposo Samuel cuando tenía 19 años, y tuvo 19 bebés. En aquellos tiempos (hace más de trescientos años), la ciencia médica no estaba muy avanzada y de esos 19 bebés, tan solo diez sobrevivieron.

La familia Wesley sufrió enfermedades, pobreza, la muerte de los niños, y dos veces su casa se les quemó. Pero Susana se propuso ser una madre de excelencia encima de todos los obstáculos. Ella fue capaz de dedicar tiempo a cada uno de sus hijos y enseñarles a leer a todos antes de los seis años. Les enseñaba buenos modales, a comer como se debe, y sobre todo, a ser buenos cristianos. Susana se propuso a pasar una hora por semana con cada niño y a enseñarles individualmente. El fruto de su labor fue muy grande: sus hijos ganaron cientos de almas para el reino de Dios. ¿Crees tú que Susana cumplió el diseño de Dios para ella como mujer? ¿Crees que sus hijos hubieran sido lo que fueron si ella hubiera seguido las ideas de muchas mujeres de hoy?

Preguntas sobre la clase

1. ¿Por qué estaba triste Ana?
2. ¿Cómo fue que Dios bendijo a Ana después que ella consagró a Dios su primer hijo?
3. ¿Cómo fue que Elí juzgo a Ana?
4. ¿Qué es lo que nos enseña la historia bíblica?
5. ¿Qué puedes decir a una familia que dice que no tiene tiempo o dinero para los niños con el ejemplo de la familia Wesley?
6. ¿Qué se propuso Susana Wesley?

Frases para memorizar

1. El mundo dice que los niños son una carga, pero Dios dice que son una bendición, y Dios siempre tiene la razón.
2. En una familia la educación de los niños es lo más importante, para que cada uno de ellos aprenda a amar a Jesús y servirle de corazón.
3. Desde ahora puedes empezar a orar por tu futura familia y que el Señor te dé los hijos que Él quiera.
4. Criar a una familia como es debido lleva consigo mucho esfuerzo, pero a su tiempo dará buenos resultados.

Otros pasajes de la Biblia sobre el tema para lectura y memorización

Sal. 127:3-5; Prov. 17:6; Sal. 139:13-16; Gn. 1:28; Sal. 113:9; Mt. 19:14; Jer. 1:5; 1 Ti. 2:15; Mt. 18:10; 1 Ti. 5:14; Lc. 1:42; Sal. 128:3-4; 1 Cro. 26:4-5; Gn. 30:2.

60

Adopción

Memorizar

Ester 2:7 «Y había criado a Hadasa, es decir, Ester, hija de su tío, porque era huérfana; y la joven era de hermosa figura y de buen parecer. Cuando su padre y su madre murieron, Mardoqueo la adoptó como hija suya».

Dios ha provisto una solución para situaciones especiales en donde los padres biológicos no pueden cuidar de sus hijos, ya sea porque estos han muerto, o porque no eran capaces de criarlos. Esta solución de Dios es la adopción. Siempre es triste cuando un niño no tiene quien cuide de él, pero es una razón de mucho gozo que tenga una familia adoptiva. Cuando tiene una familia adoptiva esta familia lo ama, lo acepta, y cuida de él o ella. Siempre debemos entender que quienes son adoptados son exactamente igual a los que no lo son, y en Cristo, todos somos hijos adoptados.

❓ Preguntas introductorias

1. ¿Cuáles son las diferencias entre un hijo adoptado y uno natural?
2. ¿El niño que es adoptado debe pensar que no tiene los mismos derechos de los naturales? Si/no ¿por qué?
3. ¿Por qué piensas que Dios nos adoptó como hijos suyos? ¿Sabías que todos los hijos de Dios somos hijos adoptivos?

Historia bíblica (Éxodo 2:1-10)

En la Biblia tenemos varios casos de adopción, y de entre ellos, el primero es el caso de Moisés. Todo empezó con un edicto de Faraón, rey de Egipto, el cual mandó matar a todos los niños menores de dos años que hubiera en el país. Moisés, era un bebé hermoso, que había nacido en una familia judía, pero él debía morir. Sin embargo, su mamá no podía tenerlo con ella y decidió darlo en adopción. Cuando un bebé es dado en adopción no significa que sus padres naturales no lo amen, sino que existe una situación que los obligó a darlo en adopción, como en el caso de los padres de Moisés.

Al leer la historia, vemos que fue precisamente la hija de Faraón quien tomó a Moisés en adopción, y ella lo amó como suyo. Porque pertenecer a una familia no depende solamente de la sangre o de si te pareces o no a tu familia, sino del amor. La Biblia habla siempre positivamente de la adopción, tanto, que hubo uno quien fue también un hijo adoptivo, ¿sabes quién fue? ¡Jesús! ¡Sí, Jesús también fue un hijo adoptivo! Pues José no era su padre biológico (pues fue concebido por el Espíritu Santo), pero José lo adoptó como su hijo natural. Así también todos los que hemos creído en Jesús somos hijos adoptivos de su Padre. Los hijos adoptivos tienen exactamente los mismos privilegios y responsabilidades que los hijos biológicos. Si tú eres un hijo adoptivo tienes dos familias que te aman, la biológica y la que cuida de ti.

Ilustración

Uno de las personas más famosas e inspiradoras en la historia sin duda es Steve Jobs. Steve Jobs fue el fundador de Apple Inc. (la compañía que fabrica las computadoras, teléfonos celulares, etc. ¿Cómo sería nuestro mundo hoy si no fuera por este hombre? Jobs fue tan inteligente, que inventó y mejoró varias de las cosas que casi todos usamos todos los días. Los teléfonos Apple, las computadoras, las tabletas, etc. Steve nació en 1955 y fue hijo de Joanne Carole Schieble, pero siendo ella una madre soltera, y teniendo solamente 22 años, estando embarazada, decidió dar a su hijo en adopción. Sus padres adoptivos fueron Paul y Clara Jobs. Recuerda esto siempre, no es solamente la sangre lo que nos convierte en hijos sino el amor que nos tienen los padres adoptivos.

Preguntas sobre la clase

1. ¿Cuál fue el primer caso de un hijo adoptivo en la Biblia? ¿Quién fue Moisés?
2. ¿Por qué fue adoptado Moisés? ¿Amaban sus padres biológicos a Moisés?
3. ¿Cuál es el caso más importante en la Biblia de un hijo adoptivo?
4. ¿Qué es lo que te hace pertenecer a una familia?
5. ¿Quién fue Steve Jobs? ¿Qué es lo que hace a Steve Jobs una persona inspiradora?
6. ¿Por qué la mamá de Steve dio a su hijo en adopción? ¿Amaba la mamá biológica de Steve a su hijo? ¿Le amaron sus padres adoptivos?

Frases para memorizar

1. Ser un hijo adoptivo te da exactamente los mismos privilegios y responsabilidades que un hijo biológico.
2. Los ejemplos de la Biblia y de Steve Jobs y otros, demuestran que ser un hijo adoptivo no detiene en lo absoluto los planes que Dios tiene para tu vida.
3. Siempre debes sentirte amado (a) porque tus padres biológicos te aman y si eres un hijo adoptivo, tus padres adoptivos también.
4. Todos somos hijos adoptivos de Dios.

Otros pasajes de la Biblia sobre el tema para lectura y memorización

Stg. 1:27; Mt. 18:5; Is. 1:17; Prov. 31:8; Ef. 1:5; Sal. 146:9; Mt. 25:40; Hch. 7:21; Gal. 4:5-7; Rom. 9:8; Est. 2:7; Gál. 3:26; Jn. 14:18.

61

Nuestros amigos

Memorizar

Proverbios 13:20 «El que anda con sabios, sabio será: Mas el que se junta con necios será quebrantado».

Todos necesitamos tener amigos, y aunque Dios nos ordena amar a todas las personas, somos libres para elegir a nuestros amigos. Por ello, tenemos que ser muy sabios para elegir con quien juntarnos, porque la Biblia dice: «El que anda con sabios, sabio será...». Asimismo, también dice: «Las malas conversaciones corrompen las buenas costumbres» (1 Cor. 15:33). Esto quiere decir, que, si te juntas con personas malas y de malas costumbres, pronto estarás haciendo y hablando lo mismo que ellos.

❓ Preguntas introductorias

1. ¿Cuántos amigos tienes? ¿Cómo se llaman? ¿Cómo son ellos?
2. ¿En qué te fijas tu a la hora de elegir tus amistades?
3. ¿Cómo describes a un buen amigo?
4. ¿Piensas que los amigos que tienes realmente valoran tu amistad? Si/no ¿por qué?

Historia bíblica (Job 2:11-13)

El amigo verdadero ama en todo tiempo y demuestra con hechos ese amor; su compañía trae gozo; él o ella sabe dar un consejo sabio y afectuoso, pero también reprende cuando es necesario. Habla bien de los demás y sabe guardar bien la información personal.

Hay diferentes niveles de amistad. Va desde una amistad meramente ocasional (podemos charlar con esa persona una vez al año, por ejemplo) a una amistad íntima (seguido). Jamás debemos elegir como amigo íntimo a una persona que no conoce a Dios o que no es una buena persona. En ocasiones es difícil encontrar a un buen cristiano en la escuela, o luego —cuando seas adulto—, en un trabajo; sin embargo, al menos debes juntarte con aquellas personas que tú observas que no dicen malas palabras ni se comportan mal. Jamás deberás juntarte con alguien que habla de sexo o que roba o que miente o que engaña a otros. Puedes ser amigable con ellos, pero no hacer de estas personas amigos cercanos.

Job era muy buen cristiano. Él vivió en el tiempo cuando todavía la Biblia no existía, miles de años antes de que tú y yo naciéramos. Job tenía tres amigos, los cuales, cuando supieron lo que le estaba sucediendo, fueron a visitarlo... por cierto, ¿sabes la historia de Job? Pues bien, ellos decidieron visitarlo, y eso estuvo bien, pero si tú continúas leyendo lo que ellos dijeron, te darás cuenta de que, en lugar de consolarlo y alentarlo, lo condenaron. Un buen amigo jamás hace eso, pues ellos no podrían saber por qué le estaba sucediendo a Job eso. ¿Qué hubieras hecho tú si hubieses sido un amigo de Job y hubieras visto su situación?

Ilustración

Las personas con las que te juntas —lo quieras o no— moldean tu carácter. Tú mismo (a) decides con quién juntarte, pero también es algo natural; esto quiere decir que, si eres un buen cristiano, también tenderás a juntarte con buenos cristianos. Sin embargo, debes tener cuidado, porque hay personas que aparentan ser cristianas, y no lo son. Tus padres siempre serán buenos consejeros en este asunto, por lo tanto, debes hablarles a ellos de las personas con las que te juntas. Por otro lado, procura no ser antisocial, sino hablar con todos, hablarles del Señor e invitarlos a la iglesia. Pero recuerda, siempre debes ser muy cuidadoso (a) en elegir con quien tendrás una amistad más *cercana*.

En una ocasión un granjero sacó su escopeta y fue a su campo para dispararse a una bandada de cuervos muy molestos y dañinos. Dio varios tiros y fue a ver a quienes les había pegado. Cuando fue a mirar, el granjero se sorprendió al ver a un loro, muy amistoso, pero ahora muerto. Cuando el hijo del granjero se acercó a ver también, le preguntó a su padre: «¿Qué fue lo que pasó, papá?», «malas compañías» —respondió el padre.

Si nos juntamos con las personas equivocadas, ellas pueden hacer que nos metamos en graves problemas y suframos innecesariamente.

❓ Preguntas sobre la clase

1. ¿Es importante que tengas amigos? Si/no ¿por qué?
2. Si Dios nos ordena amar a todos ¿Estamos obligados a tener amigos incorrectos? Si/no ¿por qué?
3. ¿Puedes mencionar algunas características de un buen amigo?
4. ¿Cuál es la clase de amigo que jamás debemos tener?
5. ¿Por qué los amigos de Job demostraron no ser buenos amigos realmente?
6. ¿A quiénes siempre debes decir con quien o quienes te juntas?
7. ¿Por qué le pasó al loro lo que le pasó?

Frases para memorizar

1. Siempre debemos elegir a buenos cristianos como nuestros mejores amigos.
2. Tus padres siempre deberán estar enterados de quienes son (y cómo son) las personas con las que te juntas.
3. Un buen amigo te trata como se trataría a sí mismo. Se comporta como un cristiano y habla palabras que te hacen crecer en Cristo. Es ayudador y deja también que tú le ayudes.
4. Debes alejarte de alguien que habla de sexo o que roba, o que es grosero con sus padres o que engaña a otros, etc. Los que no aman a Jesús no pueden ser tus amigos íntimos.
5. Debes orar para que Dios te dé buenos amigos. Y la persona con la que te cases un día, esa persona será tu mejor amigo.

Otros pasajes de la Biblia sobre el tema para lectura y memorización

Prov. 18:24; Jn. 15:13; Prov. 27:17; Prov. 17:17; Ecl. 4:9-12; 1 Cor. 15:33; 1 Ts. 5:11; Prov. 27:9; Prov. 27:6; Job 6:14; Prov. 13:20.

62

Compasión por los demás

Memorizar

Mateo 7:12 «Así que, todas las cosas que queráis que los hombres hagan con vosotros, así también haced vosotros con ellos; porque esto es la ley y los profetas».

A este versículo de Mateo 7:12 se le ha llamado *la regla de oro*. En el mundo hay muchas personas que ahora están sufriendo. Quizá tú no lo sepas, pero ahora mismo hay personas que lloran y sufren. Una persona puede estar sufriendo debido a sus propios pecados; pero también hay muchos que sufren debido a los pecados de otros. Muchas veces nunca sabremos exactamente por qué sufre una persona. Afortunadamente, el Señor no nos ha ordenado investigar por qué una persona sufre ni juzgarla, tan solo Él quiere que le ayudemos y tengamos compasión de ella.

❓ Preguntas introductorias

1. Si te hablan de alguien que sufre, ¿en quién piensas primero?
2. ¿Cómo es que tú podrías ayudar a un niño huérfano o a una anciana que ha perdido su esposo?
3. ¿Hay en tu escuela un muchacho (a) pobre de quién otros niños se burlen? ¿la has defendido?
4. ¿Alguna vez has estado en un orfanatorio? Si es así, cuéntanos de tu experiencia.

Historia bíblica (Lucas 10:30-35)

En una ocasión Jesús contó una historia para ilustrar el amor al prójimo. Muchas personas piensan que deben portarse bien y ayudar a aquellos que les hacen bien y los ayudan a ellos. Y aunque esto es verdad, el Señor nos ordena que ayudemos a todos aquellos que tengamos oportunidad, incluyendo a los desconocidos. Es necesario mostrar compasión por los demás que sufren. La palabra *compasión* significa «sufrir con». Es decir, debemos ponernos en los zapatos de aquel o aquella que está sufriendo y ayudarle.

La historia que contó Jesús se trata de un hombre que fue asaltado por ladrones, quienes le dejaron desnudo y malherido. Por el lugar, primero pasó un sacerdote, un religioso que enseñaba la ley de Dios, pero este no le hizo caso y pasó de largo. Luego pasó otro, un levita, es decir, una persona que servía en la iglesia, pero también pasó de largo. Finalmente, pasó uno que era considerado un enemigo de los judíos, un samaritano. Y este tuvo compasión del que estaba en el suelo. Lo puso en su cabalgadura, lo curó y lo llevó al hospital más cercano para que cuidaran de Él.

Esta historia nos enseña que todo cristiano debe tener compasión de aquel que ve que está sufriendo y debe tratarle como le gustaría que lo trataran a él o ella si estuviera en su lugar.

Ilustración

D.L. Moody fue un evangelista que ganó muchas almas para Cristo. Él tenía una tremenda compasión por los demás y se interesaba por ellos para salvarlos de las garras del infierno. En su libro *A History of American Revivals*, Frank Grenville Beardsley cuenta la historia de su conversión. Dice que Moody dijo que cuando era un muchacho, su maestro de Escuela Dominical fue al mostrador de la tienda en que él trabajaba, le puso la mano en el hombro y le empezó a hablar de Cristo. Mientras hablaba, aquel maestro de Escuela Dominical derramaba sus lágrimas. «Ahí estaba ese hombre» —continuó diciendo D.L. Moody— «derramando sus lágrimas por mis pecados, cuando yo mismo no había derramado una sola por ellos. Esta era una muestra de gran compasión por mí».

Esta historia nos enseña que la más grande muestra de compasión que podemos tener por una persona es hablarle del Señor para ayudarla a escapar del infierno, la gran condenación de que habló Jesús y los apóstoles. Nosotros, naturalmente somos egoístas y no pensamos en los demás, pero el Espíritu Santo es quien nos ayuda a desarrollar un espíritu de compasión por los demás.

❓ Preguntas sobre la clase

1. ¿Cómo se le ha llamado al versículo de Mateo 7:12? ¿Puedes recitarlo de memoria?
2. Conforme a esta lección, ¿a qué nos ha llamado Dios? ¿A qué no nos ha llamado?
3. ¿Debemos ayudar solamente a aquellos que nos hacen bien? Si/no ¿por qué?
4. ¿Qué significa la palabra *compasión*?
5. ¿Qué piensas tú del sacerdote y del levita que pasaron de largo y no ayudaron al hombre que estaba tirado en el suelo?
6. ¿Qué piensas tú del samaritano que ayudó a su prójimo?
7. ¿Cómo fue la conversión de D.L. Moody? ¿Qué nos enseña esta historia?

Frases para memorizar

1. Debemos pedir que el Señor nos envíe el Espíritu Santo para tener compasión por los que sufren.
2. Tener compasión no solo se trata de tener un sentimiento de lástima, sino actuar como si tú mismo estuvieras pasando por ese sufrimiento y ayudar al prójimo.
3. Dios ordena no solo ayudar a quienes te ayudan a ti, sino a todos, incluyendo a los que te tratan mal y a los desconocidos.
4. En cada situación debes aplicar la regla de oro (lo que tú quieras que te hagan a ti, tú también debes hacerlo con los demás)
5. La más grande demostración de compasión por otros es ayudarlos a ser salvos. Jesús tuvo compasión de nosotros y Él quiere que nosotros tengamos compasión de los demás.

Otros pasajes de la Biblia sobre el tema para lectura y memorización

Ef. 4:32; Col. 3:12; Gál. 6:2; 1 P. 3:8; Mt. 7:12; Gál. 5:22-23; Mt. 9:36-38; 1 Jn. 3:17; Zac. 7:8-10; Sal. 86:15; 2 Cor. 1:3-4; Job 19:21; Is. 54:8; Rom. 10:1; Rom. 9:3.

63

Los abuelitos

Memorizar

2 Timoteo 1:5 «trayendo a la memoria la fe no fingida que hay en ti, la cual habitó primero en tu abuela Loida, y en tu madre Eunice, y estoy seguro que en ti también».

No todos tenemos o hemos tenido el privilegio de tener abuelitos cristianos. Pero es la voluntad de Dios que tú, un día, seas un abuelito o abuelita cristiano (a) que enseñes a tus niños y nietos a servir al Señor. La voluntad de Dios es que las enseñanzas del evangelio sean enseñadas de generación en generación, y Dios, muchas veces usa a los abuelitos en esta tan importante tarea. La sociedad mala en que vivimos hoy no tiene respeto por los abuelitos ni por los ancianos (como vimos en una clase pasada); pero si tú tienes el privilegio de tener un abuelito cristiano o cristiana debes ser muy atento con él o ella y aprender. Si ellos son cristianos y tus padres también, esto debes considerarlo como una enorme bendición.

❓ Preguntas introductorias

1. ¿Tus abuelitos son cristianos? Si no lo son ¿les has hablado de Jesús?, y si lo son ¿te enseñan ellos de la Palabra de Dios?
2. ¿Qué es lo que más admiras en tus abuelitos?
3. ¿Por qué debes tratar con mucho amor y respeto a tus abuelitos?

Historia bíblica (Gn. 48:1-22)

José había sido vendido por sus hermanos y fue a dar a la tierra de Egipto, ahí Dios exaltó a José y lo hizo el segundo hombre más importante del país. Cuando esto sucedió, Dios puso los medios para que él pudiese traer a su familia a Egipto. Jacob, su padre, era un hombre muy sabio, un siervo de Dios. Cuando Jacob reconoció a José, preguntó por sus hijos. José se había casado en Egipto y tuvo dos hijos, Efraín y Manasés. Entonces Jacob pudo reconocer un problema: a esos niños les faltaba la educación cristiana; fue por eso que él le dijo a José que esos niños serían de él. Jacob los adoptó como suyos y los bendijo.

¿Has notado que en la Biblia hay listas de nombres de personas? A estas listas de nombres se les llama genealogías. ¿Sabes por qué están estas genealogías en la Biblia? La razón de eso es que Dios desea que los seres humanos le sirvan de generación en generación. Ese debe ser también tu deseo.

Ilustración

Los abuelitos son muy importantes en el fortalecimiento de la familia. Ellos, cuando eran niños se parecían a ti físicamente, por cierto, ¿en qué te pareces a ellos? Pero además (y esto es lo más importante) ellos transmiten valores y enseñanzas. Cuando los abuelitos son cristianos ellos oran por su familia y pasan la antorcha del temor de Dios a sus hijos y a sus nietecitos. Posiblemente tú eres uno de ellos.

En la Biblia tenemos la historia de Rut ¿por qué está esta historia en la Biblia? Por causa de Obed, porque Obed fue el abuelito de David, y Jesús fue descendiente de David. Uno de tus más grandes anhelos debe ser que tú seas el abuelito de un gran hombre de Dios o una gran mujer de Dios.

Quizá has escuchado quién fue Martin Luther King Jr. Él fue un líder de los derechos civiles en Estados Unidos, él luchó para lograr que no existiera discriminación en el país y es considerado como un héroe nacional. Además, él ganó el Premio Nobel de la Paz en 1964. Sin embargo, antes que ser un político, él se consideraba —encima de todo— un predicador bautista. Él dijo: «Este es mi ser y mi herencia» —dijo una vez— «porque también soy hijo de un predicador bautista, nieto de un predicador bautista y bisnieto de un predicador bautista».

Preguntas sobre la clase

1. ¿Conforme a lo que estudiamos en esta lección ¿cuál es la voluntad de Dios?
2. ¿Cuál fue el problema que reconoció Jacob en sus nietos (los hijos de José)?
3. ¿Cuál es la razón de las genealogías en la Biblia?
4. ¿Cuál es la más importante función de los abuelitos cristianos?
5. ¿Por qué es tan importante el libro de Rut en la Biblia?
6. ¿Quién fue Martin Luther King Jr.?
7. ¿Qué era lo que Martin Luther King Jr. consideraba como su más grande herencia?

Frases para memorizar

1. La voluntad de Dios es que la llama del evangelio se mantenga viva de generación en generación en tu familia.
2. Si tus padres y abuelos son cristianos considera esto como un gran privilegio. Si no lo son, ora a Dios que los salve.
3. La razón porque las genealogías aparecen en la Biblia es para dar honor a la generación de gente buena y temerosa de Dios a través de la historia.
4. La función más importante de los abuelos es dar consejo cristiano y enseñanza de la Palabra de Dios a sus hijos y nietos.

Otros pasajes de la Biblia sobre el tema para lectura y memorización

Prov. 17:6; Prov. 16:31; Sal. 145:4; Dt. 4:9; Prov. 13:22; 2 Ti. 1:5; Sal. 103:17; Is. 46:4; Sal. 37:25; Sal. 90:12, 14; Éx. 10:2; Sal. 72:5; Sal. 79:13; Sal. 89:1; Sal. 90:1; Sal. 135:13.

64

El poder de tu lengua

Memorizar

Proverbios 18:21 «La muerte y la vida están en poder de la lengua, Y el que la ama comerá de sus frutos».

Jesús dijo que el árbol se conoce por su fruto y este fruto consiste en nuestras palabras y acciones. También dijo que de lo que está lleno el corazón de esto habla la boca. El cristiano debe llenar su corazón de las palabras de Dios (palabras de fe y sabiduría) y pedir que el Espíritu Santo le ayude para que esas palabras sean parte de él o ella. El apóstol Pablo también dijo que la Palabra de Cristo more en abundancia en nosotros (Col. 3:16). Si logramos que nuestras palabras sean las palabras apropiadas agradaremos a Dios y a los demás. Por nuestras palabras seremos encontrados justos y por nuestras palabras culpables (Mt. 12:37). Nuestras palabras sinceras son, se puede decir, lo más importante de nosotros.

Preguntas introductorias

1. ¿Recuerdas alguna palabra que te haya animado a seguir adelante?
2. ¿Cuál es el tema de que más hablas durante el día?
3. ¿Qué es lo que estás haciendo para hablar como habló Jesús?

Historia bíblica (Mateo 15:21-28; Marcos 7:24-30)

En una ocasión Jesús fue a una región de Tiro y Sidón y entró en una casa; y aunque no quiso que nadie lo supiese, no pudo esconderse. Vino a Él una mujer extranjera para rogar al Señor que sacara un demonio de su hija. Pero el Señor le dijo algo que quizá ella no esperaba: el Señor la probó diciéndole que Él fue enviado solo a los israelitas y no a los extranjeros, incluso le puso una ilustración un tanto humillante: «Deja primero que se sacien los hijos, porque no está bien tomar el pan de los hijos y echarlo a los perrillos». Sin embargo, ella era una mujer humilde, y contestó: «Sí, Señor; pero aun los perrillos, debajo de la mesa, comen de las migajas de los hijos». Sus palabras fueron palabras de humildad y de fe. Por tanto, Jesús le dijo: «Por <u>esta palabra</u>, ve; el demonio ha salido de tu hija». Dios considera nuestras palabras algo muy importante.

Ilustración

En 1775 en el estado de Virginia, Patrick Henry pronunció un discurso conocido como «Libertad o muerte». Este fue un discurso muy inspirador que transformó el rumbo de la historia de la humanidad. Este discurso animaba a los habitantes de las colonias americanas a tomar las armas y luchar por su independencia de Inglaterra. Entre las palabras de su discurso, Patrick gritó: «¡Dadme libertad o dadme la muerte!». Este discurso convenció a los colonos a pelear contra Inglaterra. El resultado de ello fue la independencia de Estados Unidos en 1776. Las palabras han cambiado el curso de la historia.

Es muy posible que tu recuerdes a alguien que te haya dado una palabra de ánimo, pero también una palabra de desánimo puede ser poderosa en tu vida. Lo que tú dices puede ser lo que te lleve a la cárcel o lo que te dé libertad. Dios da valor a tus palabras porque estas también te guiarán al fracaso o a la victoria. Cada día debes rogar a Dios que su Santo Espíritu ponga las palabras que debas hablar durante el día, y poner su Palabras (la Biblia) en el centro de tu corazón.

La página de Facebook Humans of Dublin publicó el 3 de agosto de 2015 la historia de Jamie, quien es un adolescente que vive en Dublín, Irlanda. Él pasó con su bicicleta por la banqueta de un puente en donde estaba un hombre a punto de suicidarse. Jamie no sabía que estaba sucediendo con este hombre, pero en el preciso momento que él estaba dando el salto, Jamie dijo: «¿Está usted bien?». Todo lo que sucedió después fue el resultado de esas palabras, pues ese hombre no solo se arrepintió de suicidarse, sino que tres meses después le texteo a Jamie que su esposa tendría un hijo y que le llamarían como él, Jamie. Le dijo también que esas tres palabras habían salvado su vida: «¿Está usted bien?».

❓ Preguntas sobre la clase

1. ¿Qué fue lo que Jesús dijo, cómo es que se conoce a un árbol?
2. ¿Qué fue lo que Jesús dijo que era la razón de las palabras que hablamos?
3. ¿Cómo podemos hablar las palabras de fe y de sabiduría de Dios?
4. ¿Por qué nuestras palabras son tan importantes?
5. ¿Cuál fue la razón de que Jesús echó fuera el demonio de la mujer extranjera?
6. ¿Cuál fue un discurso que cambió el curso de la historia? ¿Cuáles fueron las tres palabras que dijo Jamie, las cuales salvaron la vida de un hombre?

Frases para memorizar

1. Tienes que tener mucho cuidado con lo que dices. Una de las cosas más importantes en la vida es aprender a hablar palabras de fe y de sabiduría siempre.
2. La manera en que puedes hablar las palabras de Dios en la Biblia es memorizándola y pidiendo a Dios que, por el Espíritu Santo, Él convierta su Palabra en Palabra viva y poderosa dentro de ti.
3. Las palabras que tú dices pueden salvar la vida de una persona, pero también pueden hacer que se pierda. Tú mismo serás juzgado delante de Dios por tus palabras
4. Nuestras palabras sinceras, se puede decir, son lo más importante de nosotros.

Otros pasajes de la Biblia sobre el tema para lectura y memorización

1 P. 3:10; Prov. 15:1-2; Ef. 4:29; Sal. 141:3; Mt. 12:36-37; Stg. 1:26; Prov. 12:18; Stg. 3:8; Prov. 15:4; Prov. 10:19; Prov. 13:3; Sal. 19:14; Stg. 3:6; Stg. 1:19; Prov. 15:28; Prov. 21:23; Fil. 2:14; Sal. 34:13; Prov. 25:15; Prov. 17:27.

65

Los frutos del cristiano

Memorizar

Mateo 7:16 «Por sus frutos los conoceréis. ¿Acaso se recogen uvas de los espinos, o higos de los abrojos?».

Cristo nos dice que no debemos juzgar, es decir, pensar cosas que no sabemos; pero al mismo tiempo, nos dice que debemos reconocer a las ovejas (los verdaderos cristianos) de los lobos (los que fingen ser cristianos). ¿Cómo lo sabremos? Por sus frutos. Los frutos son sus palabras sinceras y sus acciones (las decisiones que toman). Una persona puede fingir por un tiempo, pero tarde que temprano aparecerá el fruto: hablará lo que no debe y tomará decisiones y acciones que no son de un verdadero seguidor de Jesucristo. Jesús dijo que estos lobos son rapaces, es decir, que roban. Un lobo te robará la paz, el tiempo valioso, tu comunión con Cristo y tu felicidad. En esta lección te ayudaré a identificar a los lobos.

Preguntas introductorias

1. ¿Cuáles son las diferencias entre una oveja y un lobo?
2. ¿Por qué crees que Dios utiliza la oveja como un ejemplo de lo que es un verdadero cristiano?
3. ¿Qué es lo que quiere el lobo? ¿Para qué va a donde están las ovejas?

Cómo identificar a un falso cristiano

Los cristianos falsos son instrumentos de satanás para robar la paz, el gozo, el tiempo, el dinero, etc., de las ovejas del Señor. La meta del diablo es apartarnos de Cristo y guiarnos al infierno. En muchas ocasiones, el Señor y los apóstoles nos advirtieron de estas personas. Aquí te presentaré algunas ideas que te ayudarán a identificar a los lobos. Pondré el ejemplo de un lobo (vestido de piel de oveja) que trata de engañar a un joven cristiano o una joven cristiana.

1. **Sus anhelos no son servir a Cristo**. Tú puedes preguntarle ¿cuáles son tus más grandes anhelos? ¿Cuál piensas que es tu propósito en esta vida? Él o ella te puede contestar algo así como: «Me gustaría ser un esposo (a) y un padre (madre) ideal, proveer para mi familia, ser amoroso (a) y gentil con mi esposa (o), etc.» Pero esa respuesta será señal de que todavía no se ha convertido al Señor, porque el verdadero convertido dirá que desea servir al Señor, que su máximo anhelo es ser útil para Él y que su esperanza está en estar por la eternidad con Cristo. Es decir, las cosas espirituales.
2. **Él o ella no busca el reino de Dios primero**. Los que no conocen todavía al Señor aman las cosas de este mundo más que las cosas de Dios; pueden ser trabajadores o buenos estudiantes, pero no ponen al Señor en primer lugar en su vida. Un verdadero cristiano ama a Cristo y siempre lo pone a Él en primer lugar. Si tú le preguntas a ese cristiano: ¿Qué es lo que tú más amas? ¿Cuáles son tus actividades diarias? Te dirá con toda sinceridad que lo que más ama es a Cristo, y lo que hace durante el día incluye, en primer lugar, la oración y la lectura de la Biblia.

3. **No se deleita en la adoración.** Observa, un verdadero cristiano adora al Señor, lo ves que levanta sus manos y derrama sus lágrimas porque siente la presencia del Señor. Canta de todo corazón. Le gusta orar y separa suficiente tiempo para hablar con el Señor.
4. **No tiene ningún deseo de hablar de Cristo.** El lobo no se emociona al mencionar el nombre de Jesús, ni le confiesa como Salvador personal con sus amigos y familia.
5. **No se comporta como cristiano.** Su familia podría testificar de su verdadera conversión, pero ellos no ven en él o ella ningún cambio. Cuando alguien realmente se ha convertido al Señor los que viven con él o ella pueden dar testimonio del cambio radical que ha ocurrido en su vida.
6. **No busca la compañía de los cristianos para ser edificado en Cristo.** Él o ella más bien busca a los cristianos para beneficiarse de lo material o de las cosas del mundo. No ama escuchar la Palabra de Dios.
7. **No está dispuesto a sacrificarse por Cristo.** El verdadero convertido se pregunta: ¿Qué puedo sacrificar y qué de mi vida puedo usar para servir a mi Señor?, pues ahora él o ella ahora pertenece a Cristo y está dispuesto aun a morir si fuera necesario por el Señor.
8. **No es humilde.** El que se ha convertido al Señor es manso y humilde (como una oveja), perdona y pide perdón; sirve con humildad de corazón y no se cree más que los demás. También se somete con humildad a la autoridad puesta por Dios.

Ilustración

La razón por la que el líder de una iglesia fue llamado por Dios *pastor*, es porque es la persona que en primer lugar debe identificar a los lobos y advertir a las ovejas. Jesús dijo que la manera en que podemos identificar a un lobo de una oveja es por sus acciones y palabras, esto es, el fruto. Dijo que, así como por el fruto se conoce al árbol, así nosotros conoceríamos a los verdaderos cristianos de quienes no lo son. Debemos esperar el tiempo en que el árbol dé su fruto.

Cuando hemos identificado al falso cristiano debemos alejarnos de esa persona (lee 1 Cor. 5:11). En ese caso, la señal de que esa persona se convierte realmente es que confiesa que antes fingía ser cristiano, pero que no lo era, y que tuvo un verdadero encuentro con el Señor Jesús.

Ejercicio

Identifica al lobo de la oveja, marca con una cruz la L (para lobo) y la O (para oveja):

1. Un muchacho que hace trampa en la escuela (L) (O).
2. Siempre dice la verdad, aunque la verdad parezca estar en su contra (L) (O).
3. Admite que se equivoca y pide perdón (L) (O).
4. Nunca pide perdón ni se humilla ante los demás (L) (O).
5. Alguien que culpa a otros por sus errores (L) (O).
6. Está dispuesto a hacer grandes esfuerzos por estar contigo, pero no está dispuesto a hacer lo más mínimo por Jesús (L) (O).
7. Se enoja con facilidad (L) (O).
8. Se avergüenza de hablar de Jesús (L) (O).
9. No se emociona ni se conmueve cuando escucha del sacrificio de Jesús en la cruz (L) (O).
10. Hace cosas en secreto para agradar a Dios (p. ej. da a los pobres) sin buscar agradar a las demás personas (L) (O).

Preguntas sobre la clase

1. ¿Cómo podemos identificar a una oveja de un lobo? ¿Qué fue lo que dijo Jesús?
2. Menciona las diferencias entre un verdadero cristiano y alguien que no lo es.
3. ¿Identificar a un lobo es juzgar? Si/no ¿por qué?
4. ¿Cómo podemos proteger a los demás de las personas que hemos identificado como lobos? ¿Quién es el que Dios ha designado en la iglesia para identificar a los lobos?
5. ¿Qué debemos hacer al identificar al lobo?
6. ¿Cómo podríamos saber si un lobo se ha convertido finalmente en oveja?

Frases para memorizar

1. Juzgar es dar una opinión de alguien antes de conocer sus acciones y palabras. Cristo nos ordena a observar a las personas y esperar hasta que den fruto.
2. El fruto determinará si una persona es cristiana o es falsa.
3. Los falsos cristianos son instrumentos del diablo para robarnos la paz, el tiempo, el dinero, y para destruir nuestra relación con Cristo y apartarnos de Él.
4. Los lobos no piensan en las cosas espirituales sino siempre en las cosas de la tierra.
5. Los lobos no se deleitan en el Señor ni les gusta orar, ni aman la Biblia

Ejemplo práctico

Si un muchacho (a) te gustara y no es cristiano, debes pedirle a Dios que te ayude a vencer ese mal deseo. Debes quitar de inmediato tu mirada de ahí, pues es una trampa del diablo. Tú no debes darle ninguna entrada hasta que él o ella realmente se convierta al Señor. El fruto es lo que hará que tú lo sepas, y este fruto deberá estar presente por un buen tiempo (hasta la madurez espiritual). Debes tener mucho cuidado, porque el diablo quiere echar a perder tu vida. Siempre debes hablar de eso con tus padres y con tu pastor y su esposa (o), y con ellos juntos.

Otros pasajes de la Biblia sobre el tema para lectura y memorización

Lc. 10:3; Jn. 10:12; Mt. 10:16; Hch. 20:29; Ex. 22:27; 2 P. 2:1; 1 P. 5:8; 2 Cor. 11:13-15; Lc. 6:46; Mt. 7:20-23; 1 Cor. 5:11.

66

No te compares con otros

Memorizar

2 Corintios 10:12 «No nos atrevemos a igualarnos ni a compararnos con algunos que tanto se recomiendan a sí mismos. Al medirse con su propia medida y compararse unos con otros, no saben lo que hacen [es de necios]» (NVI).

Siempre debes pensar en ser mejor delante del Señor. Debes buscar mejorar en tus estudios e ir avanzando en tu carácter cristiano. Sin embargo, no es sano que te compares con otros, pues tu eres distinto a los demás y Dios te ha creado así. Puedes tener a otras personas (mayormente adultos, que todavía viven o que ya han muerto) como tus héroes debido a su vida de fe y debes imitarles, pero no es bueno que te compares con otros muchachos (as) o jovencitos (as) que ahora van caminando contigo en la vida, porque no generará nada bueno.

? Preguntas introductorias

1. ¿Por qué crees que compararse con otros puede producir envidias y pleitos?
2. ¿Qué piensas de los que dicen: «todos lo hacen» o «comparado con aquel, yo soy una blanca palomita»?
3. ¿Por qué la comparación produce orgullo en el corazón?

Historia bíblica (Lucas 18:9-14)

Jesús contó la historia de dos hombres que entraron al templo a orar. Uno de ellos era un fariseo y el otro era un cobrador de impuestos (publicano). En su oración, el fariseo se comparaba a sí mismo con el publicano y, comparándose a sí mismo con los demás y con el publicano que ahí estaba, decía: «Te doy gracias porque no soy como los otros hombres, ladrones, injustos, adúlteros, ni aun como este publicano». Mientras tanto, el publicano confesaba sus pecados delante de Dios y se humillaba delante de Él. Jesús dijo que mientras el publicano fue salvo; el fariseo sería humillado por Dios.

Esta historia nos enseña que jamás debemos compararnos a nosotros mismos con otros, sino preocuparnos únicamente por lo que cada uno de nosotros debe hacer y hacerlo. Las comparaciones con otros producen varios pecados (codicia, envidia, avaricia, celos, enojo, menosprecio de nosotros mismos, etc.).

Ilustración

Tony hizo la parada a un taxi; el taxi se paró y el taxista le dijo: «Hiciste todo perfecto, Paco». «¿Paco?, ¿quién es Paco?» —respondió Tony—. «Oh, es un tipo que hizo todo bien... un excelente jugador de tenis y un ganador de competencias mundiales de tiro al blanco; siempre llegaba a tiempo, siempre se comportó con gentileza; cantaba como voz de tenor y era un artista en la pintura». «¿Así?» —dijo Tony con admiración— «Sí, además, recordaba todos los nombres de su familia extendida, sus cumpleaños y sus fechas importantes; logró varios títulos universitarios y sabía arreglar todo, desde autos hasta aviones. No como yo, que no sé ni como cambiar un fusible, y que, si lo hago, dejo sin luz todo el vecindario». «Pero, ¿cómo y dónde conociste a ese hombre tan increíble y extraordinario?». «Nunca lo conocí» —dijo el taxista— «me casé con su viuda».

Esta historia nos recuerda que no debemos hacer comparaciones. Cada persona es distinta y tiene cualidades distintas. El diseño y llamado que Dios hizo de tu vida es distinto al de otro, y tú eres una persona única en el mundo. Las comparaciones pueden ser instrumentos del enemigo para llevarnos a pecar. Debes sentirte agradecido y satisfecho por lo que eres, y por todo lo que has recibido de Dios.

Preguntas sobre la clase

1. ¿Por qué no es sano que te compares con otros? Dime tres razones.
2. ¿Deberías tener héroes y buenos cristianos que admiras (adultos que han logrado una vida de fe)? Si/no ¿por qué?
3. ¿Qué era lo que decía el fariseo de la historia bíblica? ¿Por qué no agradó a Dios lo que él decía?
4. ¿Qué nos enseña la historia bíblica?
5. ¿Cómo crees que se sentía el taxista debido a que su esposa lo comparaba con su marido muerto?
6. ¿Qué nos enseña la ilustración?

Frases para memorizar

1. Dios ha creado a cada uno distinto, con capacidades diferentes y distintas, por lo tanto, es una necedad compararnos con otros.
2. Las comparaciones te hacen insensible al pecado, pues el diablo engaña a la gente haciéndole pensar que si es «mejor» que otro por ello está bien ante Dios.
3. Las comparaciones te guían al orgullo, pues puedes pensar que eres «mejor» que alguien más.
4. Las comparaciones limitan tu potencial, pues puedes estarte comparando con alguien que tiene menos fuerza o menos habilidades, que tú.
5. Las comparaciones te hacen ignorar que todo lo que tenemos y podemos hacer es por causa del Señor. Todo lo hemos recibido de Dios.

Otros pasajes de la Biblia sobre el tema para lectura y memorización

2 Cor. 10:12; Gal. 1:10; Gál. 6:4-5; Fil. 2:3; Mt. 7:2; 2 Cor. 3:5; 2 Ti. 2:15; Éx. 20:17; Jn. 21:22; Lc. 22:24-27; Gál. 6:3-5; Lc. 18:9-14; 1 Cor. 4:6-8; Mc. 9:23.

67

Perdona siempre

Memorizar

Mateo 6:14 «Porque si perdonáis a los hombres sus ofensas, os perdonará también a vosotros vuestro Padre celestial; mas si no perdonáis a los hombres sus ofensas, tampoco vuestro Padre os perdonará vuestras ofensas».

Una de las señales más importantes de que una persona sigue a Cristo es que perdona siempre. El mundo siempre clasifica las ofensas y dice que unas son más graves que otras, y si bien esto es verdad en el sentido de que unas ofensas traen más sufrimiento y consecuencias que otras, ninguna de ellas puede compararse con las que sufrió Cristo por nosotros, y todas el Señor las perdonó en la cruz. Por tanto, Dios pone un requisito para que Él nos perdone: que nosotros perdonemos todas las ofensas que nos hagan sin importar lo grave de cada una de ellas.

❓ Preguntas introductorias

1. ¿Cuál es la ofensa más grande que has recibido? ¿Ya la perdonaste?
2. ¿Qué crees tú que es lo mejor, perdonar rápido o tardarte en perdonar? ¿Por qué?
3. ¿Por qué las ofensas que nosotros hemos recibido no se comparan con las que Jesús sufrió por nosotros?

Historia bíblica (Mateo 8:21-35)

Pedro le preguntó al Señor cuántas veces él debería de perdonar a su hermano. Él pensaba que debería perdonarlo hasta siete veces; sin embargo, el Señor Jesús le respondió que no, no siete, sino setenta veces siete; esto es 490 veces; en una palabra, siempre.

Entonces Jesús contó la historia de un hombre que debía un billón de dólares a un rey. Siendo que este hombre era pobre, era imposible que le pagara esa deuda. El rey le dijo que, si no pagaba, entonces tanto él como su mujer e hijos tendrían que trabajar gratuitamente toda la vida hasta pagar. El hombre fue al rey y arrodillado le rogó que le tuviera paciencia; y el rey, movido a misericordia, le perdonó todo lo que debía.

Al salir de la presencia del rey, este hombre se encontró a un compañero de él quien le debía un dólar. Siendo este último aún más pobre, se puso a los pies del que el rey había perdonado, y le rogaba con lágrimas que le tuviera paciencia; sin embargo, el otro no quiso, y echó a su compañero en la cárcel. Al suceder esto, los que vieron esto dieron aviso al rey. Y el rey le dijo: «¿Por qué has hecho esto? Yo te perdoné un billón de dólares, y tú ¿no quieres perdonar un dólar?» Entonces ordenó que lo castigaran hasta que pagase todo lo que debía.

Ilustración

Corrie Ten Boom escribió un libro maravilloso de su propia historia. Ella y su familia fueron capturados por el ejército Nazi y llevados a un sitio en donde torturaban y mataban a los judíos. Cuando estaba ahí, su hermana fue torturada y muerta, pero ella sobrevivió milagrosamente.

Después, ella, siendo una cristiana, se dedicó a predicar el perdón de Jesús por Alemania y en muchos otros países. Un día, al hablar ante un grupo de personas en Munich, ella predicaba que Jesús nos había perdonado todos los pecados en la cruz. Entre los asistentes había una persona muy familiar para ella. ¡Cómo no reconocerlo! Era el hombre más cruel que ella hubiera jamás conocido. Un hombre que había torturado y matado mucha gente en el lugar en donde ella estuvo. Al terminar la plática, el hombre se acercó, y le dijo: «Hermana Corrie, es maravilloso hablar del perdón... yo mismo fui uno de los que mencionaba en su plática, pero ahora he aceptado a Jesucristo en mi corazón, y sé que Él me ha perdonado. Pero me gustaría escuchar de sus propios labios que usted también me ha perdonado». Entonces el hombre extendió su mano a Corrie. Ella estaba paralizada, estuvo hablando del perdón, pero ahora ella misma se resistía a perdonar. El hombre no la reconocía, pero ella a él sí. ¡Corrie sabía quién era! Entonces, después de un par de segundos, ella también estrechó su mano, y dijo con lágrimas en los ojos: «Sí, hermano, te perdono de todo corazón».

Preguntas sobre la clase

1. ¿Cuál es una de las señales más importantes de un verdadero seguidor de Jesús?
2. ¿Cuántas veces debemos de perdonar? ¿Qué significa ese número?
3. ¿Qué sucede si no perdonamos a alguno su ofensa contra nosotros?
4. ¿Qué fue lo que hizo con su compañero el hombre al que el rey le perdonó la gran deuda que tenía con él? ¿Qué hizo el rey después?
5. ¿Cuál fue la experiencia de Corrie con los nazis?
6. ¿Qué fue lo que dijo al ex soldado nazi?

Frases para memorizar

1. Una de las señales más importantes que identifica a una persona que sigue a Cristo es que perdona a los demás sus ofensas.
2. Jesús nos perdonó todas nuestras ofensas contra Él, por tanto, nos demanda que nosotros perdonemos a todos los que nos ofenden.
3. El requisito para que Dios perdone nuestras ofensas es que nosotros perdonemos las que los demás nos hacen a nosotros.
4. El requisito del perdón no depende de lo grave que sea la ofensa.
5. Cuando le preguntaron a Jesús cuántas veces debemos perdonar, Jesús respondió que siempre (setenta veces siete).
6. Perdona inmediatamente, pues hasta que no perdones, Dios no te perdonará a ti tampoco.

Otros pasajes de la Biblia sobre el tema para lectura y memorización

Ef. 4:32; Mc. 11:25; 1 Jn. 1:9; Mt. 6:14-15; Mt. 18:21-22; Mt. 6:14-15; Lc. 6:37; Col. 3:13; Stg. 5:16; Lc. 6:27; Sal. 103:10-14; Prov. 10:12; Mt. 6:12.

68

Si te equivocas, pide perdón de inmediato

Memorizar

Mateo 5:25 «Ponte de acuerdo con tu adversario pronto, entre tanto que estás con él en el camino, no sea que el adversario te entregue al juez, y el juez al alguacil, y seas echado en la cárcel».

El requisito para continuar teniendo paz con Dios es hacer todo lo que está de nuestra parte por tener paz con todos. Todos en algún momento podríamos (aún sin querer) ofender a otra persona, pero el niño y joven inteligente pide perdón y se disculpa de inmediato; y los más inteligentes, no se ofenden casi con nada. Jesús dice que cada uno tiene un tiempo para aprovechar y pedir perdón, de otra manera, luego las cosas serán cada vez peores.

❓ Preguntas introductorias

1. ¿Qué es lo que más te ofende? ¿Crees que Jesús puede ayudarte a ya no ofenderte con eso?
2. ¿Por qué crees que la gente no quiere pedir perdón?
3. ¿Crees que hay personas que se ofenden, pero no son sinceras y dicen que no se ofendieron? ¿Por qué crees que ellos hacen esto?

Historia bíblica (Mateo 8:27-35)

La más grande demostración del amor de Dios es su perdón; y Cristo, en el momento que estaba siendo gravemente ofendido, cuando estaba en la cruz, Él dijo: «Padre, perdónalos, porque no saben lo que hacen» (Lc. 23:24). Él no necesitó que nadie le pidiera perdón para perdonar; pero una persona, para hacer efectivo el perdón necesita pedir perdón al Señor (aunque Él ya antes nos perdonó todos nuestros pecados). Así también nosotros, no debemos esperar que alguien nos pida perdón para perdonarle (pues debemos perdonarle en nuestro corazón tan rápido como podamos, entre más rápido es mejor); pero si nosotros somos los que ofendemos, debemos pedir perdón y disculparnos de inmediato.

La Biblia dice: «No injuriarás [ofenderás] a los jueces, ni maldecirás [hablarás mal] al príncipe [gobernante] de tu pueblo [de donde tú vives]» (Éx. 22:28). Pablo, un poderoso siervo de Dios, fue tomado preso por predicar el evangelio, y le hicieron presentarse ante las autoridades para juzgarle. Cuando él tuvo oportunidad de hablar, él dijo que él había servido a Dios sin haber cometido ningún delito. Entonces uno de los gobernantes, Ananías, mandó que golpeasen fuertemente a Pablo en la boca. Entonces él dijo a ese hombre: «¡Dios te golpeará a ti, pared blanqueada! ¿Estás tú sentado para juzgarme obedeciendo la ley, y no la obedeces al mandarme golpear?». Pablo estaba diciendo algo correcto, porque eso no se debería hacer en un juicio. Pero cuando Pablo dijo esto, le dijeron: «¿Ofendes así a tu autoridad?». Pablo entonces se dio cuenta de que se había equivocado al hablar así y pidió disculpas de inmediato.

Ilustración

El dueño de un periódico de Londres, en el siglo XIX (cuando los periódicos eran un medio de comunicación muy importante), William B. habló mal de un político (Edward H.) en su periódico y lo ofendió públicamente. Luego, se encontró a ese mismo político en el baño de un club de Londres y le dijo: «Edward, quiero pedirte perdón, me equivoqué, lo siento». El político gruño un poco y le dijo: «Muy bien, William, te perdono, pero la próxima vez, quiero que me ofendas en el baño y luego me pidas perdón en el periódico». Esta historia nos enseña, que, si ofendemos a alguien públicamente, debemos también pedirle perdón públicamente, y no en privado.

Preguntas sobre la clase

1. ¿Cuál es el requisito que Dios nos pone para continuar en paz con Él?
2. ¿Qué es lo que hace una persona inteligente cuando se equivoca y/u ofende a otro? ¿Qué hacen los más inteligentes?
3. ¿Cuánto tiempo tardó Jesús en perdonar a sus ofensores? ¿Necesitó que ellos le pidieran perdón?
4. ¿Qué debemos hacer si nos equivocamos y ofendemos a otra persona o cometemos un error?
5. ¿Qué fue lo que hizo Pablo cuando se equivocó? ¿Cómo fue que se equivocó?
6. ¿Qué nos enseña la ilustración de esta clase?

Frases para memorizar

1. Jesús nos dice que si nos equivocamos debemos pedir perdón y disculparnos de inmediato, de otra manera, tendremos graves problemas.
2. Es normal que en algún momento en la vida ofendamos sin querer a otra persona, pero debemos disculparnos.
3. Si ofendemos a una persona intencionalmente, igualmente debemos pedirle perdón, y orar a Dios antes, para lograr la reconciliación.
4. Una persona sabia no se ofende con nada, y perdona de inmediato.
5. Si ofendemos a una persona y le hacemos algún daño (por ejemplo, si dañamos su reputación públicamente [Un cristiano jamás haría eso]) debemos restituir el daño.

Otros pasajes de la Biblia sobre el tema para lectura y memorización

1 Jn. 1:9; Stg. 5:16; Sal. 51:10; Mt. 18:15; Mt. 5:23-24; Prov. 6:16-19; Col. 3:13; Lc. 17:3; Gál. 6:7-8; Job 4:8; Rom. 12.18.

Acepta a las personas como son

Memorizar

Romanos 15:7 «Por tanto, recibíos los unos a los otros, como también Cristo nos recibió, para gloria de Dios».

Todas las personas somos diferentes, y somos diferentes porque Dios nos hizo así. Hay cosas que tú no pediste: el lugar donde naciste, tu raza, tu nacionalidad, tu idioma, el lugar donde vives ahora, tu sexo, tus padres, tu temperamento, tu estatura. Dios también da a unos ciertas capacidades, riquezas, dones y talentos a unos que a otros no. Él ha creado diversidad. Tú debes ser aquel o aquella que jamás discrimine a nadie por lo que no puede cambiar, y aceptes a todos dentro de ciertos límites. De esto hablaremos en esta clase.

Preguntas introductorias

1. ¿De qué manera tú eres diferente a los demás en tu escuela? ¿Hay en tu escuela personas que no son de ninguna denominación cristiana? ¿Cómo son tratados?
2. ¿Existe en tu escuela el bullying? ¿Alguna vez te han discriminado por alguna causa?
3. ¿Por qué piensas que es muy importante para una persona ser aceptado?

Historia bíblica (Juan 4:7-39)

Aunque los cristianos somos promotores de la igualdad, también sabemos que hay límites. Estos límites son el cumplimiento de las leyes, el respeto por la cultura propia de cada persona y de su familia, las creencias religiosas, el derecho de expresión y de opinión, etc. Aceptar a las personas como son significa que tu debes amar y respetar a las personas sin importar cuanto tengan, las ideas que tengan, su sexo, sus habilidades, sus discapacidades, su raza, color de piel, religión, condición familiar, estado civil, nacionalidad, familia, apellido e idioma. No debe haber en tu mente categorías de personas por causa de ninguna de estas cosas. Toda persona tiene derecho a recibir el evangelio, el amor de Dios, y a ser tratada con dignidad, justicia y respeto.

Sin embargo, nadie puede obligarte (con la excusa de que no la discrimines) a cambiar tu identidad cristiana, tu cultura familiar, a que no expreses tus ideas, a que no hables de Cristo, o a que tengas que aceptar lo que está en contra de tus principios. Los cristianos combatimos las ideas que promueven el pecado, porque el pecado destruye a la humanidad (Jn. 10:10; Rom. 6:23)].

En el pasaje de Juan 4, Jesús estuvo hablando con una mujer samaritana. En aquellos tiempos —hace dos mil años—, existían muchos prejuicios y discriminación. Los judíos creían que eran superiores a las demás razas, y creían que los hombres eran superiores a las mujeres. Sin embargo, Jesús trató a la mujer samarita con el mismo trato y el mismo respeto y con la misma justicia y dignidad que trataba a sus discípulos judíos varones.

Ilustración

David Brainerd fue un misionero cristiano del siglo XVIII cuya vida ha sido de inspiración para miles de líderes cristianos. Él es conocido por su trabajo entre los pueblos indígenas de América del Norte. Estando él con la meta de llevar el evangelio a una tribu que habitaba en Nueva Jersey —conocida por su desconfianza hacia los colonos europeos—, en lugar de imponer sus creencias, Brainerd vivió entre ellos, y se dedicó a aprender su idioma y sus costumbres. En una ocasión, durante un invierno feroz, los nativos enfermaron gravemente, y aunque Brainerd también estaba enfermo, dedicó su tiempo a cuidarlos y compartió con ellos sus pocos alimentos y medicinas.

Una noche, un anciano de la tribu, conmovido por la dedicación y la compasión de Brainerd, se acercó a él y le dijo: «Nunca antes un hombre blanco nos había tratado con tanto respeto y amor». Entonces Brainerd respondió humildemente: «Dios nos ama a todos por igual, y es mi deber y honor servirles como hermanos». Brainerd jamás discriminó a los indígenas, y de esta manera él tuvo oportunidad de compartirles de Cristo y ganó a muchas almas.

Preguntas sobre la clase

1. ¿Cuáles son al menos siete cosas que tú no pediste y que no puedes cambiar en ti?
2. ¿Cuáles son algunos límites a la idea de no discriminación?
3. Los cristianos no discriminamos a otros por motivo de _____ (menciona al menos seis cosas).
4. Toda persona tiene derecho a: _____ (de lo visto en clase).
5. Nadie tiene derecho a obligarte (poniendo como excusa que no la discrimines) a: _____ (menciona cuatro cosas).
6. ¿De qué manera Jesús nos da ejemplo de no discriminación?
7. ¿Qué fue lo que Brainerd le contestó al anciano en la ilustración?

Frases para memorizar

1. Nadie puede imponer cómo los padres en cada familia eduquen a sus hijos.
2. Los cristianos combatimos las ideas que promueven el pecado, porque el pecado destruye a la humanidad.
3. Nadie puede impedir que expreses tus ideas (aunque estén en contra de ciertos grupos).
4. Nadie puede impedirte (legalmente, al menos en la mayoría de los países) a que les prediques abiertamente de Jesús.
5. Los cristianos no discriminamos a nadie por motivos de su raza, nacionalidad, religión, idioma, lugar donde vive, sexo, sus padres, temperamento, posición económica, dones, talentos, o capacidades, etc.

Otros pasajes de la Biblia sobre el tema para lectura y memorización

2 Tim. 4:1-2; Mt. 7:1-29; 2 Jn. 1:10-11; Jn. 6:37; Col. 3:12-14; Gal. 5:1; Gál. 3:28; Dt. 10:17; 2 Cro. 19:7; Hch. 10:34; Rom. 2:11; Gál. 2:6; Col. 3:25; Stg. 2:9.

70

Uso de las redes sociales

Memorizar

Isaías 41:10 «No temas, porque yo estoy contigo; no desmayes, porque yo soy tu Dios que te esfuerzo; siempre te ayudaré, siempre te sustentaré con la diestra de mi justicia»

Las redes sociales tales como FB, YouTube, Instagram, Tik Tok, WhatsApp, etc. son usadas por miles de millones de personas en el mundo. Usar estas plataformas no es malo en sí, pero tenemos que ser sabios al usarlas.

❓ Preguntas introductorias

1. ¿Por qué crees que las redes sociales son tan populares en nuestros días?
2. ¿Cómo crees que las redes sociales pueden afectar tu vida diaria?
3. ¿Cuáles son las redes sociales que tú usas? ¿Cuánto tiempo por día las usas?

Historia bíblica (1 Reyes 22:1-37)

Las redes sociales son populares porque prometen a la gente hacerla famosa. Sin embargo, ahí se encuentra todo tipo de información, y mucha de esa información es falsa. Por ejemplo, un desconocido podría decirte en un video que algo es fácil de hacer, pero tú, si lo haces, podrías poner en riesgo tu vida. También se podrían presentan personas con poca ropa (lo cual es algo muy malo), también puede haber lenguaje sucio y violencia. Las redes sociales te invitan a tener contacto con personas que tú no conoces, o personas que conoces muy poco. No tengas contacto con ellas, sino solo con aquellas que tus padres autoricen, esto es muy importante. También, borra de inmediato a las que publiquen cosas malas.

En las redes sociales se predican las ideas falsas que vimos ya ¿recuerdas? ¿Puedes mencionar algunas de ellas? Se presentan *influencers* que no son cristinos, y estos guían a sus seguidores por un camino falso. Jamás los sigas. El «me gusta» genera adicción, y tú puedes estar buscando la aprobación de los hombres y no de Dios. Por último, y lo más importante, el uso excesivo de las redes sociales te hace desperdiciar tiempo muy valioso, el cual tú necesitas para estudiar y servir al Señor.

En la historia bíblica, al perverso rey Acab le gustaba escuchar solo palabras bonitas y se procuró 400 falsos profetas para que le hablaran las palabras que él quería escuchar. Pero, puesto que había invitado a la batalla al rey Josafat (el cual era siervo de Dios), este le dijo que quería consultar al Señor mediante un profeta *verdadero*. Así, fueron a dar con Micaías, el cual les dio un mensaje de Dios: una palabra de juicio. Pero, Acab, en lugar de arrepentirse, metió al profeta de Dios en la cárcel. Lo que sucedió en la historia fue que se cumplió, como siempre, la palabra de Dios, y el rey Acab murió. Esta historia nos ilustra la multitud de *influencers* que saturan las redes sociales. Ellos hablan bonito y profetizan palabras buenas, pero son palabras falsas, porque ellos son profetas falsos.

Ilustración

Un ejemplo del peligro de las redes sociales es el de Amanda Todd, una adolescente del Canadá que sufrió de acoso cibernético. A los 12 años, Amanda fue convencida por un extraño en línea para que le mandara la foto de una parte íntima de su cuerpo; pero luego, el extraño usó esta imagen para tratar de obligarla a más. Cuando ella no quiso, el extraño mandó esa foto a sus conocidos y amigos y la ridiculizó públicamente; luego la siguió de tiempo en tiempo, acosándola en las redes sociales. Amanda se cambió varias veces de escuela, pero el extraño creó perfiles falsos y la perseguía para desacreditarla y hacer que ella fuese abandonada por sus amigos. Ella se sintió sola, tomó drogas y alcohol, y cayó en una depresión profunda y mucha ansiedad. Se sentía sin valor, y el diablo aprovechó todo esto para aconsejarle que se quitara la vida; finalmente, ella lo hizo. Esta historia real es una advertencia para los adolescentes a no hablar con extraños en las redes sociales, ni a consumir información que sea dañina para su salud mental. ¿Por qué crees que Amanda aceptó hablar con este extraño y mandarle esa foto?

❓ Preguntas sobre la clase

1. ¿Crees tú que es algo útil ser popular en las redes sociales? Si/no ¿Por qué?
2. ¿Cuáles son los riegos de usar las redes sociales?
3. ¿Qué es lo que debes hacer cuando un desconocido desea ser tu amigo (a)?
4. ¿Qué es lo que debes hacer de inmediato cuando alguien de tu lista de «amigos» publica algo impropio?
5. ¿Por qué no debes escuchar videos de *influencers* que no son cristianos?
6. ¿Crees tú que debes preguntar a tus padres y maestros de la iglesia sobre alguna persona que se dice ser cristiana que publica videos en YouTube, FB, etc. para saber si es bueno o no escucharlo? Si/no ¿por qué?
7. ¿Qué nos enseña la historia bíblica vista en clase? ¿Cuál consideras que es la idea principal de la *ilustración*?

Frases para memorizar

1. Las redes sociales pueden presentar ventajas para conectarte con otros cristianos maduros.
2. Pero también podrían crear adicción en ti, y robarte tiempo valioso. También podrían darte información falsa.
3. Las redes sociales son muy peligrosas si tienes contacto con personas que tú no conoces. Jamás hables con personas desconocidas, y solo habla con las personas que tus padres autoricen.
4. Usa las redes sociales poco (quizá de 15 min a media hora cada día, y si es menos mejor), y cada vez que publiques algo identifícate como cristiano (a).
5. No compartas información personal en tus publicaciones.

Otros pasajes de la Biblia sobre el tema para lectura y memorización

1 Cor. 15:33; Ef. 4:29; Rom. 1:18-2:8; 1 Jn. 5:19; 1 Ti. 5:13; 2 Cor. 12:20; Prov. 12:16-23; Mt. 7:15; 1 Jn. 4:1; Mt. 24:24; 2 P. 2:1; 2 Cor. 11:13-15; Sal. 27:10; Dt. 31:6.

Parte VII. Tu identidad

71

Tu sexo es tu sexo

Memorizar

Génesis 1:27 «Y creó Dios al hombre a su imagen, a imagen de Dios lo creó; varón y hembra los creó».

El diseño de Dios para el ser humano fue este: que hubiera un hombre y una mujer que se uniesen en matrimonio para crear una familia. Si tú eres un muchacho, Dios te hizo diferente a las muchachas; y si eres una muchacha, Dios te hizo diferente a los muchachos. Dios te hizo con el sexo que tienes y nada puede cambiar eso durante toda tu vida. Sin embargo, hay algunos que, debido al engaño del diablo, han intentado cambiar su sexo, y esto es un pensamiento de rebeldía delante de Dios, y un pecado que trae muy graves consecuencias. El diablo es mentiroso, y aunque sus razones puedan tener alguna «lógica» para los pecadores, un pensamiento sano siempre dirá que el diseño de Dios es lo mejor y lo correcto, lo demás es enfermo e incorrecto.

❓ Preguntas introductorias

1. ¿Cuáles son las diferencias entre los niños y las niñas?
2. ¿Cuáles son las cosas que tú haces que hacen un niño o una niña? ¿Sabías que los huesos de los niños son distintos a los de las niñas?
3. ¿Cómo tus padres te ayudan a que tú (si eres niño) te comportes como niño o si eres niña te comportes como niña?

Historia bíblica (Génesis 19:1-13)

La Biblia nos narra una historia muy trágica en el capítulo 19 de Génesis. Se trató de dos ciudades, Sodoma y Gomorra, las cuales tenían gente muy pecadora. Eran personas tan malas, que habían ido en contra del diseño de Dios para la familia, en donde siempre un hombre se casa con una mujer, y había casamientos entre un hombre y un hombre y una mujer con una mujer. Los niños querían ser niñas, y las niñas querían ser niños. Esto desagradó tanto a Dios, que Él decidió destruir a estas ciudades.

El caso de la destrucción de estas dos ciudades es único en la Biblia, y significa que, aunque no hay pecados chicos ni grandes delante de Dios, hay pecados que causan más daño que otros y destruyen más a la humanidad que otros. El pecado que los habitantes de Sodoma y Gomorra cometía era de estos que son muy destructivos.

Ilustración

Papá, mamá, hijo e hija iban de camino a un parque para pasar un tiempo juntos, pero mientras ellos iban, de pronto el tráfico se detuvo: era un desfile de hombres que andaban tomados de las manos con otros hombres y de mujeres tomadas de las manos con otras mujeres. Ellos agitaban banderas con el arco iris, y gritaban. También la familia pudo observar que unos hombres se besaban con otros hombres y unas mujeres con otras mujeres. De pronto el niño más pequeño preguntó: ¿qué es eso papá? ¿por qué hacen eso?

El papá, quien era un cristiano, contestó: «Ese es un desfile de hombres que quieren ser mujeres y de mujeres que quieren ser hombres. Ellos han decidido rebelarse contra Dios y hacen cosas que están en contra de su naturaleza. Por ejemplo, tú eres niño y Dios quiso que tú fueras niño, y tu hermanita es niña y Dios la creó niña. Tanto tú como tu hermanita siempre serán del sexo que fueron creados. Por cierto, el arco iris fue creado por Dios como un símbolo de que Él siempre cumple lo que dice».

Tú debes tener cuidado de una persona que desea estar contigo a solas; o que quiera que lo toques o que la toques; o que te hable de sexo. Debes decir *no* de inmediato, alejarte de ella a un lugar seguro y contarlo a tus padres tan pronto como eso suceda.

❓ Preguntas sobre la clase

1. ¿Cuál fue el diseño de Dios para el matrimonio?
2. ¿Por qué Dios destruyó a Sodoma y Gomorra?
3. ¿Por qué el pecado querer ser niña siendo niño y querer ser niño siendo niña es tan malo delante de Dios?
4. ¿Las personas que cometen este pecado van al cielo? Si/no ¿Por qué?
5. ¿Qué fue lo que contestó el papá de la ilustración a su hijo cuando le preguntó del desfile? ¿Con qué propósito creó Dios el arco iris?
6. ¿Qué debes hacer cuando alguna persona quiera estar contigo a solas? ¿Qué debes hacer si alguna persona quiere que la toques o te habla de sexo?

Frases para memorizar

1. Dios creó el matrimonio, y siempre el diseño de Dios será este: se deben casar un hombre con una mujer; y su unión es para toda la vida y solamente entre ellos dos.
2. El diablo engaña a algunos y les hace pensar que Dios se equivocó en crearlos con cuerpo de hombre o con cuerpo de mujer; pero eso es falso.
3. Los que se rebelan contra Dios en esto traen un pecado muy destructivo para la humanidad, por eso Dios se enoja tanto contra estas personas.
4. Si alguien quiere que estés con él o ella a solas, o quiere que lo toques o la toques, o te habla de sexo, debes decir no de inmediato, alejarte a un lugar seguro, y decirles a tus padres de inmediato, en ese mismo día.

Otros pasajes de la Biblia sobre el tema para lectura y memorización

Lv. 18:22; Rom. 1:32; 1 R. 15:12; Rom. 1:27; Lv. 20:13; 1 Cor. 6:9-11; 1 Ti. 1:8-11; Jue. 19:16-24; Jud. 1:7; Gn. 19:1-13

72
Cuídate de los manipuladores

Memorizar

2 Corintios 11:14 "y no es maravilla, porque el mismo Satanás se disfraza como ángel de luz".

Tú debes aprender que en este mundo existen muchos que manipulan a otros. Esto quiere decir que estas personas quieren que los demás hagan lo que ellos digan sin importarles tu bienestar. Ellos están pensando en aprovecharse de la buena voluntad de los demás y muchas veces nos quieren llevar a donde Dios no quiere que vayamos. Estas personas pueden mostrarse buenas al principio, pero luego empezarán a decirte que hagas cosas que están en contra de lo que Dios dice. ¡Ten cuidado con ellas!

❓ Preguntas introductorias

1. ¿Alguna vez has hecho algo malo para lograr lo que quieres? Si/no ¿cómo es que logras lo que quieres?
2. ¿Alguna vez algún otro muchacho o joven te ha invitado a lugares que no deberías ir o a hacer algo que no debes hacer? Háblanos sobre eso.
3. ¿Conoces a alguien que es mandón y controlador en tu escuela? ¿Por qué piensas que estas personas no son buenas?

Historia bíblica (1 Reyes 13:1-32)

En el capítulo 13 de 1 Reyes encontramos la historia de un profeta de Dios que fue enviado para dar una palabra al rey Jeroboam. Dios le había dicho que diera la palabra al rey y luego regresara por un camino diferente al camino por donde había ido y no comiera con nadie ni bebiera agua de nadie.

Pero en el camino, se encontró a un viejo profeta que lo invitó a comer. Al principio el joven profeta oven le dijo que no iría con él porque Dios le había ordenado no hacerlo. Pero el viejo profeta lo manipuló, lo engañó diciéndole que un ángel de Dios le había hablado a él diciéndole que llevara al profeta que habló a Jeroboam a casa. Entonces, el joven profeta fue con él y comieron juntos. ¡Pero eso era contrario a la orden de Dios!, y ¿sabes qué pasó? ¡Sí, correcto, lo leíste bien! Ese profeta murió. Cuando salió de la casa del viejo profeta, un león le encontró en el camino y lo mató.

Esta historia nos enseña que no podemos dejarnos manipular por otros, porque estas personas nos harán desviarnos de Dios y eso nos puede traer graves consecuencias.

Ilustración

Otro buen ejemplo de manipulación lo vemos en la Palabra de Dios. Se trata del caso de Sansón. Sansón se dejó engañar por las mujeres, y esas mujeres eran malas. Mujeres que no tenían temor de Dios ni eran cristianas. Cuando tú lees la historia de Sansón en los capítulos 13 al 16 de Jueces te darás cuenta de que, aunque Sansón fue un hombre muy fuerte y era una persona elegida por Dios para hacer grandes cosas, las mujeres malas con las que quiso andar lo manejaban y lo guiaron a apartarse de Dios y finalmente a la muerte.

Siempre debes recordar que tu relación con Dios es primero y que no debes ceder ante las propuestas de los manipuladores. Estos te pueden decir —como el viejo profeta— que Dios les dijo, o que lo que hacen es algo bueno, pero tú debes decir *no* y apartarte de tales personas.

Un hombre y una mujer tuvieron un gran accidente automovilístico en que ambos autos quedaron totalmente destruidos. Sin embargo, ambos no sufrieron daño. Cuando ambos salieron a gatas de los autos; la mujer le dijo al hombre: «¡Mira lo que ha ocurrido! Tú eres hombre y yo soy mujer. Esto seguramente es una señal de Dios, quien quiere que estemos unidos por toda la vida». El hombre vio que la mujer era bella, y dijo: «Sí, así lo creo». La mujer entonces continuó y dijo: «¡Mira!, la botella de vino que traía en el auto no se ha quebrado, ¡Esto es un milagro! ¡Es otra señal! Tomémosla ahora para celebrar nuestra futura unión y nuestras futuras bodas». La mujer la abrió y le dio la botella al hombre, quien bebió la mitad de la botella. Luego dio la botella a la mujer. Pero la mujer no bebió una sola gota, sino que le puso el tapón, la devolvió al hombre y dijo: «Muy bien, mi amigo, ahora lo único que hay que hacer es esperar a que la policía llegue».

Preguntas sobre la clase

1. Dime algunas características de los manipuladores
2. ¿En qué capítulo de 1 Reyes está la historia del profeta de Dios que fue enviado al rey Jeroboam y que fue engañado por un viejo profeta?
3. ¿De qué manera el viejo profeta engañó al profeta de Dios?
4. ¿Qué fue lo que le pasó al profeta de Dios por haber desobedecido a Dios?
5. ¿Qué nos enseña esta historia?
6. ¿Por qué la historia de Sansón es un buen ejemplo de manipulación?

Frases para memorizar

1. Los manipuladores son personas que mienten o engañan para lograr que tú hagas lo que ellos quieren y así ellos tomen tu tiempo, tu dinero, tus fuerzas, etc.
2. Los manipuladores son instrumentos de satanás para hacer que te desvíes de Jesús.
3. La Biblia nos advierte que no dejemos que estas personas nos manipulen y a no ser nosotros manipuladores de otros.
4. El cristiano es aquel que convence a otros a seguir a Jesús y a hacer lo bueno, y siempre hace todo con honestidad y verdad.

Otros pasajes de la Biblia sobre el tema para lectura y memorización

Mt.7:15; 2 Ti. 3:1-5; 2 Cor. 11:14; Mt. 24:4; 1 Cor. 13:4-7; Gál. 5:19-21; 1 Ti. 4:1; Gál. 5:1; Rom. 16:18; 2 Ti. 3:6; Ef. 4:25; Mt. 10:16.

73

El sufrimiento es algo normal

Memorizar

Juan 16:33 «En el mundo tendréis aflicción; pero confiad, yo he vencido al mundo».

En este mundo existen muchas personas que sufren y tú no serás la excepción. Quizá pienses que tú serás la única persona en el mundo que se escape del sufrimiento, pero eso no es verdad. El sufrimiento llegará a tu vida, de una manera u otra. Pero dos cosas son muy importantes: 1. Las razones por las que sufres; y 2. Las decisiones que tomes cuando estes sufriendo.

El ejemplo más grande lo tenemos en Cristo mismo. Él dijo que tanto Él como sus discípulos iban a sufrir; y si tú quieres ser discípulo de Jesús también es necesario que sufras. Sin embargo, si obedeces a la Palabra de Dios, no solo sufrirás menos que los que no la obedecen, sino que todo lo que sufras en Cristo será para bien.

❓ Preguntas introductorias

1. ¿Tienes algún tipo de sufrimiento? ¿Cuál?
2. ¿Por qué crees que la gente sufre en el mundo?
3. ¿Cuáles pueden ser algunos ejemplos de malas decisiones que la gente toma y que por eso sufre?

Historia bíblica (Jeremías 38:1-13)

La mayoría de la gente sufre porque hace lo malo, y el pecado trae sufrimiento; pero tú debes tener la meta de sufrir solo por dos cosas: porque haces lo bueno y obedeces al Señor; y porque predicas la palabra de Dios (lee Mateo 5:10-11). Solo por estas dos cosas. Luego, cuando sufras, debes pensar que Dios traerá con ello cosas buenas a tu vida. Debes, por tanto, orar dándole gracias a Dios y confiando que Él te ayudará. Si sufres por las razones que da Jesús en Mateo 5:10-11 debes alegrarte por ello.

Jeremías fue un gran profeta de Dios. Él obedeció al Señor y habló lo que el Señor le dijo que hablara. Cuando él dijo al pueblo que Judá iba a ser derrotada por los babilonios —porque el Señor le dijo que así les dijera—, sus enemigos lo metieron en una cisterna muy profunda. En el fondo de la cisterna había cieno, y Jeremías tenía que estar en ese lugar oscuro y lleno de lodo y ahí estuvo. Pero Dios no lo desamparó, ¿sabes que hizo Dios? Dios usó a un extranjero, a un etíope para liberar al profeta. Este habló con el rey y lo convenció para que sacaran al profeta de ese pozo y no muriera. Así, sacaron al profeta Jeremías. Esta historia nos enseña que cuando obedecemos al Señor, en ocasiones tendremos que pasar por sufrimientos, pero Dios nos librará y nos sacará del pozo, no importa que tan profundo esté.

Ilustración

El devocional *Our Daily Bread* publicó la historia de Parnell Bailey, quien era un agricultor de naranjos. En aquellos días había habido una gran sequía y encima de esto, el sistema de riego estaba averiado. Los árboles que había en la zona en donde estaba el huerto de Parnell estaban en muy mal estado, y muchos estaban ya secándose. Sin embargo, en el plantío de Parnell los árboles estaban intactos; ¿cuál era el secreto? Él lo expresó de esta manera: «Mis árboles podrían estar sin lluvia todavía al menos por otras dos semanas. Verás, cuando estaban jóvenes yo les daba poca agua y a veces se las negaba totalmente. Así, estos árboles fueron desarrollando raíces cada vez más profundas buscando la humedad. Ahora los árboles míos son los de raíces más profundas de la región. Mientras que otros están ahora quemándose por el sol, estos encuentran la humedad a mayor profundidad».

Esta historia nos enseña que el sufrimiento nos hace más fuertes y nos prepara para soportar las grandes tempestades en la vida. Salmos 125:1 dice: «Los que confían en Jehová son como el monte de Sion, Que no se mueve, sino que permanece para siempre».

❓ Preguntas sobre la clase

1. ¿Cuáles son las dos cosas que son importantes en cuanto al sufrimiento?
2. ¿En quién tenemos el ejemplo más grande de sufrimiento?
3. ¿Cuál es la diferencia entre los que sufren por desobedecer a Dios y los que sufren obedeciéndole?
4. ¿Cuáles son las dos cosas por las que Jesús dice que el cristiano debe estar dispuesto a sufrir?
5. ¿Por qué causa sufrió Jeremías? ¿Qué le hicieron sus enemigos?
6. ¿Qué nos enseña la ilustración?

Frases para memorizar

1. El sufrimiento llegará a tu vida de una manera u otra, pero lo importante es por qué razón es que sufres y cómo respondes al sufrimiento.
2. El ejemplo más grande de sufrimiento lo tenemos en Cristo y Él dijo que sus discípulos también sufrirían.
3. La gente que no sigue a Cristo sufre por causa del pecado. Tú debes estar dispuesto a sufrir por obedecer a Jesús y por predicar el evangelio.
4. Cuando suframos debemos confiar que Dios nos ayudará y tener paciencia. También debemos estar gozosos cuando sufrimos por causa de Jesús.
5. Si tomas las decisiones correctas, el sufrimiento te hará más fuerte y estarás preparado (a) para las grandes tempestades de la vida.

Otros pasajes de la Biblia sobre el tema para lectura y memorización

2 Cor. 12:9-10; Rom. 5:3-5; Sal. 73:26; Prov. 24:16; 1 Jn. 1:9; Fil. 4:4-7; Prov. 28:13; Gál. 6:7; 1 P. 5:10; Rom. 8:18; Rom. 8:28; Stg. 1:2-4; Jn. 16:33; Sal. 34:19; Ap. 21:4; 2 Ti. 3:12; Fil. 1:29; 2 Cor. 4:17.

14

Sé generoso

Memorizar

Proverbios 11:25 «El alma generosa será prosperada; Y el que saciare, él también será saciado».

La generosidad no solo se refiere al dinero. Tú puedes dar trabajo, tiempo y buenas palabras a los demás. Si tú eres una persona generosa con los demás, Dios te prosperará. En la Palabra de Dios tenemos muchas referencias de esto, y no se necesita ser rico para ser una persona generosa; solo da lo que tienes. Sé hospitalario y busca ayudar a los demás tanto como puedas. Cuando Dios te bendiga con dinero, busca dar tanto como puedas y Dios te bendecirá por todo lo que des sin interés de recibir nada a cambio. La Biblia nos enseña a dar para el sostenimiento de los siervos de Dios y a los pobres y necesitados de la tierra.

❓ Preguntas introductorias

1. ¿De qué manera estás siendo generoso (a)?
2. Dame algunas ideas que tienes para ser una persona generosa.
3. ¿Cuáles fueron las muestras de generosidad del Señor Jesús?

Historia bíblica (2 Reyes 4:8-37)

La Biblia nos cuenta la historia de una mujer, a la que Dios llama *importante*. Ella tenía recursos y le gustaba compartirlos con las personas correctas. La palabra de Dios nos enseña a compartir nuestros recursos con los siervos de Dios. Esta mujer observó que el profeta Eliseo pasaba por la ciudad donde ella y su esposo vivían (Sunem), y le invitaba a comer. Pero no conforme con eso, habló con su esposo y le pidió que construyeran para el siervo de Dios un lugar para que él pasara la noche. Este acto de generosidad hizo que el siervo de Dios orara por ella, por una necesidad que ella tenía desde hacía muchos años: ella y su esposo anhelaban un hijo. Pues bien, Dios les dio el hijo que ella y su esposo anhelaban.

Más tarde, Dios probó a esta mujer porque ese hijo que Dios les había dado murió. Sin embargo, ella acudió al siervo de Dios y Eliseo oró por él y Dios lo resucitó. Esta historia nos demuestra lo que dice la Palabra, que el alma generosa será prosperada. Busca siempre ser una persona generosa y Dios te prosperará. La generosidad es una muestra de que tenemos el espíritu de Cristo, pues Cristo nos puso ese ejemplo.

Esta historia nos enseña también que la persona que es generosa entiende y suple las necesidades de otros antes de que ellos se las digan.

Ilustración

Timothy Keller contó en su libro *The Prodigal God: Recovering the Heart of the Christian Faith* la siguiente historia: un granjero fue con su rey para hacerle un regalo. Él le llevaba la zanahoria más grande que había cosechado ese año. El rey, conmovido por ese acto de generosidad, le regaló una pieza de terreno para que sembrara más. Uno de los nobles del reino se enteró de lo que hizo el rey con ese granjero pobre y fue y le regaló un caballo al rey, pensando que este haría lo mismo que hizo con el granjero pobre. Sin embargo, el rey apenas le dio las gracias. El noble, confundido por esto preguntó al rey porque le había tratado diferente al granjero; entonces el rey contestó: «El granjero pobre me trajo la zanahoria más grande de su cosecha y me la regaló; pero tú me has traído este caballo y te lo estás dando a ti mismo; el granjero pensó en mí, pero tú estás pensando de ti mismo».

Esta historia nos enseña a que cuando damos no debemos estar esperando recibir nada; esta es la verdadera generosidad.

Preguntas sobre la clase

1. ¿Con qué cosas podemos ser generosos?
2. ¿Cuál debe ser la actitud con que debes de dar? ¿Debes dar esperando recibir a cambio?
3. ¿A quiénes debemos de dar generosamente?
4. ¿Cuál fue la necesidad que la mujer de Sunem vio?
5. ¿Qué además nos enseña la historia de Eliseo y la mujer de Sunem?
6. ¿Por qué el rey de la ilustración dio tierras al granjero y al noble no dio nada?

Frases para memorizar

1. No se necesita ser rico para ser generoso.
2. Tú puedes ser generoso no solo con tu dinero, pero también con tu trabajo, tu tiempo y tus buenas palabras.
3. La Biblia nos enseña a ser generosos con los siervos de Dios y con los necesitados.
4. La generosidad es una muestra de que tenemos el espíritu de Cristo, pues Cristo nos puso ese ejemplo; y seguir su ejemplo nos hace tener paz y gozo.
5. El hombre generoso siempre logra ver las necesidades que tienen los demás antes de que ellos se las digan. Tiene iniciativa para ayudar.
6. El generoso no espera recibir nada a cambio por lo que ha dado; ni reclama ningún derecho por lo que da. Simplemente lo hace y espera la recompensa del Señor.

Otros pasajes de la Biblia sobre el tema para lectura y memorización

Hch. 20:35; Lc. 6:38; Prov. 11:24-25; Prov. 19:17; Lc. 21:1-4; Mt. 6:21; 1 Ti. 6:17-19; 2 Cor. 9:6-11; Mt. 10:42; 1 Jn. 3:17; Prov. 22:9; Prov. 21:13; Mt. 6:1-4; Sal. 112:5; Dt. 15:7-8; Lc. 12:33; Heb. 13:16; Hch. 2:45; Prov. 28:27.

75

Sé humilde

Memorizar

Proverbios 22:4 «Riquezas, honra y vida Son la remuneración de la humildad y del temor de Jehová».

Remuneración: pago.

Una de las más importantes características del carácter del Señor Jesucristo es la humildad. La humildad es lo contrario a la soberbia o el orgullo. Una persona orgullosa es aquella que piensa que es mayor o superior a los demás, o que merece estar en un lugar alto, en el trono de un rey o reina. Pero cuando somos humildes, con el tiempo, Dios nos dará riquezas, honra y vida. ¿Tú quieres tener esas cosas? Cuando nos humillamos, el Señor promete exaltarnos.

❓ Preguntas introductorias

1. ¿Qué es lo primero que piensas cuando escuchas la palabra *rey* o *reina*?
2. ¿Conoces a alguna persona en tu clase que crea que es más importante que los demás y quiera que los demás le obedezcan?
3. ¿Por qué las personas que creen ser más importantes que los demás no agradan a los demás?

Historia bíblica (Daniel 4:28-37)

En el libro de Daniel tenemos la historia de un rey llamado Nabucodonosor. ¡Ya sé!, ¡es un nombre muy largo!, ¿tú lo puedes pronunciar? Pues bien, este rey tenía un reino muy grande y poderoso llamado Babilonia.

Un día este rey salió a ver los jardines que había creado. Era unos jardines muy hermosos, los más hermosos de toda la tierra. También vio la grandeza de su palacio. Entonces él dijo en su corazón: «Mira todo esto que tú has hecho, eres muy grande oh rey Nabucodonosor, todo esto fue con tu propia fuerza». Estas fueron palabras de orgullo y a Dios no le agradó lo que el rey tuvo en su corazón, por tanto, vino una voz del cielo que le dijo: «El reino es quitado de ti; de entre los hombres te arrojarán, y con las bestias del campo será tu habitación». Dios hizo que el rey se volviera loco y actuara como una bestia, por lo tanto, la gente lo echó del palacio y andaba en el campo y se dejó crecer las uñas y era como un animal. Esto fue lo que pasó con él debido a su orgullo. Dios quiere que todos nosotros seamos humildes y reconozcamos que de Él vienen todas las cosas buenas. También quiere que seamos humildes delante de las personas y reconozcamos a los demás como mejores que nosotros. Debemos reconocer a los demás como mejores que nosotros. Es más sabio considerar a otros mejores que nosotros, y dejar que sean los demás quienes hablen bien de nosotros (lee Proverbios 27:2).

Ilustración

Samuel I. Prime escribió la biografía de Samuel Morse. Samuel Morse fue un gran pintor e inventor. Él fue quien inventó el telégrafo. El telégrafo ya no es utilizado, pero hace todavía unos 100 años fue un instrumento importante de comunicación entre lugares distantes.

Samuel Morse llegó a ser muy famoso, pero era un hombre muy humilde. Él una vez dijo: «Entre más pienso en lo grande de todo lo que se ha logrado, más me siento pequeño, y más veo la mano de Dios en todo ello. Cómo Él es quien usa las vidas de los seres humanos como sus instrumentos... todos dependemos de Dios en primer lugar, y luego unos de otros». Cuando somos humildes esto nos ayudará a estar cerca de Dios, y cuando estamos cerca de Dios no podemos sino ser humildes (lee Isaías 57:15).

❓ Preguntas sobre la clase

1. ¿Cuál es una de las principales características del Señor Jesucristo?
2. ¿Qué es lo contrario a la humildad?
3. ¿Cómo identificas a una persona orgullosa?
4. ¿Qué dijo el rey Nabucodonosor que no le agradó a Dios?
5. ¿Qué fue lo que le pasó al rey Nabucodonosor debido a su orgullo?
6. ¿Por qué Samuel I. Prime dice que Samuel Morse era humilde? ¿Cómo lo supo?

Frases para memorizar

1. La humildad es una de las principales características del Señor Jesucristo y debe ser también la nuestra.
2. A los humildes Dios dará riquezas, honra y vida, y los exaltará; todo esto será en el tiempo que Él quiera.
3. La humildad que Dios quiere es aquella que reconoce a los demás como mejores y más importantes que nosotros mismos.
4. Dios quiere que nos humillemos ante Él y ante los demás.
5. Debemos dejar que los demás sean los que hablen bien de nosotros, y no nosotros de nosotros mismos.

Otros pasajes de la Biblia sobre el tema para lectura y memorización

Prov. 22:4; Prov. 11:2; Col. 3:12; Stg. 4:10; 1 P. 5:5; Stg. 4:6; Ef. 4:2; Mic. 6:8; Prov. 18:12; Prov. 15:33; 2 Cro. 7:14; 1 P. 5:6; Lc. 14:11; Fil. 2:3; Rom. 12:3; Prov. 3:34; Prov. 29:23; Sal.149:4.

76

Mantente alejado de la tentación

Memorizar

Mateo 26:41 «Velad y orad, para que no entréis en tentación; el espíritu a la verdad está dispuesto, pero la carne es débil».

Todos, hasta el Señor Jesucristo, hemos sido tentados; pero tú no puedes ser tan tontito (a) para meterte solito (a) en una tentación. Hay tentaciones voluntarias (en las que tú te metes solo) e involuntarias. En cuanto a las tentaciones involuntarias (como las de Jesús en Mateo 4), Dios no permitirá que seas tentado más de lo que tú puedes soportar, así es que la tentación que tú tienes no puede compararse a la de otro. La meta de tu vida debe ser mantenerte lo más posible alejado de las tentaciones voluntarias y estar preparado para vencer las involuntarias.

❓ Preguntas introductorias

1. ¿Cómo crees tú que puedes evitar mantenerte fuera de las tentaciones?
2. ¿Cuáles son las cosas que más podrían hacer que tú peques? ¿Crees tú que las personas pueden hacer que te apartes de Dios?
3. ¿Cómo las personas pueden ayudarte a evitar caer en tentaciones?

Historia bíblica (Génesis 39:1-12)

José es uno de los personajes más importantes del Génesis. Él fue vendido por sus hermanos y fue a dar a casa de un egipcio llamado Potifar. La esposa de Potifar era una mujer mala, pues ella puso sus ojos en José; una mujer buena jamás pondría sus ojos en otro hombre fuera de su esposo. Cuando tú te cases, no puedes tener ojos para nadie más sino para tu esposo o esposa. Pues bien, esta mujer quería que José durmiera con ella, ¿te acuerdas de la lección de la fidelidad en el matrimonio? Pero José era un cristiano y él siempre le decía que no.

Un día la mujer de Potifar quiso que él durmiera con ella por la fuerza y lo agarró de la ropa, pero él dejó su ropa en las manos de la esposa de Potifar y huyó de ahí. Eso es lo que tú debes hacer cuando estas en una situación de peligro, huir. Jamás te expongas a una tentación, más bien, huye. Si te expones, lo más seguro es que caigas en lo malo, debes de huir de inmediato, alejarte. Esto es, lugares en donde hay tentaciones, personas o relaciones que te puedan guiar a tentaciones, hábitos, películas, T.V. shows, etc. Aléjate de cualquier cosa que te sugiera hacer cosas que están en contra de la Palabra de Dios. Debes alejarte de personas y relaciones que te induzcan o guíen a hacer lo malo.

Ilustración

En una encuesta que se hizo a cristianos lectores del *Discipleship Journal* en 1992 se encontró que la mayoría de la gente tenía problemas con tentaciones respecto al dinero, al orgullo, a la pereza, al enojo, a la inmoralidad sexual, a la envidia, a la comida en exceso y a la mentira. Todos los que tenían problemas en alguna de estas áreas reportaron que pasaban muy poco tiempo en oración, leían poco la Biblia, y no les gustaba tener a nadie a quien dar cuentas. Por tanto, para que tú puedas vencer las tentaciones debes hacer exactamente lo opuesto: pasar mucho tiempo en oración, en la Palabra de Dios y tener a personas que tengan acceso a tu vida y a quienes tú les des cuentas de lo que hay en tu corazón. Estas personas deben ser en primer lugar, tus padres. Jesús dijo que estuviéramos alertas y oráramos para que no entremos en tentación; también el Salmo 119:11 dice: «En mi corazón he guardado tus dichos, para no pecar contra ti». Tú también puedes orar para que Dios te ayude a no caer en tentación (lee Mateo 6:13).

Preguntas sobre la clase

1. ¿Qué es una tentación? ¿Puedes poner un ejemplo de una tentación?
2. ¿Es bueno comparar tu tentación con la de otro? Si/no ¿por qué?
3. ¿Cuál fue la tentación que tuvo José? ¿Cómo la venció? ¿Por qué debes alejarte de personas que te quieran hacer pecar?
4. ¿Según la encuesta que se hizo a los lectores de *Discipleship Journal*, ¿cuáles son las áreas en donde la gente tenía más problemas con la tentación? ¿Cuáles fueron las razones porque ellos caían en esas tentaciones?
5. ¿Por qué es tan importante dar cuenta a personas confiables, por ejemplo, a tus padres?
6. ¿Qué dice el Salmo 119:11?
7. ¿Cuál es la diferencia entre tentaciones voluntarias e involuntarias? Da algunos ejemplos.

Frases para memorizar

1. Una tentación es cualquier situación que te quiera hacer pecar o que pierdas la fe en Dios.
2. Tú debes hacer todo de tu parte para mantenerte lejos de las tentaciones.
3. Hay tentaciones involuntarias (como las de Jesús), pero tú, como Él, debes estar preparado para vencerlas.
4. Debes huir de personas, películas, redes sociales, hábitos y cualquier cosa que te ponga en peligro de hacer lo malo ante Dios.
5. Para estar preparado para vencer la tentación debes pasar tiempo diario en la Biblia, en oración y debes tener personas a quienes dar cuenta.

Otros pasajes de la Biblia sobre el tema para lectura y memorización

1 Cor. 10:13; Stg. 4:7; Gál. 5:16; 1 Cor. 6:18-20; Heb. 2:18; Ef. 6:10-18; Stg. 1:14; Stg. 4:17; Lc. 22:40; Heb. 4:15; Sal. 119:11; 1 P. 5:8-11; Mt. 6:13; Rom. 12:2; Stg. 1:12; 1 Jn. 5:4; 1 Jn.1 2:1; 1 Cor. 15:33; Mt. 26:41; 2 Ti. 2:22.

11

Las decisiones importantes

Memorizar

Salmos 25:12 «¿Quién es el hombre que teme a Jehová? Él le enseñará el camino que ha de escoger».

Ciertamente la vida está compuesta de decisiones. Tú eres el resultado de las decisiones que tus padres han tomado, pero pronto, tú serás el resultado de las decisiones que tomes ahora y en el futuro. Nadie quiere tomar malas decisiones, pero sino *saben* tomar buenas decisiones, entonces tendrán una vida de fracaso. Cada día tú tomas decisiones pequeñas, y esas decisiones pequeñas te van preparando para las más grandes decisiones de tu vida. Tú eres dueño de tu decisión, pero no del *resultado* de esa decisión.

❓ Preguntas introductorias

1. ¿Cuáles piensas tú que son las decisiones más importantes que tienes que tomar en la vida?
2. ¿Cómo te estás preparando para tomar esas decisiones?
3. ¿Conoces a personas que han tomado malas decisiones en las áreas que has mencionado en la pregunta 1?

Historia bíblica (1 Reyes 12:1-20)

Se puede decir que una decisión grande es aquella cuyo resultado te traerá mucha felicidad o por el contrario, mucho sufrimiento. Te hará las cosas más fáciles o más difíciles, te hará perder tiempo o te hará ahorrar tiempo.

Una decisión importante es como emprender un viaje: si te equivocas a dónde vas, quizá ya no tengas suficiente tiempo para regresar y así tomar el camino correcto. Las decisiones más importantes en la vida son estas: 1. Aceptar a Jesús como tu Salvador y Señor (determina donde pasarás la eternidad); 2. Con quién te casarás (esta decisión puede traerte mucha felicidad o, todo lo contrario); 3. A qué te vas a dedicar (esto involucra una buena parte de tu tiempo en la vida).

Roboam era hijo del rey Salomón y fue el rey después de su padre sobre todo Israel. Sin embargo, cuando empezaba a reinar deseaba establecer su reino y pidió consejo. Primero habló con los ancianos. Ellos le dijeron que debía ser menos duro que su padre, pues su padre había sido muy exigente y pedía demasiado. Luego, Roboam fue a los jóvenes, los que se había criado con él. Y ellos le aconsejaron que fuera duro, más duro inclusive que su padre, y que les exigiera aún más que Salomón. Entonces Roboam tomó el consejo de los jóvenes y así le dijo al pueblo. Cuando el pueblo escuchó las palabras de Roboam se rebelaron contra él y el reino se dividió. Esta decisión le costó a Roboam mucha pérdida y su reino fue reducido bastante. ¿Qué fue lo que Roboam debió haber hecho para tomar una buena decisión?

Ilustración

John Ortberg escribió en su libro *All the Places to Go... How Will You Know?*[Tantos lugares para ir... ¿cómo saber a dónde?] un estudio hecho por una agencia de investigación. Ellos encontraron que, en promedio, una persona toma setenta decisiones cada día. Esto resulta en 25,500 decisiones por año y casi dos millones durante toda su vida. Por tanto, lo que hoy eres representa la suma de todas esas decisiones. Por ello debes tener mucho cuidado en las decisiones pequeñas, porque las decisiones pequeñas van preparándote para las más grandes.

Guía para tomar buenas decisiones cada día:

1. Va a la Palabra de Dios siempre, cada día, para recibir la dirección del Señor.
2. Va a Dios en oración cada día para que el Espíritu Santo aclare tus pensamientos.
3. Usa tu sentido común y un buen razonamiento.
4. Acude a un consejero sabio (tus padres, y tus pastores).
5. Compara los requisitos con las realidades, y deja los sentimientos como algo secundario.

Preguntas sobre la clase

1. ¿De qué está compuesta la vida (según la lección)?
2. Tú eres el resultado de _____.
3. ¿Qué es lo que va preparándote para tomar las más grandes decisiones de tu vida?
4. Tú eres dueño de tu decisión y también del resultado de esa decisión. Cierto/falso. ¿Por qué cierto/falso?
5. ¿Cuáles son las tres decisiones más importantes en la vida?
6. ¿Por qué Roboam tomó una mala decisión?
7. ¿Cuál es la guía para tomar buenas decisiones cada día?

Frases para memorizar

1. Lo que tú serás será el resultado de tus propias decisiones ahora y en el futuro.
2. Debes aprender a tomar buenas decisiones (ver la guía para tomar buenas decisiones).
3. Tu eres dueño de tu decisión, pero no del resultado de esa decisión.
4. Las tres decisiones más importantes: seguir a Jesús; con quien te casarás; y a qué te dedicarás.
5. No te apresures a tomar decisiones importantes, sigue la guía de toma de decisiones y toma todo el tiempo que sea necesario. Sin embargo, la decisión de seguir a Jesús debe ser ahora mismo, pues demorarte a hacerlo será siempre en tu contra.

Otros pasajes de la Biblia sobre el tema para lectura y memorización

Prov. 3:5-6; Stg. 1:5; Prov. 11:14; Is. 30:21; Stg. 3:17; Prov. 16:33; Jn. 5:30; Prov. 12:15; Jos. 24.15; Prov. 18:15; Sal. 25:4; Prov. 15:22; Sal. 32:8; Sal. 119:105; Prov. 16:9; Rom. 8:28; Prov. 2:6.

78

No vivas por emociones

Memorizar

Jeremías 17:9 «Engañoso es el corazón más que todas las cosas, y perverso; ¿quién lo conocerá?».

Desde el principio del mundo la gente ha tomado muchas malas decisiones en base a los sentimientos. Ellos dicen: «Tengo que hacer caso a lo que me dice mi corazón»; sin embargo, ellos no saben que la mente y el corazón pueden estar movidos por los deseos del pecado, y por satanás. Nosotros, como cristianos, no podemos tomar decisiones ni vivir basándonos en sentimientos, sino siempre en la voluntad de Dios. Debemos siempre preguntarnos, ¿Jesús haría esto? ¿Qué dice la Biblia sobre esto?, ¿es correcto? En ocasiones podemos «sentir» hacer cosas malas o «sentir» no hacer las cosas que debemos, pero debemos decir *no* a todas estas cosas.

❓ Preguntas introductorias

1. ¿Alguna vez has sentido hacer cosas que no debes hacer?
2. ¿Algunas veces no *sientes* ganas de hacer cosas que debes hacer? ¿qué es lo que decides?
3. ¿Por qué crees tú que es muy peligroso tomar decisiones basándote en los sentimientos?

Historia bíblica (Mateo 26:36-46)

En varias ocasiones Jesús dijo a sus discípulos que iría a la cruz. Él nunca estuvo temeroso de morir ni tuvo dudas: Él estaba determinado a sufrir y morir por nosotros porque esa era la voluntad de Dios. Además de la tortura y la muerte horrenda que cualquiera de nosotros podría sufrir por la causa de Cristo, el Señor tenía que cargar los pecados del mundo. Esto era algo muy grande: Él se convertiría en el más grande de los pecadores por nosotros; cosa que lo angustió mucho, porque habría un momento en que sería literalmente abandonado por el Padre celestial.

Jesús entonces fue a un huerto a orar. En ese lugar, el Señor pidió su Padre que le ayudara a soportar ese abandono (Mt. 27:46). Jamás Jesús rehusó sufrir por nosotros y dar su vida por el mundo, pues Él nunca tomó decisiones basándose en sentimientos, Él hizo lo que tenía que hacer y cumplió su misión totalmente. Así nosotros debemos hacer la voluntad de Dios en todo y no dejarnos llevar por lo que sentimos, pues esto, muchas veces, es engañoso. Cuando hacemos la voluntad de Dios tendremos gozo en el Espíritu Santo.

Ilustración

Uno de los ejemplos más comunes para este tema es el caso de una muchacha cristiana que es pretendida por un muchacho inconverso. Este muchacho la trata bien, es amable, atento, le muestra mucho cariño. Además, es atractivo físicamente, inteligente y tiene dinero. La muchacha piensa que, aunque no es cristiano, ella podría vivir feliz con ese muchacho si se casaran, y empieza a pensar en ello. Todo esto, desde luego, es una trampa del diablo. Tú no debes permitir que se generen <u>historias amorosas en tu mente</u>, eso no proviene de Dios.

Ella piensa que más tarde él, puesto que es un muchacho muy bueno, aceptará el evangelio y se convertirá a Cristo. Empieza a invitarlo a la iglesia, y él acepta; luego finge que se ha hecho cristiano, y se bautiza (todo lo hace por interés de la chica, no porque se haya convertido). ¿Tú que harías en ese caso? Ella se hace novia del muchacho. Sus padres son cristianos, y le aconsejan que lo deje, le dicen que si se casa con él más tarde tendrá que sufrir mucho y será infeliz. Ella los desobedece, y finalmente se casa con él. Desde el primer día, el muchacho demuestra que no está realmente convertido a Cristo, y se opone al evangelio. La chica tiene que sufrir innecesariamente y después ella se arrepiente de la decisión que ha tomado. Se dejó llevar por las emociones; «hizo caso a su corazón», pero su corazón la ha engañado, tal como dice Jeremías 17:9.

❓ Preguntas sobre la clase

1. Siempre la gente toma buenas decisiones si se basa *solamente* en sus sentimientos. Verdadero/Falso ¿Por qué?
2. ¿En qué debes basarte para tomar decisiones correctas?
3. ¿Cuál siempre fue la intención de Jesús respecto a la cruz? ¿Quería o no ir a la cruz? ¿Hubo algún momento en que Jesús dudó en hacer la voluntad de Dios?
4. ¿Cuál es la diferencia entre el sufrimiento que nosotros podemos experimentar por causa de Cristo y el sufrimiento de Cristo?
5. ¿Cuál fue el error que cometió la muchacha cristiana de la ilustración? ¿Por qué cometió tan grave error?

Frases para memorizar

1. La gente toma malas decisiones basándose en los sentimientos, no seas tú uno de ellos.
2. Los cristianos tomamos decisiones basados en la voluntad de Dios expresada en la Biblia.
3. Debemos, como Jesús, estar determinados a hacer la voluntad de Dios y no seguir a las emociones.
4. El gozo que los cristianos experimentan es el Espíritu Santo (Rom. 14:17).
5. Jamás debes permitir que se generen historias amorosas en tu mente con nadie.
6. Si tomas decisiones basándote en sentimientos tendrás que sufrir y perderás tiempo muy valioso.

Otros pasajes de la Biblia sobre el tema para lectura y memorización

Fil. 4:6-7; Prov. 29:11; Prov. 15:18; Gál. 5:16-24; Rom. 12:2; Ecl. 3:4; Jos. 1:9; Rom. 12:15; 2 Ti. 1:7; Prov. 15:13; Ef. 4:26-27; Prov. 25:28; Prov. 16:32; Stg. 1:20; Rom. 14:17.

19

El significado de «buena vida»

Memorizar

Salmos 16:11 «Me mostrarás la senda de la vida; En tu presencia hay plenitud de gozo; Delicias a tu diestra para siempre».

Siempre debes ir a la Palabra de Dios para conocer qué es lo que Dios piensa respecto a las preguntas más importantes de la vida. El mundo tiene respuestas, pero las respuestas que da el mundo no siempre coincidirán con la mente de Dios, más bien, la mayoría de las veces, estarán en oposición a ella. Si tú te basas en el concepto del mundo acerca de lo que significa vivir la *buena vida*, vivirás siempre insatisfecho, lleno de temor, de tristeza y te sentirás fracasado.

❓ Preguntas introductorias

1. ¿Cuál es para ti el significado de *buena vida*?
2. ¿Qué es lo que te contestarían tus compañeros en la escuela si les hicieras la pregunta anterior?
3. ¿Jesús vivía una buena vida (lee Mateo 8:20)?

Historia bíblica (Mateo 19:16-21)

Mucha gente seguía a Jesús porque Él hacía mucho bien a los demás. Él sanaba a los enfermos, liberaba a los endemoniados y les predicaba el evangelio. Jesús enseñaba a la gente el verdadero significado de la vida, pues Él sabe todas las cosas, y desea que tengamos vida, y vida abundante.

Un día un joven que tenía muchas riquezas vino a preguntarle algo a Jesús. Este joven, aunque tenía mucho dinero para «disfrutar de la vida» —según el concepto del mundo— tenía un gran vacío en su interior. Él sabía que algo le estaba faltando, pero no sabía exactamente qué era. Por eso, fue y le preguntó a Jesús, «Maestro bueno, ¿qué bien haré para tener vida eterna?». Jesús pensó en lo bueno que este joven tenía: que reconocía que Él (Jesús) es Dios, y que obedecía los mandamientos. Sin embargo, sabía que había algo que le estaba impidiendo entrar en la vida eterna: él necesitaba dejar aquello que él pensaba era «la buena vida». Eran precisamente las riquezas —lo que él pensaba y la mayoría piensa— que es la buena vida, lo que le impedía disfrutar de *la verdadera buena vida* que Dios da. Esta buena vida está en dar el fruto del Espíritu Santo, y las riquezas eran un obstáculo para que este joven pudiera producirlo. ¿Sabes que es eso de *el fruto del Espíritu*?

Ilustración

¿Alguna vez te has puesto a pensar cómo se produce la electricidad? Seguro sabes que la electricidad no está en la toma de corriente en donde enchufas una computadora, por ejemplo, tú sabes que la electricidad viene de otro lado más lejos. Los cables son conductores de la electricidad, pero no la producen. Cuando hay electricidad en tu casa, entonces hay luz en tu casa, ¿cierto? La luz que tú tienes es el resultado o *el fruto* de la energía eléctrica que ha llegado a tu casa, y es la señal de que tienes electricidad. El fruto del Espíritu es como esa luz, tú tienes el fruto del Espíritu cuando el Espíritu Santo está encendido en ti. El fruto del Espíritu es: *amor, gozo, paz, paciencia, benignidad* (dulzura, gentileza), *bondad* (que da cosas buenas), *fe, mansedumbre* (que no te enojas), *templanza* (que tienes dominio propio). Así como un cable no produce electricidad, sino solo la conduce, así tú: quien produce el fruto del Espíritu es el Espíritu Santo. El verdadero significado de vivir una buena vida es manifestar de manera natural ese fruto. Tú no tienes que esforzarte para ello, ni hacer nada, solamente basta con estar conectado a Jesús (lee Juan 15:5) para que tengas ese fruto.

❓ Preguntas sobre la clase

1. ¿Qué es lo que Jesús desea según lo que vimos en la lección de hoy?
2. ¿Qué fue lo que el joven rico vino a preguntarle a Jesús? ¿por qué le preguntó eso?
3. ¿Qué era lo que este joven rico no podía dejar y que le impedía tener la vida de Dios?
4. ¿Qué significa realmente tener buena vida?
5. ¿Qué era lo que impedía que el joven rico pudiera dar o producir el fruto del Espíritu?
6. ¿Puedes explicar cómo la electricidad sirve de ejemplo para explicar el fruto del Espíritu?
7. ¿Cuáles son las cualidades del fruto del Espíritu? (una de ellas es amor).
8. ¿Qué necesitas hacer para dar el fruto del Espíritu?

Frases para memorizar

1. Cuando estás con Jesús siempre vas a manifestar el fruto del Espíritu.
2. Dar este fruto es el verdadero significado de vivir una buena vida.
3. Jesús desea que tú yo demos ese fruto, por eso es que vino y se acercó a nosotros. Ahora espera que nosotros nos acerquemos a Él y permanezcamos cerca de Él.
4. El mundo piensa que la buena vida consiste en tener riquezas, pero eso es falso, pues las cosas creadas jamás producirán lo que solo el Creador puede producir: el fruto del Espíritu en ti.
5. Así como un cable no produce electricidad sino solo la conduce, así tú no puedes producir por tu cuenta el fruto del Espíritu, más bien, tienes que mantenerte unido a Jesús.
6. El fruto del Espíritu es: amor, gozo, paz, paciencia, benignidad (dulzura, gentileza), bondad (que das cosas buenas), fe, mansedumbre (que no te enojas), templanza (que tienes dominio propio).

Otros pasajes de la Biblia sobre el tema para lectura y memorización

1 Cor. 4:2; 1 P. 4:10-11; 1 Ti. 5:8; Sal. 24:1; 1 Cor. 12:4-6; Mt. 25:14-30; 1 Cor. 10:31; Stg. 1:17; Rom. 12:6-8; 1 Ti. 4:14; Éx. 35:10; 2 Ti. 1:6; Mt. 5:14-16.

80

Siempre Dios es bueno

Memorizar

Génesis 1:31 «Y vio Dios todo lo que había hecho, y he aquí que era bueno en gran manera».

Una de las grandes cualidades de Dios es que Él es bueno. La bondad de Dios es mucho más de lo que tú y yo podemos imaginar. ¡Está en todas partes! Está en la naturaleza de la que todos disfrutamos, está en los seres humanos, en la ciencia y en las artes; podemos ver la bondad de Dios en donde quiera que estemos y siempre está a nuestro derredor.

❓ Preguntas introductorias

1. ¿Cuáles son las cosas que más disfrutas en la vida? ¿Qué tiene que ver Dios con esas cosas?
2. ¿Cómo la bondad de Dios podría estar en una prisión?
3. Mira alrededor tuyo ¿puedes ver la bondad de Dios en lo que está ahí? Háblanos de esa bondad.

Historia bíblica (Éxodo 17:1-7)

Los israelitas habían visto la bondad de Dios muy claramente. Ellos fueron testigos de los milagros que Él hizo a su favor para liberarlos de la tierra de Egipto en donde eran esclavos. Luego, cuando estuvieron atrapados entre el mar Rojo y el ejército de Faraón, el Señor bondadoso abrió el mar Rojo para que ellos pasaran en seco. Les dio pan para que comiesen, y agua; los protegía del frío y del calor, y los sanaba de sus enfermedades.

Pero un día, tan solo algunos días de haber disfrutado de todas estas bendiciones, les faltó agua, y entonces ellos dudaron de la bondad de Dios, y se quejaron contra Moisés. Ellos estaban tan enojados que incluso querían apedrearlo. Fue así que Moisés clamó a Dios y Él, en su paciencia y bondad, les dio agua para que bebiesen todos ellos. Sin embargo, había sido un gran pecado haber dudado de la bondad de Dios, el mismo que había hecho tanto por ellos. Tú, como hijo o hija de Dios, nunca dudes de la bondad de Dios. No importa lo que suceda, la bondad de Dios siempre estará presente, tan solo necesitas abrir tus ojos y verla.

Ilustración

Allen Gardiner fue un misionero británico para América del Sur. Después de la muerte de su primera esposa, el hermano Allen entró al campo misionero, en 1834, e hizo misiones en África hasta 1838. Luego, de 1838 a 1843, el misionero Allen trabajó entre los indígenas de Chile y anduvo en la Tierra de Fuego (en el extremo sur del continente americano). Después de estar haciendo viajes a Sudamérica, y sufriendo distintas dificultades, en 1851, cuando Allen Gardiner tenía 57 años, decidió ir con otros a una isla llamada Picton. Pero en esa isla el pueblo era hostil, y el clima muy frío. Después de algún tiempo, el hermano Allen y sus compañeros tuvieron que enfrentar la terrible situación de que los suministros se les habían acabado, y los nuevos alimentos no llegaban. Sin comida, cada uno de los integrantes del grupo iba muriendo de hambre, uno por uno. Mientras tanto, el hermano Allen escribía en su diario lo que sucedía cada día, y lo último que escribió, su última línea antes de morir, y con letra temblorosa (por la gran debilidad que él tenía), fue esta: "Estoy maravillado al entender la inmensa bondad de Dios". Se cree que el misionero Allen murió el 6 de septiembre de 1851.

La bondad de Dios se ha manifestado especialmente al enviar a su Hijo Jesús a morir por nosotros. Cuando tú te conviertes en un hijo o hija de Dios las bendiciones que tú tienes no son solo aquellas que disfrutan los que no conocen a Dios, sino Él te da el privilegio de su presencia, y te regala vida eterna. La bondad de Dios para con sus hijos es especial porque tienes la compañía de Jesús y de su Espíritu Santo, y Él te hace ser como Él. ¡Esto es lo más grande de la bondad y la gracia de Dios!

Preguntas sobre la clase

1. ¿Cuáles fueron algunas de las demostraciones de bondad que Dios tuvo para con los israelitas?
2. ¿Qué fue lo que hizo a los israelitas dudar de la bondad de Dios? ¿Es esto bueno? Si/no ¿Por qué?
3. ¿Qué es lo que tú necesitas hacer para mirar la bondad de Dios?
4. ¿Quién fue Allen Gardiner?
5. ¿Qué fue lo que el hermano Allen Gardiner escribió en su diario antes de morir?
6. ¿Cómo se manifiesta especialmente la bondad de Dios en sus hijos?
7. ¿Qué es lo más grande de la bondad de Dios para con los seres humanos?

Frases para memorizar

1. Podemos ver la bondad de Dios en el mundo físico, en el cuerpo humano, en la bondad de la gente (aun la que no es cristiana), en la ciencia y la tecnología, en las artes, etc. La bondad de Dios es gratuita para todos.
2. Dudar de la bondad de Dios es un gran pecado, y debes tener cuidado de jamás cometerlo.
3. Debes pedir al Señor que abra tus ojos para ver su bondad en los momentos en que el diablo te mienta y te estorbe para verla.
4. La demostración más grande de la bondad de Dios es que Él envió a su Hijo para salvarnos.
5. Si tú tienes la compañía de Jesús y del Espíritu Santo, tú disfrutas de la más grande de las bondades de Dios y de su gracia, y Él te hará ser parecido a Él.

Otros pasajes de la Biblia sobre el tema para lectura y memorización

1 Cor. 4:2; 1 P. 4:10-11; 1 Ti. 5:8; Sal. 24:1; 1 Cor. 12:4-6; Mt. 25:14-30; 1 Cor. 10:31; Stg. 1:17; Rom. 12:6-8; 1 Ti. 4:14; Éx. 35:10; 2 Ti. 1:6; Mt. 5:14-16.

81

Controla tus sentimientos

Memorizar

Proverbios 12:16 «El necio al punto da a conocer su ira; Mas el que no hace caso de la injuria es prudente».

Injuria: ofensa

Las emociones fueron creadas por Dios para tu bien, y para servir a Jesús; sin embargo, también pueden ser usadas por el enemigo para hacerte daño y llevarte a pecar. Por tanto, debes controlarlas y ser dueño(a) de ellas, y no dejar que te controlen a ti; pues si esto ocurre, el diablo las usará para dañarte y dañar a otros. Para que tú puedas controlar tus emociones debes ponerlas a los pies de Cristo Jesús.

? Preguntas introductorias

1. Menciona las emociones que tú conoces. ¿Puedes definir algunas de ellas?
2. ¿Hay emociones buenas y otras malas? Si/no ¿Por qué?
3. ¿Cómo tus emociones pueden llevarte a hacer lo malo? Menciona al menos un ejemplo, si puedes dos.

Historia bíblica (Génesis 4:1-11)

Las emociones no son buenas ni malas en sí, sino que se convertirán en algo bueno o algo malo dependiendo del motivo. Por ejemplo, que estés triste no es algo malo en sí, y debes inclusive estar triste en los momentos en que otros están sufriendo (lee Rom. 12:15); pero si estás triste porque deseas algo egoístamente y porque no obtienes algo que quieres o porque estás dudando de la bondad de Dios, entonces ese sentimiento refleja un pecado. Lo mismo sucederá con todas las demás emociones. Sin embargo, hay emociones que están más relacionadas con el pecado que otras (lee Ef. 4:31 y Col. 3:8).

En Génesis 4 tenemos el caso de los dos primeros hermanos, Caín y Abel. Dice la Biblia que tanto Caín como Abel presentaron cada uno su ofrenda delante de Dios; sin embargo, la ofrenda de Abel fue aceptada por Él, mientras que la de Caín no. La razón por la que la ofrenda de Caín no fue aceptada no fue debido a la ofrenda en sí, es decir, no fue porque la ofrenda de Caín fuera de menos valor que la de Abel, más bien, Dios vio el corazón de cada uno, y Él conocía que no había sinceridad en el corazón de Caín. Fue así que Caín se enojó contra su hermano y andaba cabizbajo. ¿En qué situación estos sentimientos que tuvo Caín podrían ser por buenos motivos? (lee Éx. 32:19; Neh. 2:1-4). Caín terminó matando a su hermano. Lo mismo sucedió con Acaz, cuando Nabot, su vecino, no quiso venderle su terreno (lee 1 Reyes 21:1-15) ¿recuerdas esa historia?

Ilustración

Marshall Broomhall escribió en su libro *The jubilee story of the China Inland Mission* la vida de María Dyer. Ella nació en 1837 en el campo misionero de la China, en donde sus padres fueron los primeros misioneros. Cuando sus padres murieron, siendo aún muy pequeña, ella fue criada por un tío suyo. Sin embargo, la pérdida de sus padres no detuvo a la joven María, quien tuvo un gran corazón para predicar el evangelio; por tanto, a la edad de 16 años, ella regresó sola a la China para trabajar como misionera en una escuela de niñas. Cinco años más tarde, María se casó con Hudson Taylor, uno de los misioneros más conocidos hasta el día de hoy por su ministerio de fe y sacrificio.

El caso de María es un caso de dominio de sus emociones. Ella obedeció la voz de Dios quien le ordenó (como a todos nos ordena): «Amarás al Señor tu Dios con todo tu corazón...» (¡Amar al Señor es una orden!). María no dejó que los sentimientos de la pérdida de sus padres la controlaran a ella para abandonar la misión a China. Jesús quiere que le obedezcamos y caminemos con Él, y que le amemos antes que a nada ni a nadie. Dios nos ordena gobernar nuestras emociones: debemos amar lo que Dios ama y aborrecer lo que Dios aborrece; y dejar que el Espíritu Santo controle nuestras emociones. Si el Espíritu Santo nos da el poder, entonces podremos gobernar nuestras emociones mediante su poder.

Preguntas sobre la clase

1. ¿Para qué Dios creó tus emociones?
2. ¿Cómo puedes ser tú quien controle tus emociones?
3. ¿Hay emociones buenas y otras malas? Si/no ¿Por qué?
4. ¿Cuándo estar triste es bueno?, ahora, ¿cuándo es el reflejo de que estas pecando?
5. ¿En qué casos mencionados en la historia bíblica el enojo fue por motivos de pecado?
6. ¿Por qué el caso de María Dyer fue el de una mujer cuyas emociones estaban a los pies de Jesús?
7. ¿Poner nuestras emociones a los pies de Cristo es opcional? Si/no ¿Por qué? ¿Cómo podemos hacer esto?

Frases para memorizar

1. Tus emociones fueron creadas para que con ellas sirvas al Señor, no a ti mismo.
2. Si no controlas tus emociones ellas te controlarán a ti para hacer lo que desagrada a Dios.
3. Las emociones no son buenas ni malas en sí, pero los motivos por los que las tienes es lo que es bueno o malo.
4. Hay emociones que están más relacionadas con el pecado que otras, por ejemplo, la tristeza, la ira y el temor (las cuales, muchas veces, no son por los motivos correctos).

Otros pasajes de la Biblia sobre el tema para lectura y memorización

Prov. 16:32; 2 P. 1:5-9; Ef. 6:11-17; Ef. 4:26-27; Ef. 4:26-27,31; Col. 3:8; Prov. 12.16; Prov. 25:28; 1 Jn. 2:16; Lc. 6:45; Jos. 1:9; Prov. 29:11.

82

Sé un verdadero hombre

Memorizar (solo los varones)

1 Reyes 2:2 «Yo sigo el camino de todos en la tierra; esfuérzate, y sé hombre».

La definición de *ser un verdadero hombre* en nuestra generación es muy diferente a la definición de Dios, el Creador de la masculinidad y la feminidad. Si tú caminas por la vida con la idea incorrecta, cometerás graves errores y ofenderás aun a las personas que más amas y más te aman. La definición correcta de *verdadero hombre* la tiene Dios, y no la gente del mundo. De esto estaré hablando en esta lección.

❓ Preguntas introductorias

1. ¿Cuál es tu propia definición de *ser un verdadero hombre*?
2. ¿Cuáles son las diferencias que tú encuentras entre un hombre y una mujer además de las diferencias físicas?
3. ¿Cuál es la definición que los compañeros tuyos en la escuela tienen de lo que debe ser un verdadero hombre?

Conceptos para explicar

La definición de un verdadero hombre la encontramos en Jesús. Jesús es el hombre perfecto y el modelo de lo que es un verdadero hombre. ¿Cuáles son las características de Jesús? ¿Cómo es Jesús según lo describe la Biblia, la Palabra de Dios? Un verdadero hombre...

1. Tiene a Cristo Jesús antes que cualquier otra persona en la tierra, incluso antes que a su familia. Jesús es antes que todo y antes que todos (lee Lucas 14:26). Así también, Jesús puso en primer lugar su obediencia al Padre Celestial.
2. No tiene miedo a quedarse solo. Si los demás lo abandonan porque él obedece a Dios, esto no le atemoriza. Jesús dijo a sus apóstoles, cuando hubo muchos que lo estaban abandonando, «¿Quieren ustedes irse también?» (Jn. 6:66-69). Jesús no empezó a llorar diciendo: «¡Por favor, no me abandonen! Haré lo que ustedes quieran». Dios ha dicho: «No te dejaré, ni te abandonaré» (Heb. 13:5).
3. Es disciplinado para buscar a Dios en oración y en la Biblia (lee Mc. 1:35).
4. Siempre dice la verdad, aunque la verdad parezca estar en su contra; y no teme denunciar la injusticia y el pecado (Mt. 23).
5. Es responsable con su familia. Jesús cumplió sus responsabilidades como hombre aun estando colgado de la cruz (Jn. 19:26). Un verdadero hombre jamás abandona a su familia y está ahí siempre para alimentarla, protegerla y liderarla; él es un verdadero líder de su casa.
6. Vive en santidad estando soltero, pero si se casa, trata con amor y delicadeza a su esposa y disciplina a sus hijos con firmeza (pero con amor).
7. Como Jesús, un verdadero hombre ama a todos, pero no compromete su fe. No es rudo ni orgulloso, sino de corazón sincero y humilde.

8. Jesús atravesó grandes sufrimientos, y padeció terribles dolores, pero nunca se quejó, ni tuvo lástima de sí mismo diciendo «pobrecito de mí», ni culpó a los demás.
9. Adquiere conocimiento, busca ser enseñado por otras personas, y sabe estar bajo autoridad. Jesús dijo: «Yo he venido en nombre de mi Padre» (Jn. 5:43).
10. Mantiene su palabra y es fiel a las promesas que hace delante de Dios y de los demás.
11. Depende siempre del Espíritu Santo para tomar sus propias decisiones y medita antes de comprometerse.
12. Se esfuerza en el trabajo y avanza con determinación hasta terminar lo que ha empezado. Es honesto y responsable en su trabajo. (Lc. 9:51).
13. El verdadero hombre luce como hombre. Jesús tenía sus músculos trabajados en la carpintería, y lo más seguro es que no tenía el cabello largo. Jesús lucía como hombre en todo sentido.
14. El verdadero hombre es formado durante la niñez, pero, puesto que es obediente a sus padres, es un hijo amado, como Jesús (Mt. 3:17).
15. Se comporta siempre gentil, amable y respetuoso con todos. Luego, como esposo, es fiel, respetuoso y amoroso con su esposa.

Preguntas sobre la clase

1. ¿Qué pasa si tu padre o tu madre no quisieran que tú fueras cristiano? ¿Debes dejar de ser cristiano para obedecerles? Si/no ¿Por qué?
2. ¿Cuáles de los conceptos que se han mencionado se relacionan con ser una persona valiente? ¿Por qué es tan importante para un hombre ser valiente?
3. ¿Cuáles de las características mencionadas de un verdadero hombre las debe tener también una verdadera mujer? ¿Cuáles de ellas no?
4. Da ejemplos de amor y respeto que el hombre casado debe mostrar para su esposa.
5. ¿Qué harías si tus compañeros en la escuela te discriminan por ser cristiano?

Frases para memorizar

1. Ama a Jesús antes que a todo y a todos.
2. No temas a nadie sino solo a Dios; pero obedece a las autoridades que Dios ha dado.
3. Sé disciplinado para orar y buscar a Jesús en la Biblia.
4. Sé un hijo obediente y amado; pero prepárate para ser un líder de su familia.
5. Vive en santidad soltero y luego, cuando te cases, también.
6. Mantente humilde, no seas orgulloso.
7. No te quejes, ni tengas lástima de ti mismo, ni culpes a los demás de tus actos.
8. Mantén tu palabra y sé fiel a las promesas que haces.
9. Esfuérzate en tu trabajo y no lo dejes hasta terminar.
10. Depende siempre del Espíritu Santo para todo en la vida.
11. Luce y compórtate físicamente como hombre en todo sentido.

Otros pasajes de la Biblia sobre el tema para lectura y memorización

1 Cor. 16:13-14; 1 P 3:7; 1 Cor. 13:11; 1 R. 2:2-4; Ef. 5:25, 28; Gn. 1:27; 1 Ti. 5:8; Jn. 15:13; Gal. 5:22-23; Sal. 1:1-6; Col. 3:19; Prov. 27:17; Lam. 3:27; 1 Cor. 10:13; Gn. 2:15; Heb. 12:7.

83

Sé una verdadera mujer

Memorizar (solo las damas)

Proverbios 31:30 «Engañosa es la gracia, y vana la hermosura; La mujer que teme a Jehová esa será alabada».

Aunque la mujer de hoy, comparada con la del siglo pasado, p. ej., ha cambiado mucho, su diseño original es el mismo. Dios ha diseñado a la mujer para ser amada y protegida, pero para recibir estos beneficios, ella necesita comportarse como una verdadera mujer según el diseño de Dios. Ciertamente ni el hombre es mayor que la mujer ni la mujer que el hombre, pero si estos siguen el diseño de Dios para cada uno, se complementarán y vivirán felices.

Preguntas introductorias

1. ¿Cuál crees tú que es la más grande diferencia entre un hombre y una mujer además de su cuerpo físico?
2. ¿Qué significa para ti ser una gran mujer?
3. ¿En qué se parece y en qué se diferencia la gran mujer que has descrito en la pregunta anterior con María la madre de Jesús?

Conceptos para explicar

Dios hizo al varón primero, y del varón, Dios tomó el material para hacer a la mujer. Por eso, la mujer procede del varón en su diseño original (1 Cor. 11:8), y esto como una señal para que el hombre ejerciera autoridad sobre su esposa con amor y honor, así como Jesús con su iglesia (Ef. 5:24). Sin embargo, los hombres que nacieron de Eva fueron sacados de su cuerpo, esto como una señal de Dios de una necesidad mutua entre el hombre y la mujer, y de la autoridad de la madre sobre sus hijos. Asimismo, Dios quiso que el hombre no tuviese una compañía perfecta sino la mujer (pues ella es su ayuda idónea), y ella no puede sentirse realmente segura y amada sin el liderazgo del hombre. Sin embargo, para Dios ambos son iguales. Ahora veremos más a detalle las características del diseño de Dios para la mujer. Una verdadera mujer...

1. Establece la familia. La mujer fue hecha para establecer la familia, la base fundamental de la sociedad y de la Iglesia de Cristo. Ella encuentra su mundo en las relaciones estrechas que tiene con su familia, su esposo y sus hijos (Prov. 14:1).
2. Fortalece al hombre. La mujer fortalece las emociones y el liderazgo del su esposo en el hogar, porque sabe que, si el líder es fuerte, toda la familia es fuerte (lee Prov. 31:11-12).
3. Recibe —por causa de su labor y de sus actitudes correctas— alabanza de su esposo y de sus hijos (Prov. 31:28-29).
4. Si no tiene esposo o hijos, o ha quedado sola, se dedica a servir a Cristo (1 Tim 5:5; Lc. 2:36-37).
5. Nutre y hace crecer. La mujer está hecha para nutrir y hacer crecer. Cuando tú estabas en la pancita de tu mamá, ella, de su cuerpo te daba de comer a ti; luego, cuando eras una bebé, ella continuaba alimentándote (con sus pechos) y lo hará siempre que ella pueda hacerlo. Las mujeres que por alguna

razón no se casan o que no pueden tener bebés, no dejan de tener esa naturaleza, y una mujer verdadera participará en esto de una forma y otra (con hijos adoptivos, por ejemplo).

6. La verdadera mujer es delicada. El apóstol Pedro le llama «vaso más frágil» (1 P. 3:7). Ella fue creada para ser protegida por el hombre en todos los aspectos de la vida. Si una mujer ha sido maltratada debido a esa fragilidad, ella, engañada por el diablo, dejará de ser una verdadera mujer, es decir, ella querrá ser tan fuerte como el hombre que se aprovechó de su delicadeza. Esto es un problema que muchas mujeres tienen en nuestros días, pero Cristo hace libres a las mujeres para ser tan femeninas como la que Dios creó al principio.

7. La verdadera mujer es capaz de crecer en intimidad, pero reserva los grados más altos de intimidad para su esposo. La intimidad es un proceso que encuentra sus últimas etapas en el matrimonio, con su esposo. Él es quien comparte la última etapa de su intimidad, es decir, su cuerpo físico. Y en todo ese proceso ella manifiesta vulnerabilidad.

[Nota 1]: La palabra *vulnerabilidad* es la cualidad de *vulnerable*. Esto quiere decir que podría ser herida tanto física como moral o sentimentalmente. La verdadera mujer es así porque está diseñada para ser protegida por el hombre. Y el verdadero hombre siempre protegerá a la mujer. Una función muy importante del papá es proteger a su esposa y a sus hijos, pero mayormente a las mujeres de la familia. ¿Qué de las que no tienen un hombre que las proteja? [(pregunta a tu maestro (a)]

[Nota 2]: En la siguiente clase veremos más sobre el tema de la intimidad.

8. La verdadera mujer tiene el deseo de ser bella. La belleza que ella desea es en primer lugar la interna, la que solo el Espíritu Santo puede dar, pero también se preocupa por la belleza exterior, eso es parte de su naturaleza de mujer; así Dios la diseñó. La mujer debe lucir como mujer y hay una enorme diferencia física entre una mujer y un hombre, pero la belleza que la verdadera mujer busca en primer lugar es la interna, la que solo Dios puede dar.

[Nota]: 1 P. 3.3-5 nos habla de la verdadera belleza de una mujer. Proverbios 31:30 también dice: «Engañosa es la gracia, y vana la hermosura; La mujer que teme a Jehová, esa será alabada».

❓ Preguntas sobre la clase

1. ¿El diseño de Dios para la mujer es el mismo que para el hombre, y sus funciones son idénticas? Si/no ¿Por qué?
2. ¿De qué manera el hombre y la mujer llegarán a ser felices con su naturaleza?
3. ¿Cuál es la señal de autoridad que tiene el hombre sobre la mujer?
4. ¿Cuál es la señal de autoridad de la mujer sobre los hijos? ¿Cuál es la señal de que el hombre tiene dependencia de la mujer?
5. ¿Cuál es la compañía perfecta para el hombre (su ayuda idónea)?
6. ¿Cuál es la función de la mujer en la familia?
7. ¿Cómo la mujer hace fuerte y edifica a su familia?
8. ¿Qué es lo que debe hacer una mujer que se ha quedado sola?
9. ¿Qué significa que una mujer verdadera es delicada? ¿Qué significa que desea ser bella?
10. ¿Para quién reserva la verdadera mujer las últimas etapas de intimidad?
11. Explica el deseo de la mujer de ser bella.

Frases para memorizar

1. Para que una mujer tenga paz, seguridad y felicidad, debe seguir el diseño de Dios para ella.
2. El diseño de Dios para la mujer es muy distinto al del hombre.
3. El hombre y la mujer se complementan mutuamente y ninguno es mayor que el otro, ellos dos hacen un equipo.
4. La mujer cristiana reconoce y respeta la autoridad del hombre en la familia para hacer fuerte su hogar.
5. La mujer hace fuerte a su familia cuando hace fuerte a su esposo como el líder de la familia y coopera con él.
6. La mujer que fortalece su familia es alabada por su esposo y por sus hijos, y encuentra felicidad.
7. La mujer fue diseñada para nutrir y hacer crecer.
8. La mujer es delicada, pero es líder en el tema de la intimidad en las relaciones.
9. La mujer tiene por naturaleza el deseo de ser bella, pero la mujer de Dios se preocupa primero por la belleza interna (que es la mejor y más importante).
10. La mujer es tan inteligente y tan capaz como el hombre, pero utiliza sus capacidades en el marco del diseño de Dios para ella.

Otros pasajes de la Biblia sobre el tema para lectura y memorización

Is. 49:15-16; Sal. 131:2; Is. 66:13; 1 Ts. 2:7; Tit. 2:3-5; Prov. 14:1; Prov. 31:10-31; Prov. 11:22; Prov. 18:22; Prov. 19:14; 1 P. 3:5; Ef. 5:22-24; 1 Cor. 11:12; 1 Cor. 11:3; 1 Ti. 2.9-12; Gál. 3:28; Sal. 113.9; 1 P. 3:7; Lc. 2:36-38.

84

Los niveles de intimidad

Memorizar

Proverbios 4:23 «Sobre toda cosa guardada, guarda tu corazón; Porque de él mana la vida».

«Mana la vida»: significa que es fuente de vida.

En esta clase veremos un tema que debes tener mucho cuidado en poner en práctica. El tema de las relaciones entre los seres humanos es muy importante, y tú debes ser sabio (a) y elegir muy bien con quien compartes tu vida. Compartir la vida tiene que ver con distintos grados de intimidad. La intimidad significa ir más adentro, conocer más profundamente el corazón de alguien. En el caso de aquellos que se gustan (un chico y una chica cristianos), la intimidad emocional debe ser primero antes de un contacto físico, y esto último solo podrá ser en el terreno matrimonial.

Debes minimizar a solo lo indispensable cualquier contacto físico con todos los demás (fuera de tu esposo o esposa) durante tu vida. Si tú escalas correctamente en los niveles de intimidad entonces tendrás gozo y paz en tus relaciones. Debes aprender que no debes besar a nadie que no sea tu esposo o tu esposa. El beso antes del matrimonio es una señal de distorsión de los niveles de intimidad.

Preguntas introductorias

1. ¿Cómo observas que es el comportamiento de los muchachos que ya han tenido intimidad sexual?
2. ¿Qué significa para ti la palabra *intimidad*?
3. ¿Por qué piensas que es algo tan común ver a dos personas besándose en la boca? ¿Crees que si es algo común está bien? Si/no ¿Por qué?

Niveles de intimidad

1. <u>Nivel uno</u>: comunicación segura. Datos, información. En este nivel no se transmiten sentimientos ni opiniones ni información personal que pueda hacerte vulnerable.
2. <u>Nivel dos</u>: la opinión y creencias de otros. En este nivel repetimos lo que otros han dicho sin decir precisamente que es lo que nosotros pensamos o creemos. Cuando hacemos este tipo de declaraciones podemos ver la reacción de otra persona, sin hacer propios lo que hemos mencionado.
3. <u>Nivel tres</u>: mi opinión personal y creencias. En este nivel empezamos a abrirnos y el nivel de vulnerabilidad empieza, ya que comenzamos a decir lo que personalmente creemos y lo que opinamos de algo.
4. <u>Nivel cuatro</u>: mis sentimientos y experiencias. En este nivel la vulnerabilidad crece, pues compartimos nuestras alegrías, lo que nos ha causado dolor, nuestros errores, nuestros sueños y metas. También lo que nos gusta y disgusta. Nos hacemos más vulnerables porque no podemos cambiar nuestro pasado ni podemos cambiar (al menos de inmediato) nuestros gustos. En este nivel nos arriesgamos a

ser criticados y rechazados, aunque podemos decir que no somos lo que fuimos, y esto puede quizá ser convincente.

5. <u>Nivel cinco</u>: mis necesidades, emociones y deseos. Este es el nivel más alto de intimidad, y es lo más profundo de lo que somos realmente. Para hablar en este nivel se necesita un alto nivel de confianza; por tanto, necesitamos estar totalmente seguros de que no seremos rechazados. Si comunico lo que realmente soy ya no hay manera de convencer a la persona de algo distinto. Ejemplos: "Me gusta cuando tu...", "necesito que tú hagas... (tal cosa) para sentirme...". "Quiero estar contigo...porque tú me haces sentir...".
6. <u>Nivel seis</u>: la intimidad sexual. Este nivel ha sido diseñado por Dios para disfrutarse únicamente en el matrimonio entre una mujer y un hombre. Este nivel podrá disfrutarse plenamente solo cuando hayas pasado previamente por los niveles inferiores de intimidad.

Escalando en los niveles de intimidad

1. <u>El manejo de los niveles</u>. Es muy importante manejar adecuadamente los niveles de intimidad. Como vimos en la clase de los amigos, debes ser selectivo con quienes deseas tener trato y con quienes deberás tener una amistad más profunda. En el caso de un muchacho y una muchacha cristianos que se gustan, estos deben estar seguros de que es la voluntad de Dios, e ir avanzando en los niveles de intimidad. La mujer es quien debe ser líder aquí, es decir, ella es la que avanza primero en los niveles de intimidad, pero debe esperar a que el varón se mueva después de ella, de otra manera no debe continuar.
2. <u>El avance en los niveles de intimidad lleva tiempo</u>. No debes apresurarte a avanzar en los niveles de intimidad, sé paciente. Espera a que Dios dirija las cosas. Mientras esto sucede, debes orar y mantener informados a tus padres, y pedirles consejo. Debes orar siempre por tus relaciones, y aquel o aquella que se casará contigo debe ser primero un amigo que tú hayas conocido muy bien; un buen cristiano (a) con quien hayas llegado al nivel cinco de intimidad. Recuerda guardar tu corazón, esto significa que siempre debes estar preparado (a) para <u>huir</u> de una relación que Dios no quiere. Por ejemplo, una señal de que debes huir será que el chico (casi siempre será el varón quien tenga esa iniciativa) quiera tocarte o besarte.
3. <u>Al llegar al nivel cinco</u>. El último nivel de intimidad solo puede ser para personas de mucha confianza, como tus padres y tus hermanos. Pero luego podrías extenderlo con la persona que será tu esposo o esposa. Recuerda, aun y que llegues a este nivel, no significa que no puedas huir si Dios te lo indica, siempre debes guardar tu corazón, pues tu corazón es fuente de vida, ese es tu medio de protección. Cuando has llegado a ese nivel con alguien que es candidato para ser tu esposo o esposa, entonces ya estarás preparado para casarte. Recuerda incluir a <u>tus padres</u> en todo el proceso, desde el inicio.

❓ Preguntas sobre la clase

1. ¿Qué significa intimidad?
2. ¿Que recomienda esta lección respecto al beso?
3. ¿Qué puedes decir del contacto físico en general según la clase?
4. ¿Qué sucede si escalas correctamente en los niveles de intimidad?
5. ¿En qué consiste el nivel uno?
6. ¿Cuál es el nivel dos?

7. ¿Puedes explicar el nivel tres?
8. ¿De qué se trata el nivel cuatro y cinco?
9. En el caso de un chico y chica cristianos que se gustan, ¿quién debe ir avanzando en los niveles? ¿Qué debe hacer el chico para que ella avance?
10. Dos cosas que siempre debes hacer al ir avanzando en una relación (ya sea de amistad o que avanza hacia el matrimonio).
11. ¿Cuáles son los prerrequisitos para permitir que un chico o chica avance en tus niveles de intimidad?
12. ¿Qué significa «guardar tu corazón»?
13. ¿Puedes mencionar un ejemplo de cuándo deberías huir de una relación?

Frases para memorizar

1. Debes fijarte muy bien con quién inviertes tu tiempo.
2. Compartir la vida tiene que ver con distintos grados o niveles de intimidad.
3. El contacto físico debe estar reservado para el matrimonio, eso incluye el beso.
4. Debes escalar correctamente en los niveles de intimidad para tener gozo y paz en tus relaciones.
5. El nivel uno es el de la información; el nivel dos es el de la opinión y creencias de otros; el nivel tres es el de las opiniones y creencias personales; el nivel cuatro es el de los sentimientos y experiencias; y el nivel cinco es el de las necesidades, emociones y deseos (todo lo que eres realmente).
6. Debes siempre orar y pedir consejo a tus padres respecto a todas tus relaciones tanto de amigos como de alguno (a) que te gusta.
7. El avance en los niveles de intimidad lleva tiempo.
8. Guardar tu corazón es estar siempre preparado para huir de una relación si Dios así te lo indica. Debes ver las señales que Dios te da para ello.

Recomendaciones para no involucrarte románticamente con el/la candidata (a) a esposo (a), y estar preparado (a) para huir en cualquier momento si es necesario:

1. *Establece tus requisitos previos*: como ya he mencionado en clases anteriores, el requisito número uno para que un matrimonio funcione es que la persona con la que te involucres sea un buen cristiano (a).

2. *Enfócate en la amistad*: controla tu mente para no incurrir en fantasías. Esto es, no sueñes despierto (a) que él o ella ya es tu esposo (a), esto muchas veces termina por ser algo nocivo en donde satanás puede ganar ventaja.

3. *Sé firme con los límites*: no permitas que el chico avance románticamente en la relación. Esto incluye, como he dicho, acercamiento físico, pero también se incluye las palabras y el lenguaje que debe estar reservado únicamente para el matrimonio. Recuerda que si te casas con esa persona tendrás mucho tiempo para disfrutar de esas cosas, pero por ahora (antes del matrimonio) estás solamente en etapa de conocimiento y oración, pidiendo que Dios te confirme que ese varón es el indicado.

4. *No te veas a solas con él*: no caigas en la tentación de pasar tiempo sola con ese muchacho. Esto significa que debes verte con él solo cuando otras personas estén cerca (p. ej., actividades en la iglesia).

En una comida, por ejemplo, puedes invitar a tu hermano o a otra persona de confianza para que los acompañe.

5. *Manifiesta desde el principio tu método e intenciones*: es muy importante que seas honesta. Tú no tienes necesidad de mentir ni lo harás. Habla desde el principio con tu amigo de tus intenciones, y de la forma en que deseas que se mantenga la relación hasta el final. Sé honesta y dile que en cualquier momento la relación podría terminar si acaso tú no estás segura de que él es la persona que Dios tiene para ti.

6. *Continúa tu desarrollo*: no inviertas demasiado tiempo en esa relación, ni permitas que se vuelva algo obsesivo. Continúa desarrollando tu crecimiento en tu vida espiritual, en tus estudios y en tu profesión, etc.

7. *Mantén un diario*: es muy aconsejable que mantengas un diario exclusivo para esa relación y escribas los acontecimientos más importantes. Mantente objetiva, para que luego puedas evaluar y no te dejes llevar por los sentimientos.

8. *Ten un mentor*: será algo muy aconsejable que mantengas informado a un mentor de lo que vas anotando en el diario. Este mentor, preferentemente deberá ser tu padre/madre. Si esto no es posible, entonces podrían ser los pastores de la iglesia o una pareja de cristianos maduros.

9. *Involúcrate en actividades compartidas*: trata de conocer al candidato en actividades grupales, mayormente en las actividades de la iglesia o de la comunidad, p. ej. en viajes misioneros. De esta manera lo irás conociendo en distintas situaciones.

Otros pasajes de la Biblia sobre el tema para lectura y memorización

2 Ti. 2:22; 2 Cor. 6:14; 1 Cor. 13:4-7; 1 Cor. 15:33; Gn. 2:18; 1 Cor. 6:18; Gn. 2:24; Prov. 4:23; Heb. 13:4; Prov. 18:22; 1 Ts. 4:3-5; Rom. 12:9-140; Am. 3.3; Prov. 19:14.

85

No aceptes las ideas falsas

Memorizar

Colosenses 2:8 «Cuídense de que nadie los cautive con la vana y engañosa filosofía que sigue tradiciones humanas, la que está de acuerdo con los principios de este mundo y no conforme a Cristo» [NVI].

Tú ahora vives en el siglo XXI, una era de mucho avance tecnológico, pero también, un tiempo en donde existen muchas ideas que son contrarias a la Biblia. Tú como cristiano, no solo debes rechazar esas ideas, sino también, debes predicar la verdad de las Escrituras, pues Dios nos ha llamado a ser luz en las tinieblas.

❓ Preguntas introductorias

1. ¿Cuáles son algunas ideas (de tus maestros o compañeros) que has escuchado en la escuela que piensas que son contrarias a la Biblia?
2. ¿Por qué crees que debes expresar las ideas de Dios a las personas?
3. ¿De qué manera tú puedes ejercer tu derecho de expresar tu opinión y predicar de Jesús?

Historia bíblica (Hechos 7:1-60)

Los verdaderos cristianos somos personas pacíficas y nos mantenemos lejos de los conflictos hasta donde es posible. Amamos a todos y no discriminamos a nadie. Sin embargo, al mismo tiempo, somos valientes para levantarnos en contra de todas las ideas falsas que hunden a la humanidad. Estas ideas engañan a la gente y le hacen creer que son buenas, pero son ideas destructivas. Tú como cristiano no debes tener temor a expresar la verdad de Dios en privado y en público, y defender tu fe.

Ahora mencionaré algunas de estas ideas mentirosas que son populares hoy. Verás algunas palabras que quizá no conozcas, pero es bueno que las empieces a conocer y a entender. Te las explicaré de manera sencilla: 1) El relativismo moral: no existen verdades absolutas, sino que todo depende de cómo lo ve cada persona. Por ejemplo, el sexo antes del matrimonio no es bueno ni malo, sino depende de cómo piensa cada persona; 2) La evolución: que el hombre desciende del mono; Dios no es el Creador, sino que todo se formó solo; 3) El materialismo: los milagros no existen, ni las cosas espirituales, todo es materia; 4) Ideologías de género: que existen más de dos sexos (hombre y mujer) y que cada quien puede tener el sexo que quiera; 5) El humanismo: el ser humano es el centro, no Dios, Dios es solo un servidor del ser humano, un invento del ser humano; 6) El feminismo: el hombre y la mujer no se complementan sino están en lucha por el poder.

Si tú no estás de acuerdo con estas ideas, te felicito, porque los verdaderos cristianos jamás estaremos de acuerdo con ninguna de estas ideas, pero también te diré algo: podrías tener persecución. En el pasaje bíblico Esteban fue apedreado porque expresó las ideas de Dios y predicó a otros de Jesús. Y tú, ¿estás dispuesto (a) a que algunos no te acepten por hablar de Jesús y su Palabra?

Ilustración

El caso de Kim Davis, en Kentucky, EE.UU., fue conocido mundialmente como un caso de encarcelamiento por la defensa de la familia tradicional. Kim Davis, funcionaria del condado de Rowan, Kentucky, se negó a emitir licencias de matrimonio a parejas del mismo sexo. Tan solo hacía unos días que el gobierno federal de los EE.UU. había legalizado el matrimonio del mismo sexo en la Corte Suprema en 2015; pero Davis, siendo una buena cristiana, fue valiente y les dijo que su fe le impedía dar por válidos tales matrimonios.

Davis fue demandada y fue a parar a la cárcel en septiembre de 2015. Pasó cinco días ahí, y aunque afortunadamente fue liberada, su caso demuestra que hoy una persona podría ser perseguida por negarse a hacer lo que no es correcto delante de Dios. Los cristianos obedecemos las leyes; sin embargo, no podemos hacer algo que es contrario a lo que Dios ordena (Hch. 4:19; 5:29). Tú debes mantenerte firme en la palabra de Dios y ser valiente.

En 2016, debido a la iniciativa del gobernador de Kentucky, Matt Bevin, se permite a los funcionarios una excepción a la ley si hacer esto entra en conflicto con sus creencias religiosas. ¡Gracias a Dios!

❓ Preguntas sobre la clase

1. ¿Por qué tú, como cristiano, no puedes aceptar ninguna idea que sea contraria a la Biblia?
2. ¿Por qué debes combatir las ideas que son contrarias la Palabra de Dios?
3. Menciona tres de las ideas que son contrarias a la Biblia mencionadas en clase con su definición corta.
4. ¿Por qué Esteban fue apedreado y murió?
5. ¿Qué hubieras hecho tú si hubieras estado en el lugar de Kim Davis?
6. ¿Cómo la valentía de Kim Davis cambió la ley del estado de Kentucky, EE.UU.?

Frases para memorizar

1. Todo cristiano verdadero está en contra de las ideas y filosofías contrarias a la Biblia.
2. Las ideas contrarias a la Biblia son ideas que engañan a los seres humanos y los llevan a la condenación, porque Dios no justificará el pecado de nadie bajo la excusa de que fue engañado (a).
3. El relativismo moral, la evolución, el materialismo, las ideologías de género, el humanismo y el feminismo son ejemplos de estas ideas destructivas y anticristianas.
4. Cuando tú expresas que no estás de acuerdo con las ideas anteriores es posible que sufras persecución, pero no te preocupes, Dios te bendecirá por ello y te honrará.
5. Tú tienes derecho a expresar tu opinión y predicar la verdad a quienes están ahora en tinieblas. Ellos tienen derecho de expresarse, tú también. Todos tienen derecho de escuchar el evangelio: no calles.

Otros pasajes de la Biblia sobre el tema para lectura y memorización

1 P. 3:15; 2 Ti. 4:1-22; Gál. 2:4-5; 2 Cor. 10:5; 1 Ti. 1:9; Jud. 1:3; 2 Ti. 2:24-25; Hch. 21:13; Mt. 5:11-12; 2 Ti. 2:3; 2 Ti. 2:8-9.

www.ingramcontent.com/pod-product-compliance
Lightning Source LLC
Chambersburg PA
CBHW081444070526
44586CB00019B/2230